古籍之为文物

李开升 著

中华书局

图书在版编目(CIP)数据

古籍之为文物/李开升著. —北京:中华书局,2019. 12(2022. 4重印)
ISBN 978-7-101-14245-7

Ⅰ. 古… Ⅱ. 李… Ⅲ. 古籍-版本学-中国-文集
Ⅳ. G256. 22-53

中国版本图书馆 CIP 数据核字(2019)第 269753 号

书 名	古籍之为文物
著 者	李开升
责任编辑	潘素雅
出版发行	中华书局
	(北京市丰台区太平桥西里 38 号 100073)
	http://www.zhbc.com.cn
	E-mail:zhbc@zhbc.com.cn
印 刷	北京新华印刷有限公司
版 次	2019 年 12 月北京第 1 版
	2022 年 4 月北京第 2 次印刷
规 格	开本/920×1250 毫米 1/32
	印张 10⅞ 插页 2 字数 220 千字
印 数	1501-3000 册
国际书号	ISBN 978-7-101-14245-7
定 价	98.00 元

图1 天一阁外景及二楼内景

图2　天一阁主人范钦像

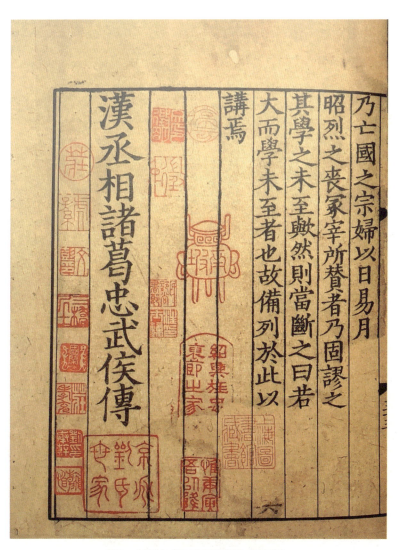

漢丞相諸葛忠武侯傳

講焉

大而學未至者也故備列於此以

其學之未至歟然則當斷之曰若

昭烈之喪家宰所替者乃固謬之

乃亡國之宗婦以日易月

图3　宋刻本《汉丞相诸葛忠武侯传》

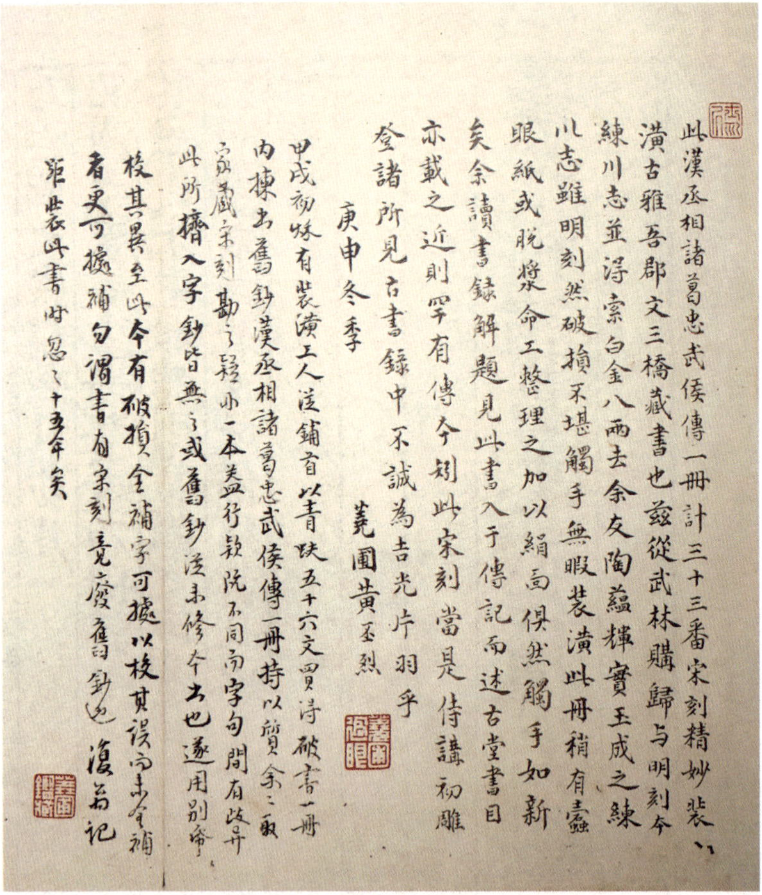

圖4　宋刻本《漢丞相諸葛忠武侯傳》黃丕烈跋

此漢丞相諸葛忠武侯傳一冊計三十三番宋刻精妙裝、

潢古雅吾郡文三橋藏書也兹從武林購歸與明刻今

練川志並浮索白金八兩去余友陶藴輝寶玉成之練

此志雖明刻然破損不堪觸手無暇裝潢此冊稍有蠹

眼紙或脱漿命工整理之加以絹高俱然觸手如新

矣余讀書錄解題見此書入于傳記而述古堂書目

亦載之近則罕有傳今翻此宋刻當是侍講初雕

登諸所見古書錄中不誠為吉光片羽乎

庚申冬季

蕘圃黃丕烈

世戊初妹有裝潢工人漢鋪首以青跣五十六文買得破青一冊

內楝出舊鈔漢丞相諸葛武侯傳一冊持以賀余二兩

戊藏書宋刻勘之經小一本美行歆院不同而字句間有改卄

此所擠入字鈔皆無之或舊鈔淺未修余大也遂用別夲

校其異至此今有破損金補字可擾以校貫復亩奇奉補

奇更可擾補句謂書有宋刻竟廢舊鈔迄

罷此裝此書也恩之十三年矣

復翁記

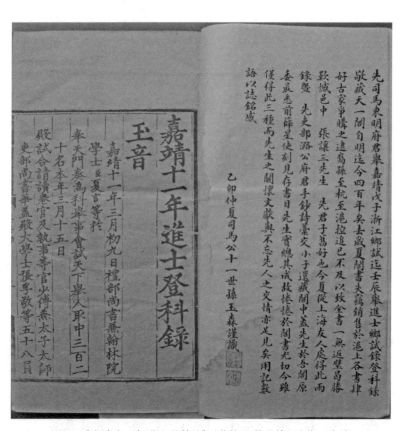

先司馬東明府君暨嘉靖戊子浙江鄉試近壬辰舉進士鄉試錄登科錄
敬藏天一閣自明迄今四百年矣去歲夏閣書失竊銷售於滬上各書肆
好古家爭購之遠裔孫至杭至滬控追已不及以致全書一無返豈勝
欷憾邑中　張讓三先生　先君子篤好也今夏從上海友人處得此兩
錄暨　先史部洛公府君手鈔詩棠交小子還藏閣中蓋先生於吾閣原
委最悉前歲星使剞劂存書目先生實總其成故悽悽於閣書尤切今雖
僅得此三種而先生之關懷文獻與不忘先人之交情亦足見矣用記數
語以誌銘感

乙卯仲夏司馬公十一世孫玉森謹識

嘉靖十一年進士登科錄

玉音
嘉靖十一年三月初九日禮部尚書蕭翰林院
學士臣夏言等於
奉天門奏為科舉事會試天下舉人取中三百二
十名本年三月十五日
殿試合讀卷官及執事等官少傅蒙太子太師
吏部尚書華蓋殿大學士張孚敬等五十八員

图5　《嘉靖十一年进士登科录》（范钦此科登第）及范玉森跋

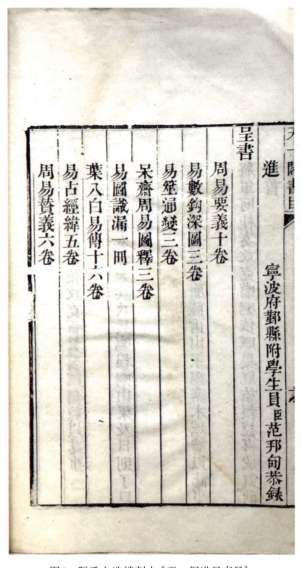

進呈書目 寧波府鄞縣附學生員臣范邦甸恭錄

周易要義十卷
易數鈎深圖三卷
易筮通變三卷
呆齋周易圖釋三卷
易圖識漏一冊
葉八白易傳十六卷
易占經緯五卷
周易贊義六卷

图6　阮氏文选楼刻本《天一阁进呈书目》

天一閣書目卷一之一

乾隆三十九年

御賜古今圖書集成一萬卷

聖祖仁皇帝御纂

世宗憲皇帝御製序

雍正四年九月二十七日

欽惟我

皇考聖祖仁皇帝聰明睿智豎生知之質而又好古敏求孜孜

不倦萬幾之暇置圖書于左右披尋玩味雖盛暑隆寒未

嘗暫曠積數十年之久研綜古今搜討始編屢

九

图7　阮氏文选楼刻本《天一阁书目》

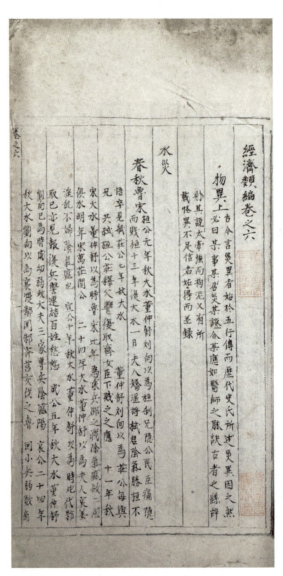

経済類編巻之六

物異上

古今言災異者始於五行傳而歴代史氏所述災異因之然
必曰某事某咎某災其說應如醫師之脈訣古者之讖緯
卦其說太鑿抑而拘泥又有所
戴怪異不足信吾姑得而並録

水災

春秋魯宋桓公元年秋大水董仲舒劉向以為桓弟殺兄隱公民臣痛隱
悟辛見弑於莊公七年秋大水
兄共弑桓公莊釋父讐復取齊女臣下賤之應
宋大水董仲舒以為時魯比年為奧兵郎之戰隂氣盛故一歲
俱水明年宋萬弑閔公二十四年大水董仲舒以為夫人哀姜
淫亂不歸隂氣盛也宣公十年秋大水董仲舒以為時比代鄰
取弑亦見報復兵譬連結百姓愁怨成公五年秋大水董仲舒
劉向已為時成切弱或大夫三家專兵陵藐襄公二十四年
秋大水劉向以為襄慶鄰國豚弈交伐之魯國小兵弱數與

卷之六

图8　明抄本《经济类编》

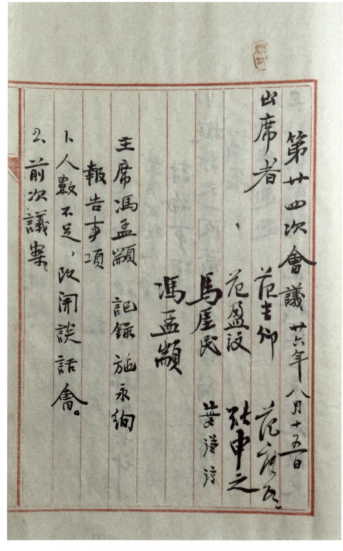

第廿四次會議 卅六年八月十五日

出席者　范吉卿　范寿尾
　　　　范盈岐　張申之
　　　　馬崖民　姜漢征
　　　　馮孟頗

主席馮孟頗　記錄　施承絢

報告事項

人數不足，改開談話會。

2. 前次議案

图9　重修天一阁委员会第二十四次会议记录

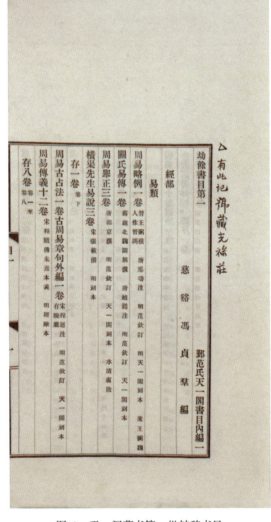

劫餘書目第一

鄞范氏天一閣書目內編一

慈谿 馮貞羣 編

經部

易類

周易略例一卷 晉王弼撰 唐邢璹注 明范欽訂 明天一閣刊本 梁王弼魏

人偽晉誤

關氏易傳一卷 舊題北魏關朗撰 唐趙蕤注 明范欽訂 天一閣刊本

周易舉正三卷 唐郭京撰 明范欽訂 天一閣刊本 水清庽敗

橫渠先生易說三卷 宋張載撰 明刊本

存一卷 卷下

周易古占法一卷古周易章句外編一卷 宋程迥 有脫襄

注

周易古占法一卷古周易章句外編一卷 宋程迥撰 明范欽訂

天一閣刊本

周易傳義十二卷 宋程頤傳朱熹本義 明郡庠本

存八卷 卷一至

卷八

图10　天一阁藏书第一批转移书目

图11　宁波市鄞州区茅山范钦墓

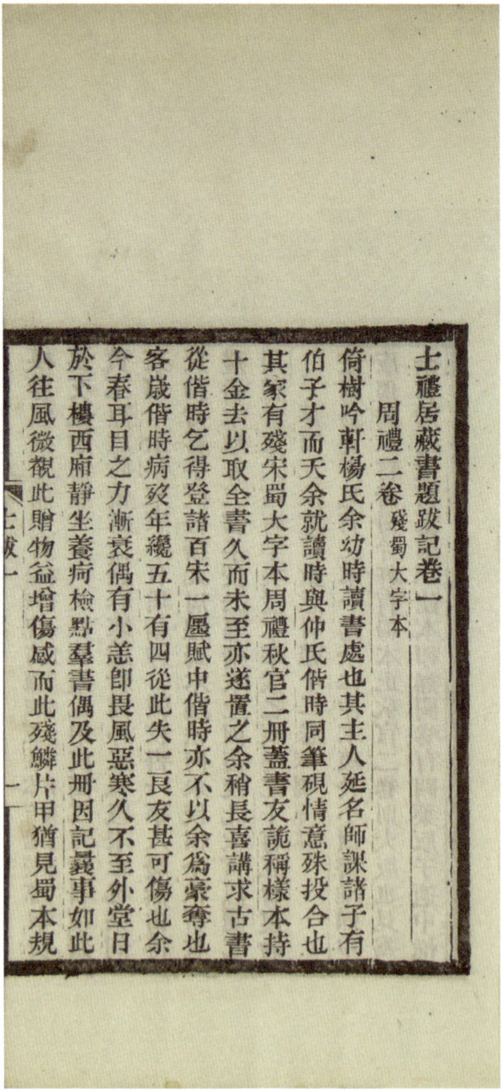

士禮居藏書題跋記卷一

周禮二卷　殘蜀大字本

倚樹吟軒楊氏余幼時讀書處也其主人延名師課諸子有
伯子才而夭余就讀時與仲氏俏時同筆硯情意殊投合也
其家有殘宋蜀大字本周禮秋官二冊蓋書友詭稱求古書
十金去以取全書久而未至亦遂置之余稍長喜講求古書
從偕時乞得登諸宋一廛賦中偕時亦不以余爲豪奪也
客歲偕時病歿年纔五十有四從此失一良友甚可傷也余
今奉耳目之力漸衰偶有小恙卻畏風惡寒久不至外堂日
於下樓西廂靜坐養病檢點羣書偶及此冊因記羣事如此
人往風微覩此賻物益增傷感而此殘鱗片甲猶見蜀本規

图12　《士礼居藏书题跋记》

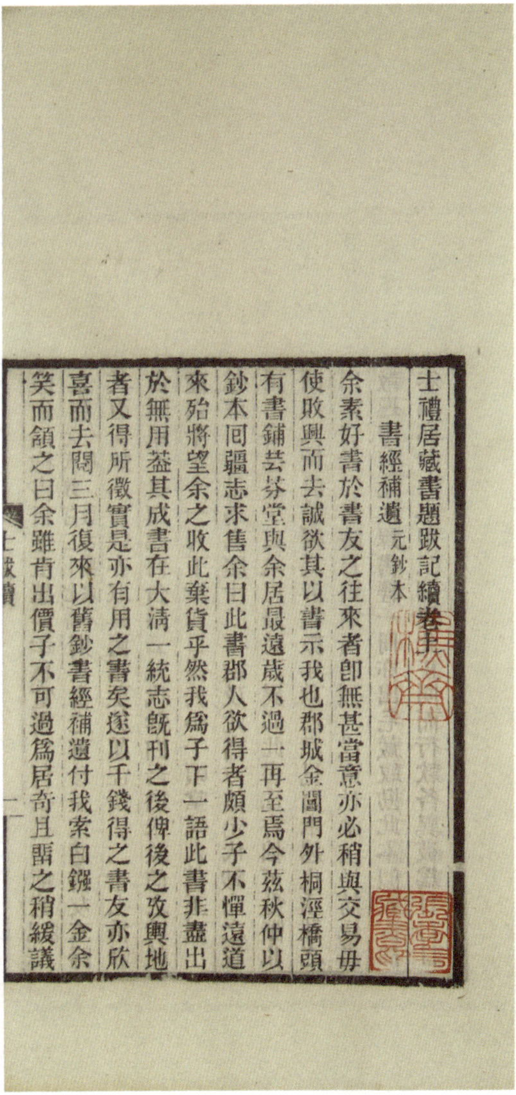

士禮居藏書題跋記續卷

書經補遺元鈔本

余素好書於書友之往來者即無甚當意亦必稍與交易毋使敗興而去誠欲其以書示我也郡城金閶門外桐涇橋頭有書鋪芸芬堂與余居最遠歲不過一再至今茲秋仲以鈔本回疆志求售余曰此書郡人欲得者頗少子不憚遠道來殆將望余之敗此棄貨乎然我為子下一語此書非盡出於無用益其成書在大清一統志既刊之後俾後之攷輿地者又得所徵實是亦有用之書矣遂以千錢得之書友亦欣喜而去閱三月復來以舊鈔書經補遺付我索白鏹一金余笑而領之曰余雖肯出價子不可過為居奇且酈之稍緩議

图13　《士礼居藏书题跋记续》

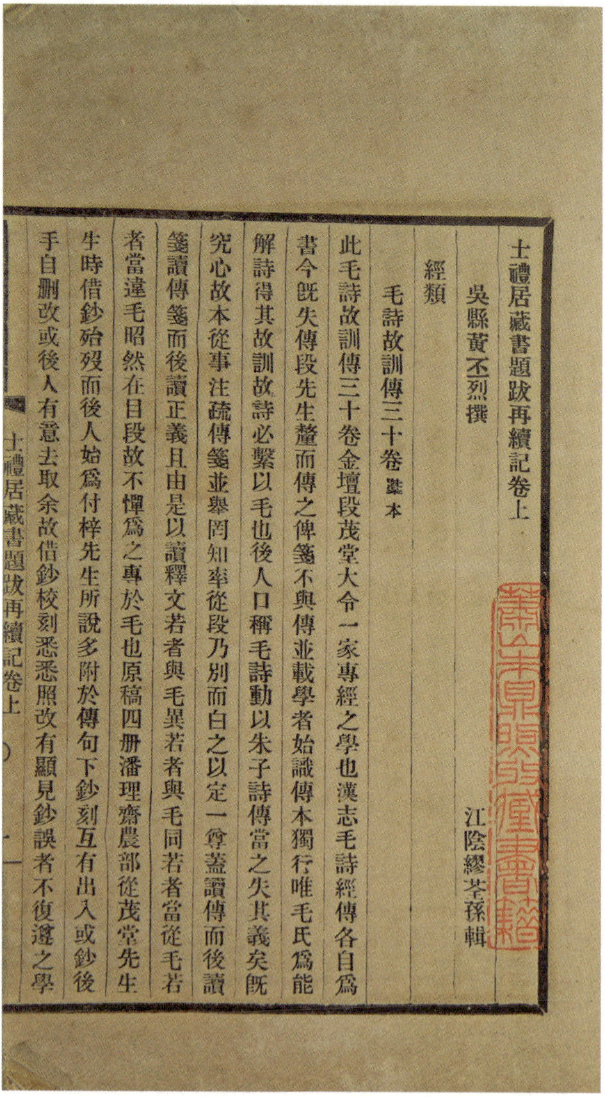
士禮居藏書題跋再續記卷上
吳縣黃丕烈撰　江陰繆荃孫輯
經類
毛詩故訓傳三十卷　鈔本
此毛詩故訓傳三十卷金壇段茂堂大令一家專經之學也漢志毛詩經傳各自爲書今旣失傳段先生釐而傳之俾箋不與傳並載學者始識傳本獨行唯毛氏爲能解詩得其故訓故詩必繫以毛也後人口稱毛詩動以朱子詩傳當之失其義矣旣究心故本從事注疏傳箋並舉罔知率從段乃別而白之以定一尊蓋讀傳而後讀箋讀傳箋而後讀正義且由是以讀釋文若者與毛異若者與毛同若者當從毛若者當違毛昭然在目段故不憚爲之專於毛也原稿四册潘理齋農部從茂堂先生生時借鈔殆歿而後人始爲付梓先生所說多附於傳句下鈔刻互有出入或鈔後手自删改或後人有意去取余故借鈔校刻悉悉照改有顯見鈔誤者不復遵之學
士禮居藏書題跋再續記卷上　一

图14　《士礼居藏书题跋再续记》

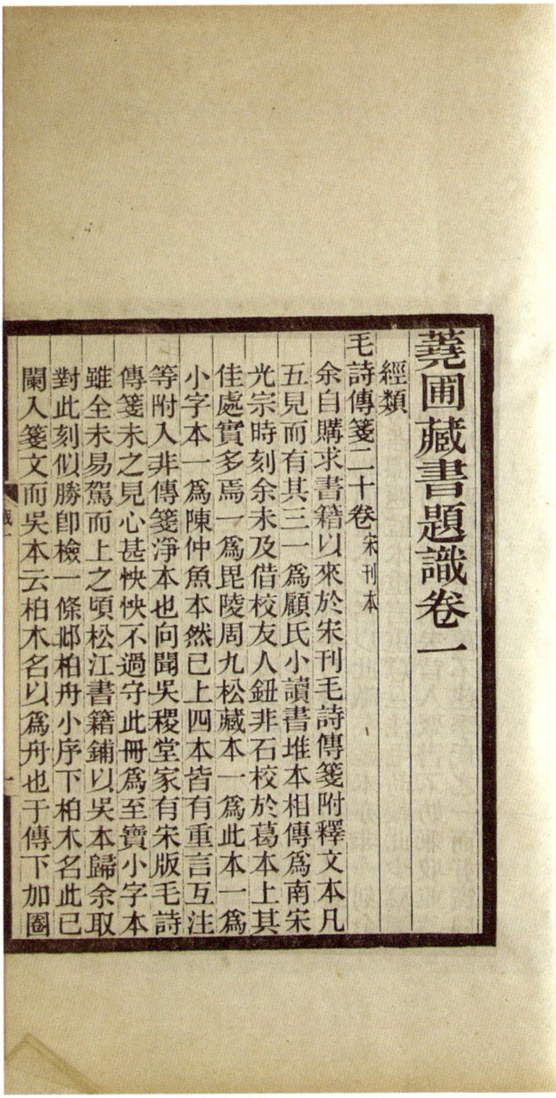

蕘圃藏書題識卷一

經類

毛詩傳箋二十卷 宋刊本

余自購求書籍以來於宋刊毛詩傳箋附釋文本凡
五見而有其三一爲顧氏小讀書堆本相傳爲南宋
光宗時刻余未及借校友人鈕非石校於葛本上其
佳處實多焉一爲毘陵周九松藏本一爲此本一爲
小字本一爲陳仲魚本然已四本皆有重言互注
等附入非傳箋淨本也向聞吳稷堂家有宋版毛詩
傳箋未之見心甚怏怏不過守此冊爲至寶小字本
雖全易駕而上之頃松江書籍鋪以吳歸余取
對此刻似勝即檢一條邱柏木小序下柏木名此已
闌入箋文而吳本云柏木名以爲舟也于傳下加圈

图15　《荛圃藏书题识》

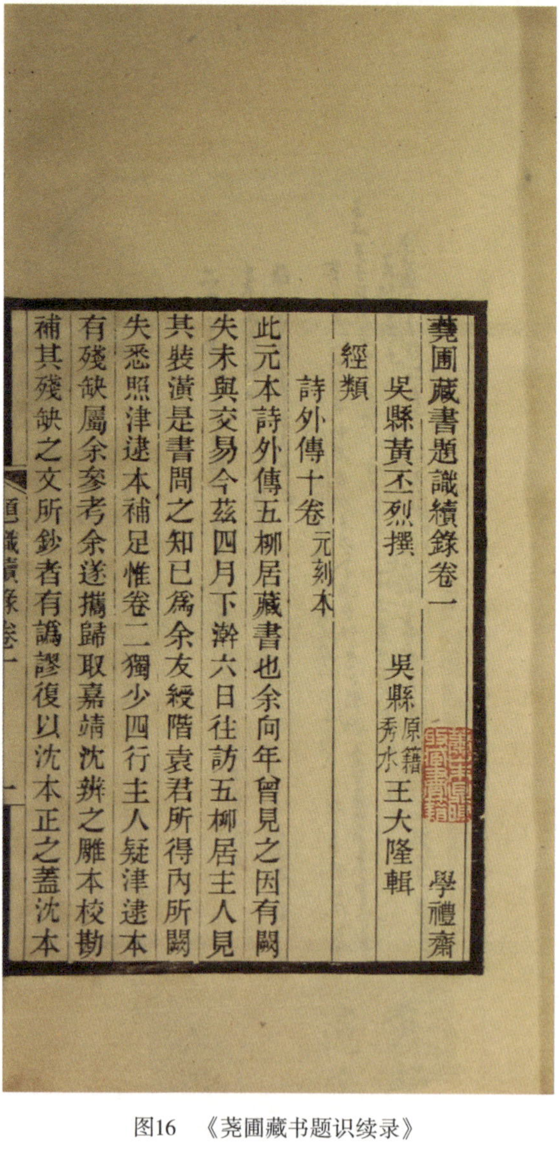

蕘圃藏書題識續錄卷一　　　　　　　　　　學禮齋

　　吳縣黃丕烈撰　　　　吳縣原籍秀水王大隆輯

　經類

詩外傳十卷 元刻本

此元本詩外傳五柳居藏書也余向年曾見之因有闕
失未與交易今茲四月下澣六日往訪五柳居主人見
其裝潢是書間之知已爲余友綏階袁君所得內所闕
失悉照津逮本補足惟卷二獨少四行主人疑津逮本
有殘缺屬余參考余遂攜歸取嘉靖沈辨之雕本校勘
補其殘缺之文所鈔者有譌謬復以沈本正之蓋沈本

图16　《蕘圃藏书题识续录》

荛圃藏書題識再續錄卷一　學禮齋

吳縣黃丕烈撰

吳縣原籍秀水王大隆輯

經類

周易集解十七卷　校影宋鈔本

晁公武書文略　丕烈案此篇全錄晁公武讀書志文想

係昔人附錄於後非計用章後序可比不知影宋本何

以有此

鮮于侃跋據鼎祚自序止云十卷　李鼎祚自序朱睦

欂本云一十八卷與毛刻同

海寧陳鱣嘉慶十六年七月既望跋　大隆案文載經籍跋文今略

題識再續錄卷一　一

图17　《荛圃藏书题识再续录》

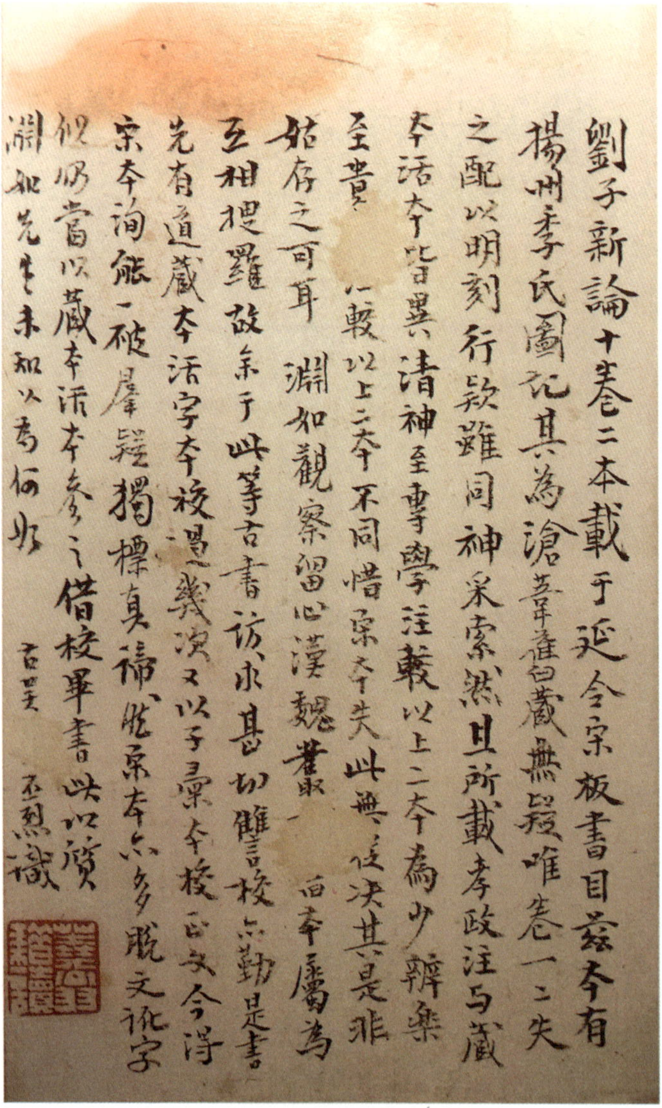

劉子新論十卷二本載于延令宋板書目兹本有
揚州李氏圖記其為滄葦舊藏無疑唯卷一二失
之配以明刻行欵雖同神采索然且所載李政注馬藏
本活本皆異清神至李學注載以上二本為少辨樂
至貴　以上二本不同惜原本失此無從決其是非
姑存之可耳　淵如觀察留心漢魏叢最一百奉屬為
玉柟摺羅此活字本校遇幾澳又以子彙本校已文今得
先有道藏本于此等古書誃永甚切雙言校尤勤是書
宋本洵能一破屢疑擅標真楮从京本六多脫文訛字
但明當以藏本活本參之借校畢書以以質
淵如先生未知以為何如

石吳

丕烈識

图18　宋刻本《刘子》黄丕烈跋

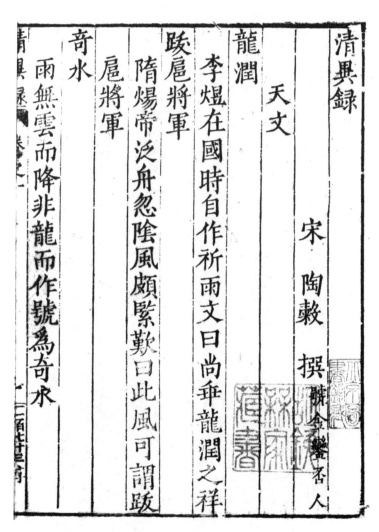

清異錄

天文　　　　宋　陶穀　撰

龍潤

李煜在國時自作祈雨文曰尚乘龍潤之祥

跋尾將軍

隋煬帝泛舟忽陰風頗緊歎曰此風可謂跋尾將軍

厄將軍

奇水

雨無雲而降非龍而作號為奇水

图19　明隆庆六年叶恭焕隶竹堂刻本《清异录》

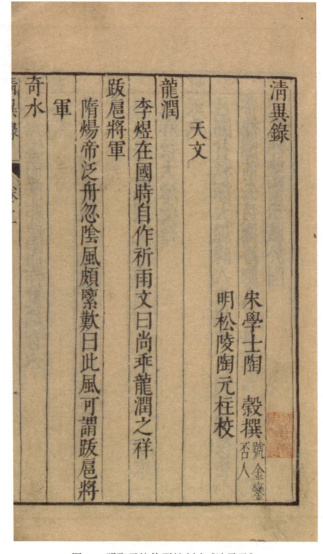

清異錄

宋學士陶　　穀撰　號金鑾否人

明松陵陶元柱校

天文

龍潤

李煜在國時自作祈雨文曰尚乘龍潤之祥

跋扈將軍

隋煬帝泛舟忽陰風頗凜歎曰此風可謂跋扈將

軍

奇水

圖20　明陶元柱修群館刻本《清異錄》

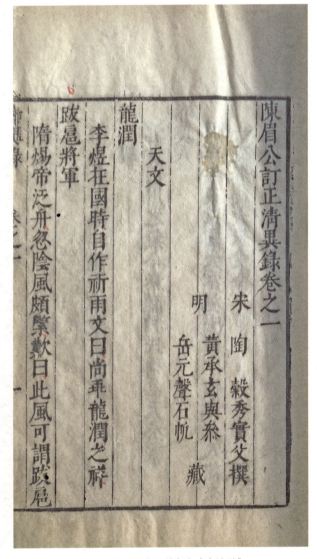

陳眉公訂正清異錄卷之一

　　宋　陶　穀　實父撰
　　明　黃承玄與參
　　　　岳元聲石帆　藏

天文

龍潤

李煜在國時自作祈雨文曰尚乘龍潤之祥

跋扈將軍

隋煬帝泛舟忽陰風頗緊歎曰此風可謂跋扈

帝遺錄　卷之二　　　一

图21　《宝颜堂秘笈》本《清异录》

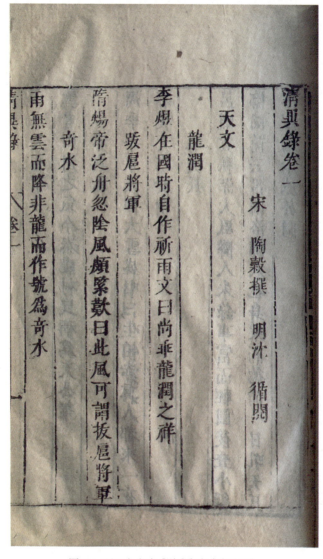

清異錄卷一

宋　陶穀撰　明沈　循閱

天文

龍潤

李煜在國時自作所祈雨文曰尚非龍潤之祥

跋扈將軍

隋煬帝泛舟忽陰風頗緊歎曰此風可謂跋扈將軍

奇水

雨無雲而降非龍而作號爲奇水

圖22　百二十卷本《说郛》本《清异录》

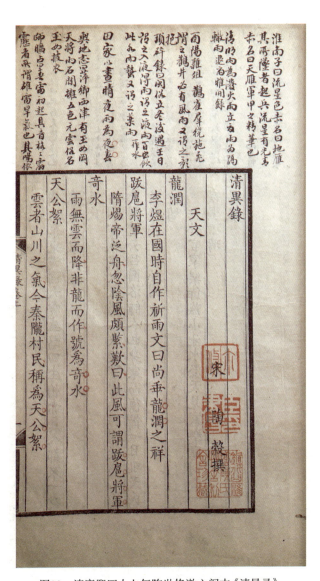

清異錄

天文

龍潤
李煜在國時自作祈雨文曰尚垂龍潤之祥

跋扈將軍
隋煬帝泛舟忽陰風頗緊歎曰此風可謂跋扈將軍

奇水
雨無雲而降非龍而作號為奇水

天公絮
雲者山川之氣今秦隴村民稱為天公絮

图23　清康熙四十七年陈世修漱六阁本《清异录》

清異錄卷上 足本

三原李錫齡孟熙校刊

宋 陶　穀撰 號金鑾否人

天文

龍潤

李煜在國時自作祈雨文曰倘乖龍潤之祥

跋尾將軍

隋煬帝泛舟忽陰風頗緊歎曰此風可謂跋尾將軍

奇水

雨無雲而降非龍而作號爲奇水

天公絮

图24　清光绪刻《惜阴轩丛书》本《清异录》

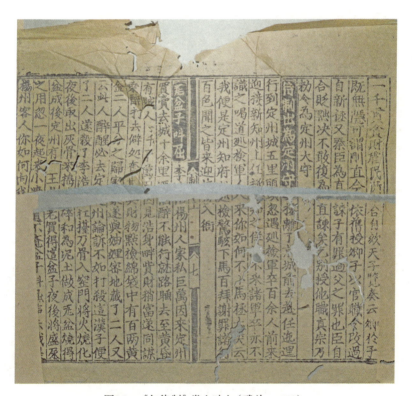

图25　《包待制》卷上叶七（残片一、二）

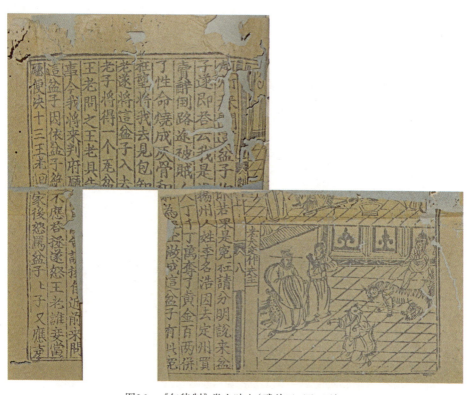

图26　《包待制》卷上叶八（残片三、四、五）

图27　天一阁藏《文献通考》卷五八末牌记

图28　天一阁藏《文献通考》卷三四八末牌记

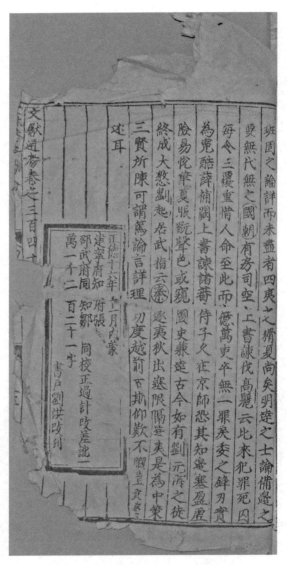

图29　天一阁藏《文献通考》书尾牌记

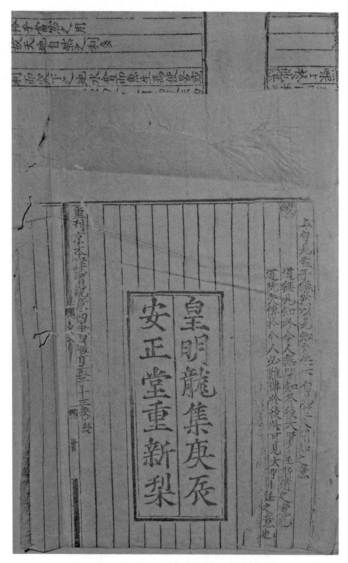

图30 《重刊京本详增说意四书通旨》牌记

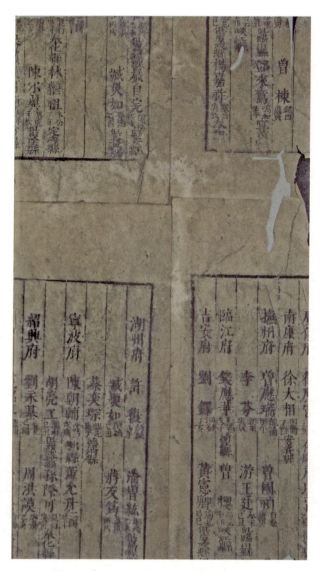

图31 《万历丙辰科进士同年序齿录》目录

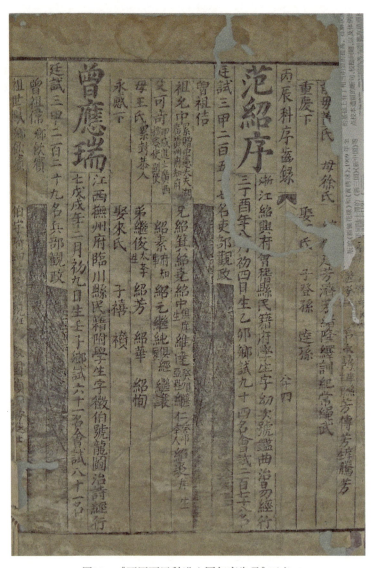

图32　《万历丙辰科进士同年序齿录》正文

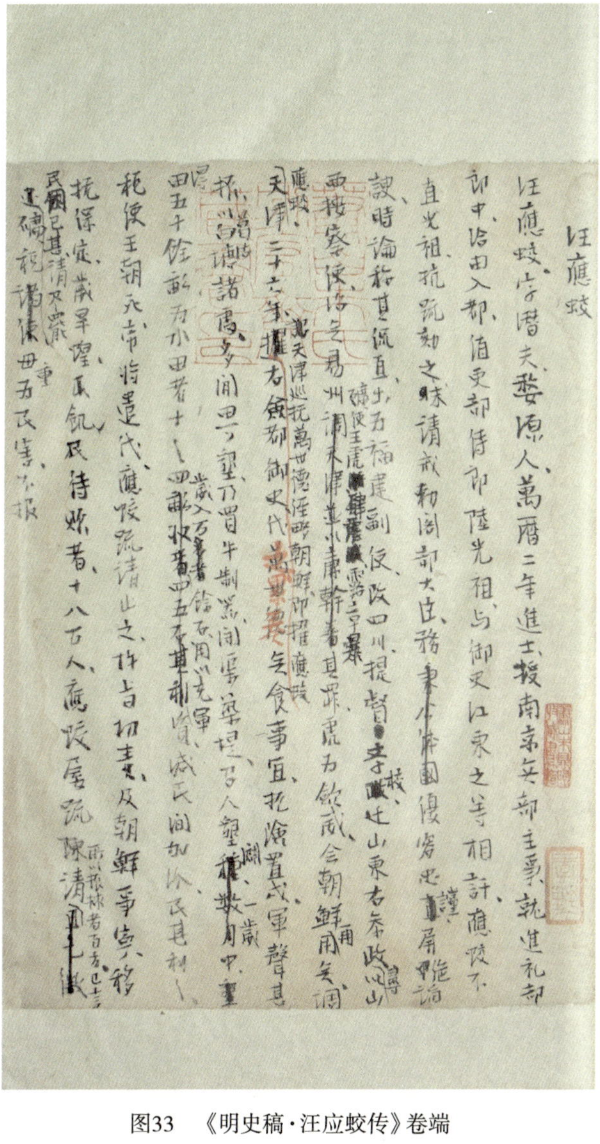

图33　《明史稿·汪应蛟传》卷端

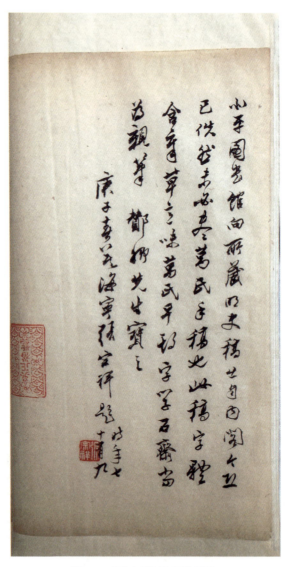

图34 《明史稿》张宗祥题跋

图35　《明史稿》万斯同小像

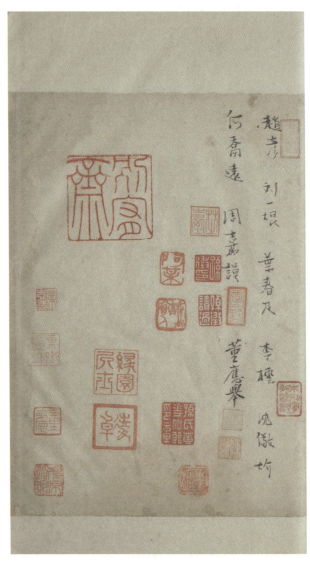

图36 《明史稿》钤印

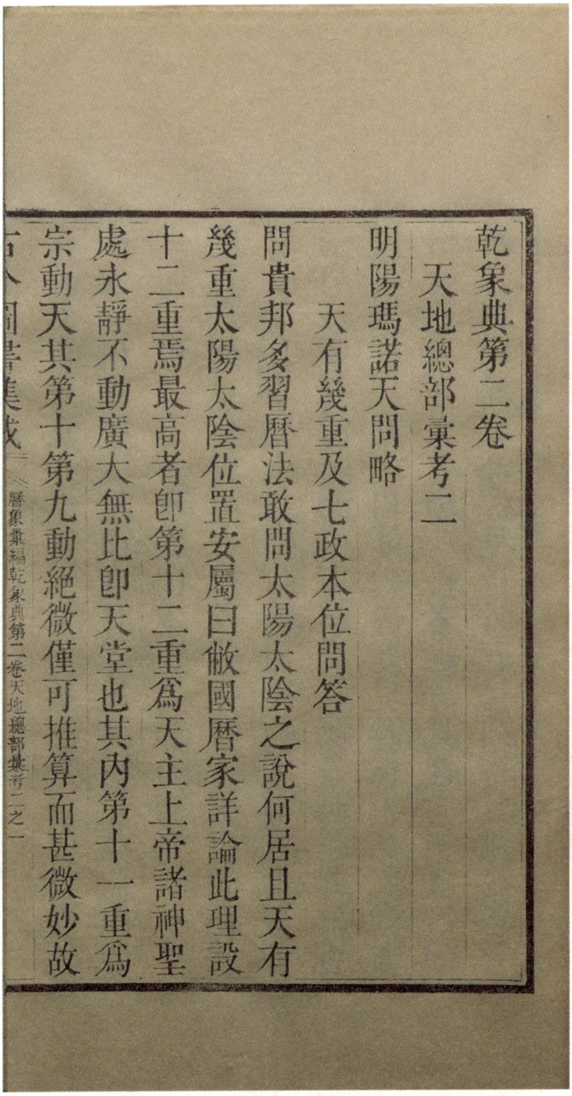
乾象典第二卷

天地總部彙考二

明陽瑪諾天問略

天有幾重及七政本位問答

問貴邦多習曆法敢問太陽太陰之說何居且天有幾重太陽太陰位置安屬曰敝國曆家詳論此理設十二重焉最高者卽第十二重爲天主上帝諸神聖處永靜不動廣大無比卽天堂也其內第十一重爲宗動天其第十第九動絕微僅可推算而甚微妙故

古今圖書集成　曆象彙編乾象典第二卷天地總部彙考二之一

图37　《古今图书集成》卷二卷端

图38　毛装本《古今图书集成》

图39 《古今图书集成》编校人员钤印和题名

图40　《古今图书集成》"刘国杰恭校"签条

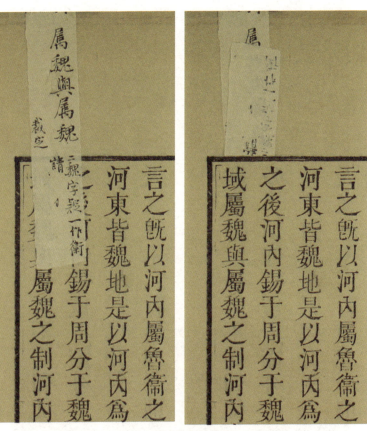

图41 《古今图书集成》"请裁定"签条

图42　《古今图书集成》续缮题记及续缮、陶钥钤印

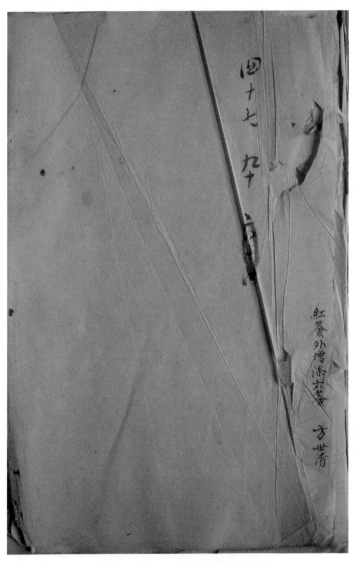

图43　《古今图书集成》方世清题记

图44 《古今图书集成》方世清题记

图45　《古今图书集成》"改刷篇"

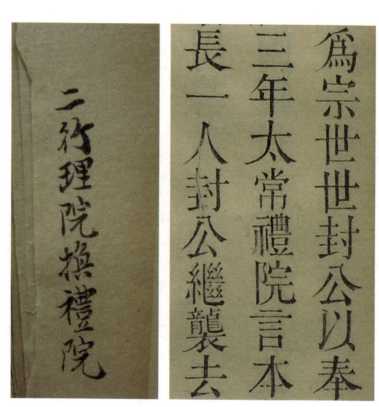

图46 《古今图书集成》校记和校改之处

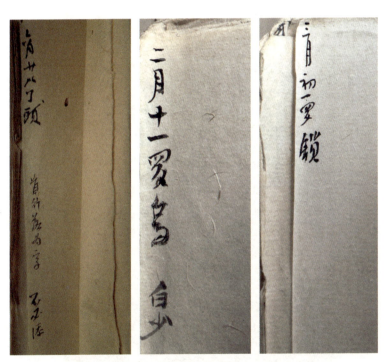

图47 《古今图书集成》校记及排印工丫头、罗鸟、罗锁

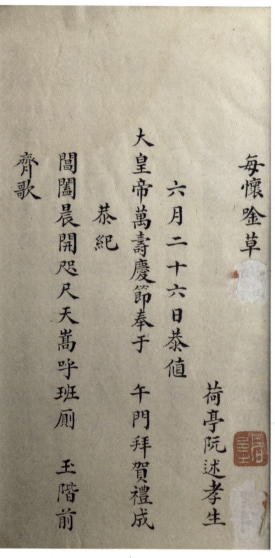

每懷唫草　　　　　　荷亭阮述孝生

六月二十六日恭值

大皇帝萬壽慶節奉于　午門拜賀禮成

　　恭紀

閶闔晨開咫尺天嵩呼班廁　玉階前

齊歌

图48　《每怀吟草》第一册卷端钤印

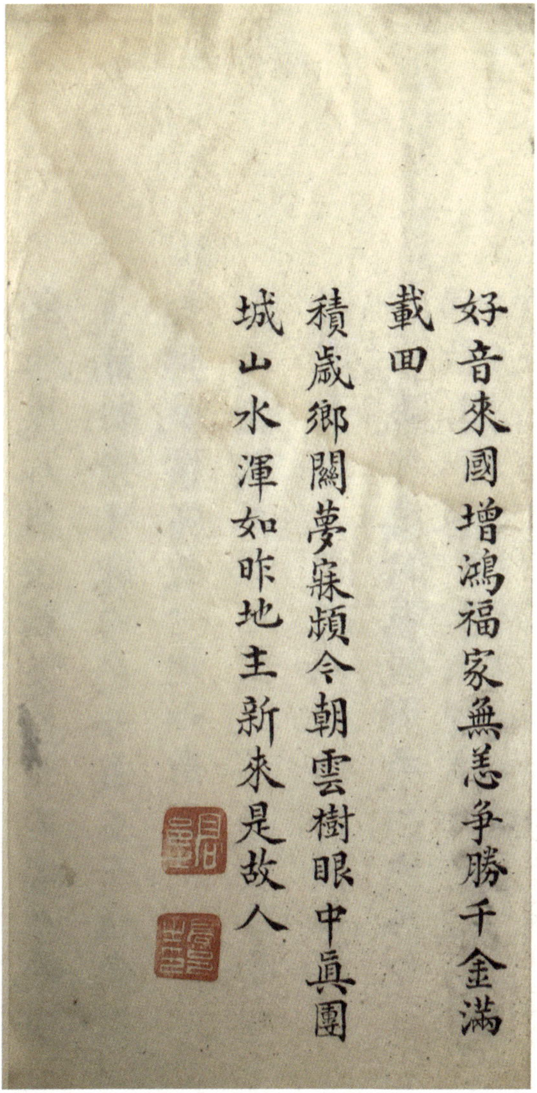

好音來國增鴻福家無恙爭勝千金滿

載田

積歲鄉關夢寐頻令朝雲樹眼中眞團

城山水渾如昨地主新來是故人

图49　《每怀吟草》第二册卷末钤印

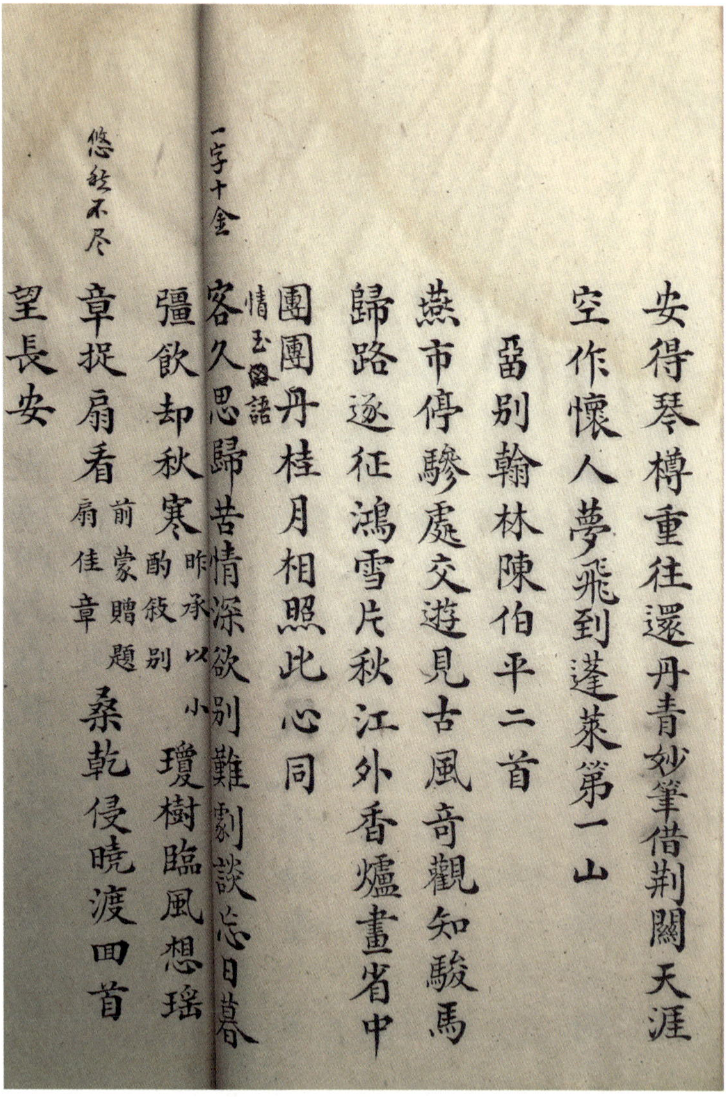
一字十金

悠然不盡

安得琴樽重往還丹青妙筆借荆關天涯
空作懷人夢飛到蓬萊第一山
留别翰林陳伯平二首
燕市停驂處交遊見古風奇觀知駿馬
歸路逐征鴻雪片秋江外香爐畫省中
團圞丹桂月相照此心同
情至之語
客久思歸苦情深欲别難劇談忘日暮
彊飲却秋寒昨承以小酌敘别瓊樹臨風想瑤
章捉扇看前蒙贈題扇佳章桑乾侵曉渡回首
望長安

图50　《每怀吟草》天头及行间评点

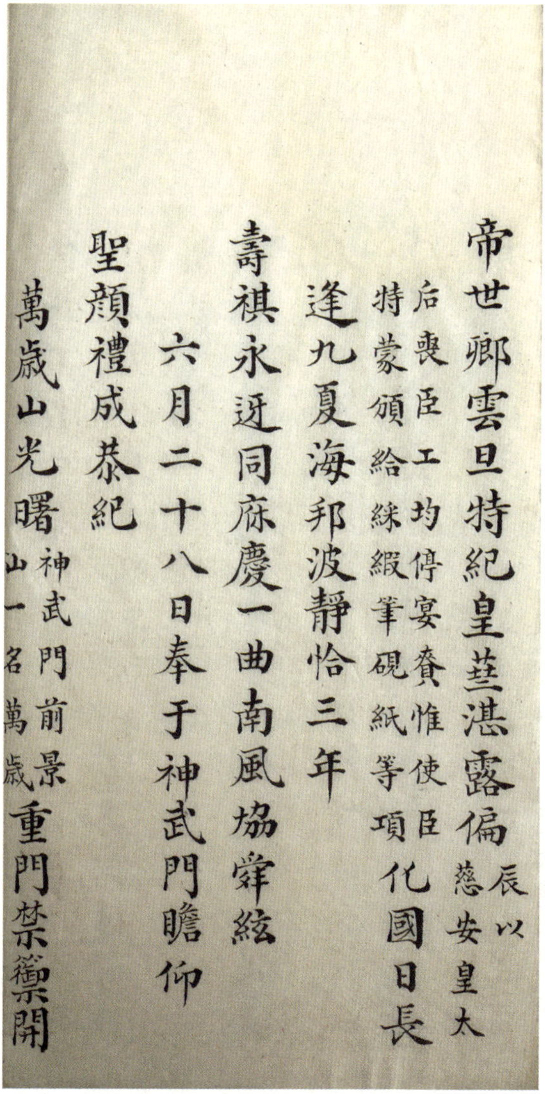

帝世卿雲旦特紀皇莣湛露偏

辰以
慈安皇太
化國日長

后喪臣工均侍宴養惟使臣
特蒙頒給綵緞筆硯紙等項

逢九夏海邦波靜恰三年

壽祺永迓同庥慶一曲南風協䪁絃

六月二十八日奉于神武門瞻仰

聖顏禮成恭紀

萬歲山光曙山一名萬歲 神武門前景重門禁籞開

图51　《每怀吟草》避讳

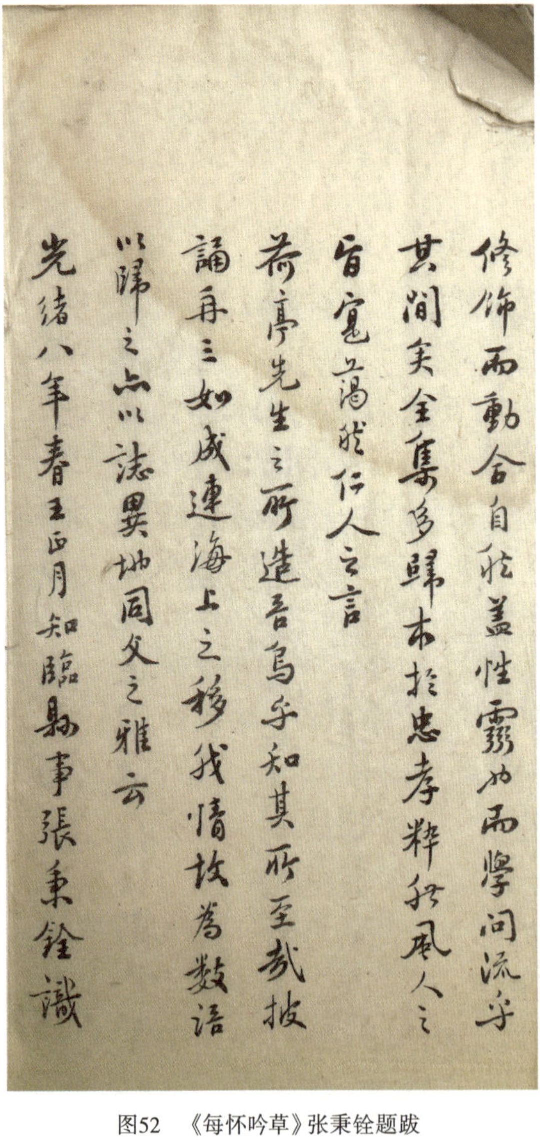

修飾而勤合自然蓋性靈也而學問流乎

其間矣全集多歸本於忠孝粹移風人之

旨寬平淵懿仁人之言

荷亭先生之所造吾烏乎知其所至哉披

誦再三如成連海上之移我情故為數語

以歸之並以誌異地同父之雅云

光緒八年春王正月知臨朐事張秉銓識

图52　《每怀吟草》张秉铨题跋

图53　中国本线装　天一阁藏

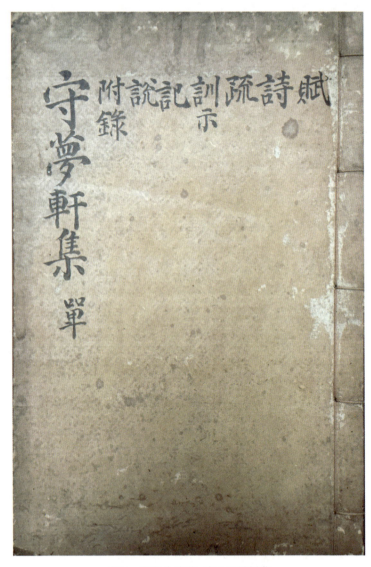

图54　朝鲜本线装　陈正宏教授藏

图55　日本本线装　天一阁藏

图56　越南本仿线装　陈正宏教授藏

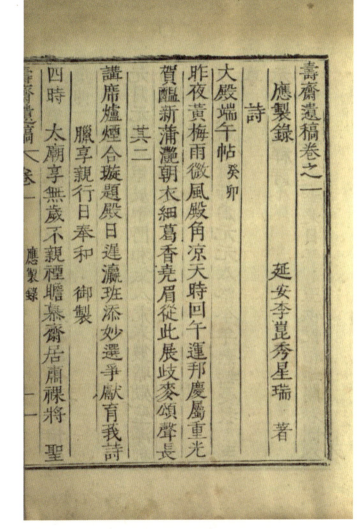

壽齋遺稿卷之一

應製錄

詩　　　　　　　　延安李崑秀星瑞　著

大殿端午帖　癸卯

昨夜黃梅雨微風殿角凉天時回午運邦慶屬重光

賀醞新蒲灑朝衣細葛香堯眉從此展歧麥頌聲長

其二

講席爐煙合璇題殿日遲瀛班添妙選爭獻育我詩

臘享親行日奉和　御製

四時　太廟享無歲不親禋瞻慕齋居廟裸將　聖

壽齋遺稿卷之一 應製錄 一一

图57　朝鲜宋体字本（校书馆印书体字）　华东师大图书馆藏

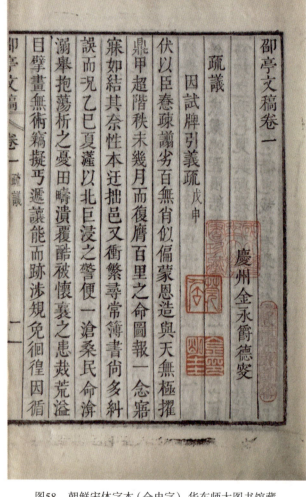

邵亭文稿卷一

慶州金永爵德叟

疏議

因試牌引義疏 戊申

伏以臣蹇疎讜劣百無肖似偏蒙恩造與天無極擢
鼎甲超階秩未幾月而復膺百里之命圖報一念窳
寐如結其奈性本迂拙邑又衝繁尋常簿書尚多科
誤而況乙巳夏蘆以北巨浸之警便一滄桑民命淪
溺攀抱蕩析之憂田疇潰覆酷被懷襄之患栽荒溢
目孽畫無術竊擬丐遞讓能而跡涉規免徊徨因循

邵亭文稿／卷一 疏議

二

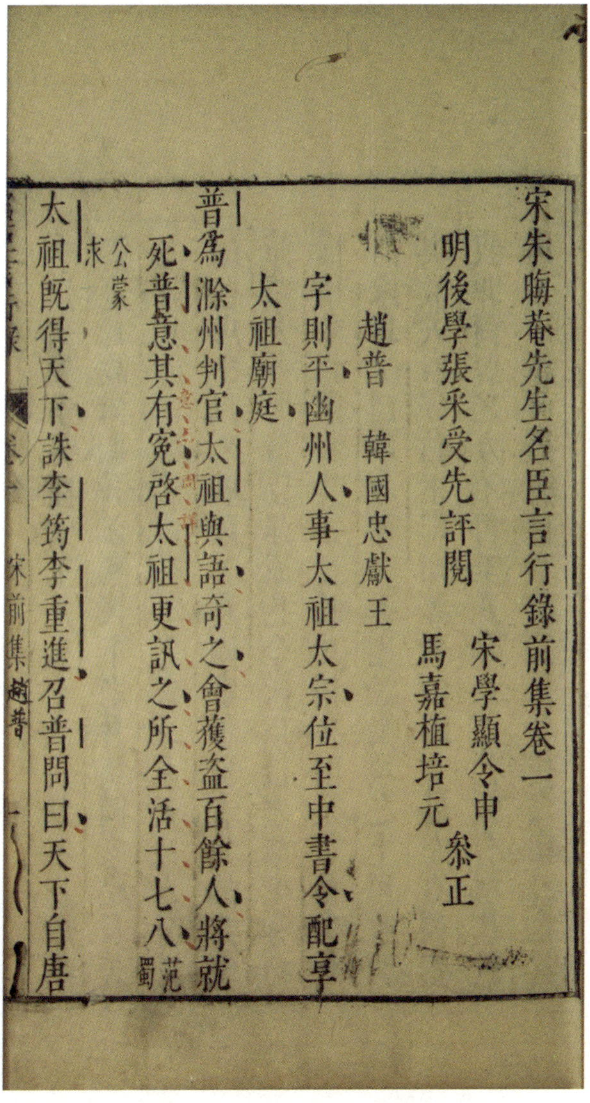

宋朱晦菴先生名臣言行錄前集卷一

明後學張采受先評閱　宋學顯令申　叅正

馬嘉植培元

趙普　韓國忠獻王

字則平幽州人事太祖太宗位至中書令配享

太祖廟庭

普為滁州判官太祖與語奇之會獲盜百餘人將就

死普意其有冤啓太祖更訊之所全活十七八蜀范

太祖既得天下誅李筠李重進召普問曰天下自唐

求公蒙

图59　中国宋体字本　天一阁藏

图60　日本宋体字本　天一阁藏

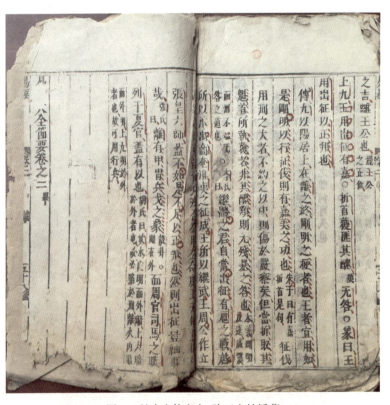

图61　越南宋体字本　陈正宏教授藏

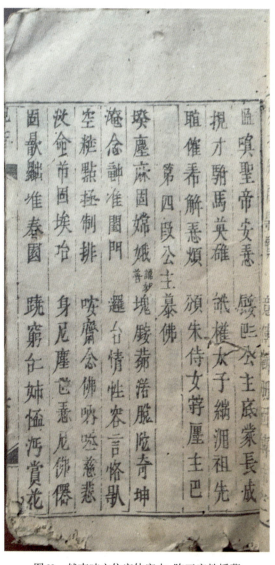

图62　越南喃文仿宋体字本　陈正宏教授藏

teurs des hommes, lequel titre lui a été conservé par la dynastie tartare actuellement régnante.

Ses descendants ont joui et jouissent encore, depuis plus de deux mille ans, de grands honneurs dans l'empire chinois; ils possèdent seuls le titre de *nobles héréditaires*. Ils étaient vingt *koung* (*ducs*) dans l'empire, à la cinquième génération, et sous le règne de KHANG-HI, leurs descendants s'élevaient à onze mille mâles.

On ne trouverait pas dans l'histoire du monde une figure à opposer à celle du grand philosophe chinois pour l'influence si longue et si puissante que ses doctrines et ses écrits ont exercée sur ce vaste empire qu'il a illustré par sa sagesse et son génie. Et tandis que les autres nations de la terre élevaient de toutes parts des temples à des êtres inintelligents ou à des dieux imaginaires, la nation chinoise en élevait à l'apôtre de la sagesse et de l'humanité, de la morale et de la vertu; au grand missionnaire de l'intelligence humaine, dont les enseignements se soutiennent depuis plus de deux mille ans, et se concilient maintenant l'admiration et l'amour de plus de trois cents millions d'hommes.

Pour faire mieux connaître à nos lecteurs la nature des écrits du grand sage de la Chine qui ont eu un tel résultat, nous ajoutons ici l'*argument* ou l'*analyse philosophique* que nous avons faite du premier de ses écrits, intitulé : *La Grande Étude* (*).

(*) Cet *Argument* est tiré d'une traduction française des QUATRE LIVRES CLASSIQUES OU ŒUVRES DE PHILOSOPHIE MORALE ET POLITIQUE DE KHOUNG-TSEU ET DE SES DISCIPLES, accompagnées d'une version latine et du texte chinois imprimé avec des caractères gravés exprès sur poinçons d'acier par M. Marcellin-Legrand ; ouvrage actuellement sous presse chez MM. Firmin Didot.

Le premier volume contiendra le 大學 *Ta hio* ou *La Grande Étude*, avec la traduction complète du Commentaire de *Tchou-hi*, une Introduction générale et des notes. Le second, le 中庸 *Tchoung-*

ARGUMENT DU 大學 TA HIO, OU DE LA GRANDE ÉTUDE.

Pour bien comprendre un ouvrage philosophique, surtout un ouvrage écrit dans une langue ancienne, avec des formes d'expressions et d'idées qui nous sont étrangères, il faut chercher à se rendre compte de l'intention de l'écrivain, de son but et de sa méthode, si la nature de l'ouvrage permet de les découvrir. Ce travail de l'intelligence, qui va saisir, sous l'enveloppe d'une phraséologie poétique ou pittoresque, la génération des idées, les rapports directs ou indirects qui les unissent, et qui s'appuie sur les deux grandes facultés de l'esprit : l'*analyse* et la *synthèse*, est un produit plus avancé de cette même intelligence que la simple perception passive des choses et des faits, laquelle n'est jamais que le sentiment, et non la conviction personnelle de la vérité.

C'est pour cette raison que nous avons essayé de faire précéder les écrits des philosophes chinois que nous offrons au public, d'arguments philosophiques destinés à en faire saisir l'*ensemble*, la *méthode*, la *nature* et le *but*.

Le *Ta-hio* se compose d'un *texte* attribué à KHOUNG-TSEU (CONFUCIUS, nom latinisé de KHOUNG-FOU-TSEU, plus ordinairement KHOUNG-TSEU) par tous les écrivains chinois, et d'une explication ou illustration qu'en a faite son disciple THSENG-TSEU.

Le texte proprement dit est fort court; il est nommé *King*, ou *Livre par excellence*, comme les autres livres les plus révérés des Chinois. Mais tel qu'il est, cependant, c'est peut-être, sous le rapport de l'art de raisonner, le plus précieux de tous les écrits de l'ancien philosophe chinois, parce qu'il offre au plus haut degré l'emploi d'une méthode logique qui décèle dans celui qui en fait usage;

young ou *La fixité dans le milieu*. Le troisième, le 論語 *Lün-yü* ou les *Dialogues moraux*.

图63　法国《中国图识》中的宋体字　陈正宏教授藏

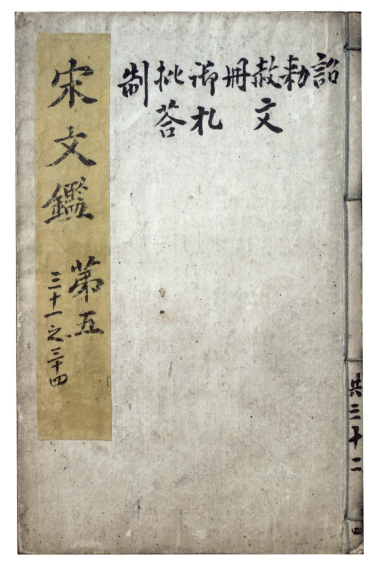

宋文鑑 第五 三十一之三十四

詔 勑 敕 冊 制 批 制
文 扎 荅

共三十二

四

图64　李氏朝鲜改装中国本　陈正宏教授藏

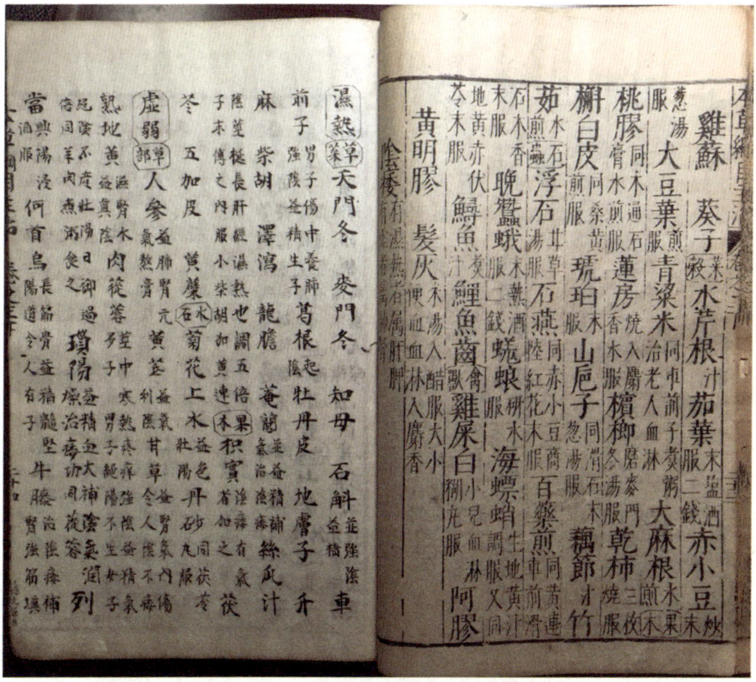

图65　日本学者抄补中国本　陈正宏教授藏

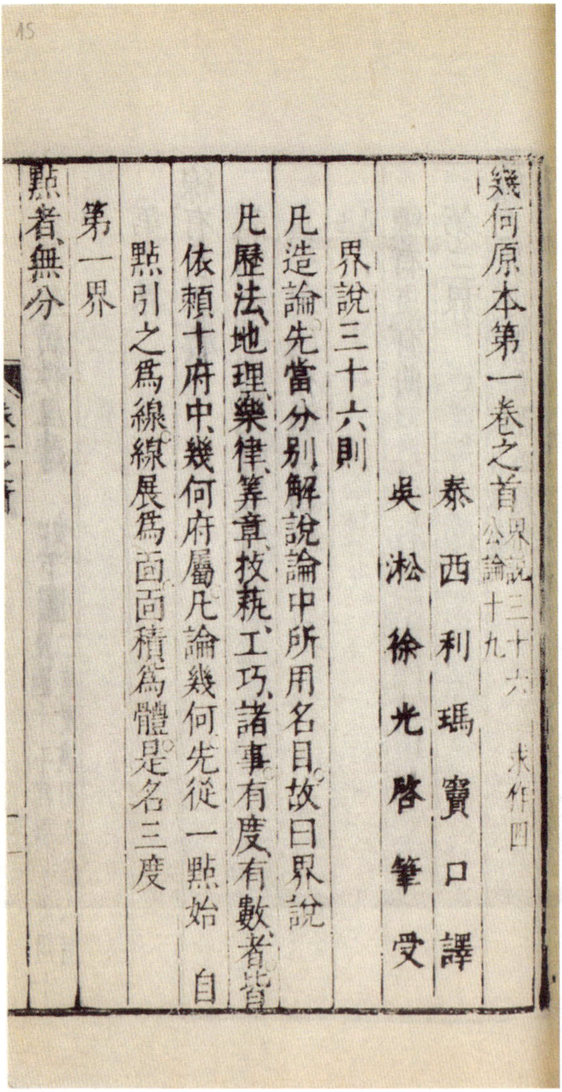

幾何原本第一卷之首 界說三十六 末作四

公論十九

泰西利瑪竇口譯

吳淞徐光啓筆受

界說三十六則

凡造論先當分別解說論中所用名目故曰界說

凡歷法地理樂律筭章技蓺工巧諸事有度有數者皆

依賴十府中幾何府屬凡論幾何先從一點始　自

點引之爲線線展爲面面積爲體是名三度

第一界

點者無分

图66　明刻本《几何原本》　意大利中央图书馆藏

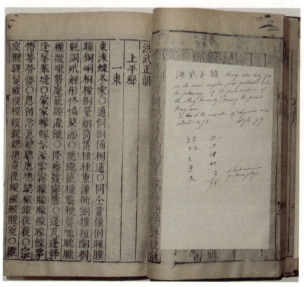

图67　沙畹阅读线装书、收藏《五车韵瑞》及其手书卡片

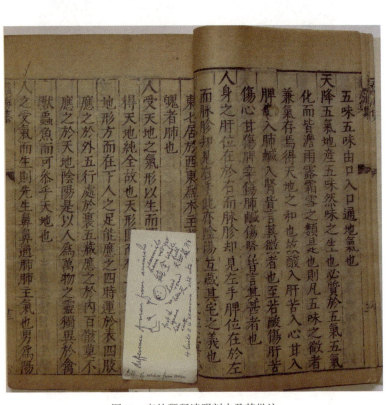

五味五氣由口入口通地氣也

天降五氣地產五味然味之生也必資於五氣五氣

化而皆澹雨露霜雪之類且是也則凡五味之微者

兼氣存焉得天地之和也故酸入肝苦入心甘入

脾辛入肺鹹入腎皆言其微者也至若酸傷肝苦入

傷心甘傷脾辛傷肺鹹傷略皆言其甚者也

人身之肝位在於右而脉胗位在於左

而脉胗却見右手此亦陰陽互藏其宅之義也

東七居形西東蘊木王

魄者肺也

人受天地之氣形以生而

得天地純全故也天形方

地形方而在下人之足能應之四時運於表四肢

應之於外五行處於裏五藏應之於內百骸莫不

應之於天地陰陽是以人為萬物之靈獨異於禽

獸蟲魚而可恭乎天地也

人之受氣而生則先生鼻鼻通肺肺王氣也男為陽

图68　李约瑟所读明刻本及其批注

漢大司農北海鄭　立註

明　後學子東吳金　蟜訂

司寇刑官之職

小司寇之職掌外朝之政以致萬民而詢焉一曰詢國危二曰詢國遷三曰詢立君

外朝之朝在雉門之外者也國危謂有兵寇之難國遷謂徙都改邑也立君謂無冢適選於庶也鄭司農云致萬民聚萬民也詢謀也詢于羣萬書曰謀及庶人○難乃旦反遷丁歷反

其位王南鄉三公及州長百姓北面羣臣西面羣吏東面

司寇刑官之職

圖69　明刻清印本《周礼》　天一阁藏

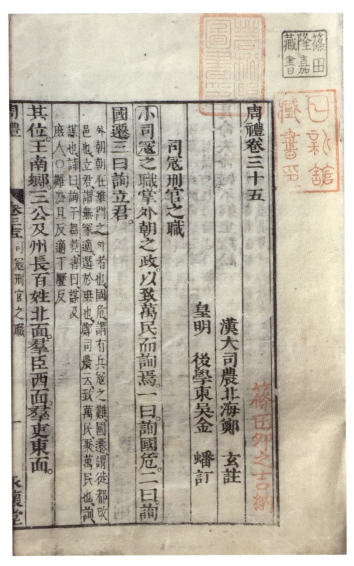

图70　日本覆刻本《周礼》　陈正宏教授藏

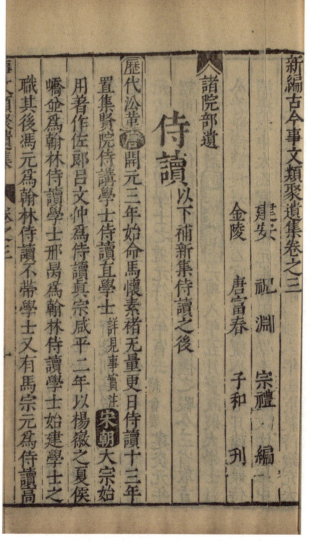

祝　淵　宗禮　編

金陵　唐富春　子和　刊

諸院部遺

侍讀　以下補新集侍讀之後

歷代沿革　唐開元三年始命馬懷素褚无量更日侍讀十三年置集賢院侍讀學士侍讀直學士詳見事實注　宋朝大宗始用著作佐郎呂文仲爲侍讀真宗咸平二年以楊徽之夏侯嶠並爲翰林侍讀學士邢昺爲翰林侍讀學士始建學士之職其後爲元爲翰林侍讀不帶學士又有馬宗元爲侍讀高

图71　明刻本《事文类聚》　华东师大图书馆藏

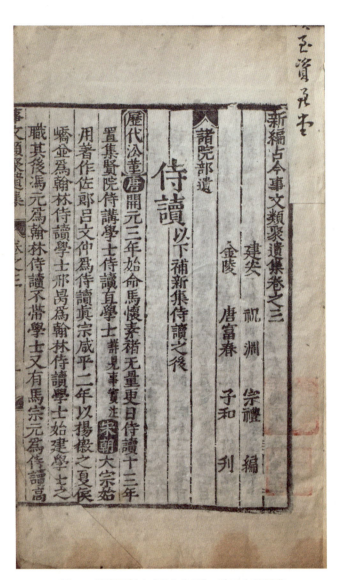

新編古今事文類聚遺集卷之三

建安　祝洵　宗禮　編

金陵　唐富春　子和　刊

諸院部遺

侍讀　以下補新集侍讀之後

歷代沿革[唐]開元三年始命馬懷素褚无量更日侍讀十三年置集賢院侍講學士侍讀直學士群見事實注[宋朝]大宗始用著作佐郎呂文仲爲侍讀眞宗咸平二年以楊徽之夏侯嶠金爲翰林侍讀學士邢昺爲翰林侍讀學士始建學士之職其後馮元爲翰林侍讀不帶學士又有馬宗元爲侍讀高

事文類聚遺集　　卷之三

图72　朝鲜覆刻本《事文类聚》　陈正宏教授藏

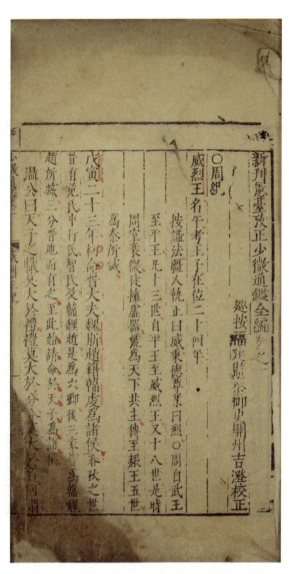

图73　明刻本《新刊宪台考正少微通鉴全编》　天一阁藏

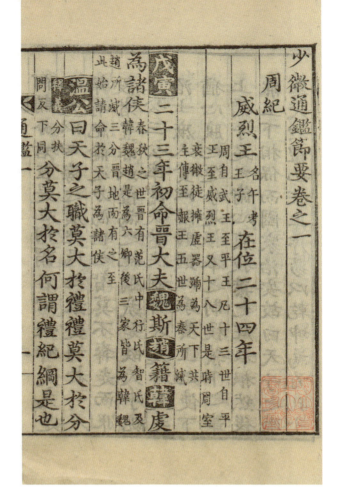

少微通鑑節要卷之一

周紀

威烈王名午考王子　在位二十四年

周自武王至平王凡十三世自平王至威烈王又十八世是時周室衰微徒擁虚器踊為天下共主傳至赧王五世為秦所滅

戊寅　二十三年初命晉大夫魏斯趙籍韓虔為諸侯

春秋之世晉有六卿中行氏智氏及韓魏趙是為六卿後三家皆為韓魏趙所滅三分晉地而有之至此始請命於天子為諸侯

溫公韓斯　問友下同　曰天子之職莫大於禮禮莫大於分分莫大於名何謂禮紀綱是也

图74　朝鲜刻本《少微通鉴节要》　华东师大图书馆藏

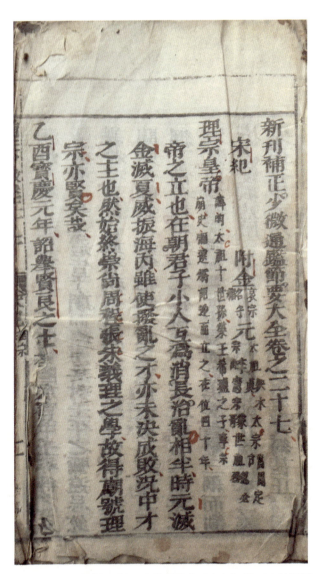

新刊補正少微通鑑節要大全卷之二十七

宋紀

理宗皇帝

帝之立也在朝君子小人互為消長治亂相半時元滅
金滅夏威振海內雖使援亂之才亦未決成敗況中才
之主也然始終崇尚曆統振朵義理之學故得廟號理
宗亦賢矣哉

乙酉寶慶元年，詔舉賢良之士

图75　越南刻本《新刊补正少微通鉴节要大全》　陈正宏教授藏

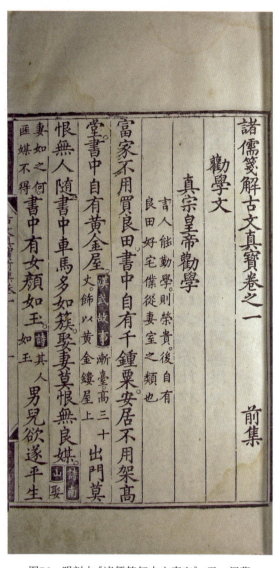

諸儒箋解古文真寶卷之一　　　前集

勸學文

真宗皇帝勸學

言人能勤學。則榮貴後自有
良田好宅僕從妻室之類也

富家不用買良田書中自有千鍾粟安居不用架高
堂書中自有黃金屋〔漢武故事〕漸臺高三十　出門莫
恨無人隨書中車馬多如簇聚妻莫恨無良媒。
妻如之何書中有女顏如玉。〔詩南〕〔山聚〕其人男兒欲遂平生
匪媒不得書中有女顏如玉。如玉　　男兒欲遂平生

図76　明刻本《諸儒箋解古文真宝》天一閣藏

詳說古文真寶大全卷之一　　後集

離騷經　屈原

離也遭也擾動曰騷　後人尊名之為經

朱文公曰原名平與楚同姓　顓頊後熊繹事

周成王封楚子至楚武王生子瑕受屈為卿因以為氏　仕於懷

王為三閭大夫　掌王族昭景三姓　上官大夫

及靳尚妬毀之王疏原原被讒憂煩

乃作離騷上述唐虞三后之制下序

桀紂羿澆之敗冀君覺悟及於正道

而還已也時秦使張儀詐懷王誘與

會武關原諫王勿行弗聽而往為所

图77　朝鲜活字本《详说古文真宝大全》　华东师大图书馆藏

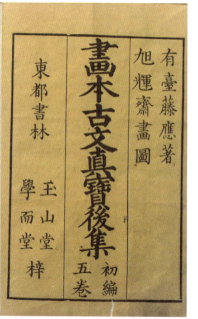

古文眞寳敍

自六藝不講而世之誨小學者必先以語孟而
次以古文亦餘力學文之意也眞寳之編首有
勸學之作終有出師陳情之表登不欲勉之以
勤而誘之以忠孝乎此編者之微意也惜哉書
所采行率多刪略註釋不明讀者憾焉有三山
林以正先生者授徒暇閱市而求書未善者正
之繁者芟之略者詳之必歸於至當而後巳若
此書者撮大意於篇題之下精明訓解於句讀

古文眞寳敍

有臺藤應著

旭煇齋畫圖

畫本古文眞寳後集 初編

五卷

東都書林

玉山堂
學而堂 梓

図78　日本刻本《画本古文真宝后集初编》华东师大图书馆藏

目　录

外　篇

插图目录

自 序

古籍是文物，有文物则有收藏。收藏首先要鉴别文物的真伪和价值，遂有文物鉴定，而古籍版本鉴定是文物鉴定的一个门类，故其理论方法与文物鉴定的一般理论方法一致。这在文物学界是存在一定共识的，如《辞海》"文物"条定义中包括"古旧图书"，国家文物鉴定委员会中专门设有古籍组。但在古籍版本学界的看法却并非如此，不少学者忽视了古籍的文物属性，对符合文物鉴定规律的传统版本鉴定方法（如"观风望气"）进行不恰当的批评，影响了古籍版本学理论和方法的发展。

古籍文物属性被忽视的原因大概有三个方面。一是在一般人的观念中，书籍最重要的功能是阅读，人们对其文本的关注往往远超对实物形态的关注。即便是与现代书籍形态大为不同的古籍，对于具备古籍阅读能力的读者而言，其主要关注点也是文本内容，何况许多读者阅读的还是现代整理本，其物质细节已丧失殆尽。这种书籍观念导致人们容易忽视古籍的文物属性。

二是从现行古籍管理体制看，国内古籍主要由文化系统的公共图书馆、教育系统的高校图书馆、科研系统的专业图书馆和文物系统的博物馆等机构管理，其中以公共图书馆收藏古籍数量最多，故古籍保护事业归口文化部门管理。文物系统所藏古籍只是一小部分，且在各馆往往也不属于重点文物类型，大都只是作为一般图书资料收藏。从国家文物鉴定委员会的专家组成情况也可以看出，大多数专家均来自隶属于文物系统的博物馆、文物鉴定站等机构，只有古籍组专家大多来自图书馆，明显不属于一个系统。古籍在管理体制上与文物系统隔绝比较严重。这并不是说古籍更适合文物部门管理，而是说这种管理现状与忽视古籍文物属性有密切关系。

　　三是从学术角度看，在学术体制方面，古籍收藏机构如公共图书馆和博物馆属于文化服务性质，高校和科研院所的图书馆属于教学辅助和科研辅助性质，都不是专门的学术研究机构或部门，学术研究条件相对薄弱。而专门的学术机构的研究人员接触古籍实物的条件不是很方便。这种情况限制了对古籍文物属性的认识和研究，同时也限制了版本学的发展。在学术传统方面，一些学者对传统的藏书家、版本学家抱有偏见，将其对善本的鉴赏和收藏动辄斥为"古董习气"，对其鉴定版本的方法"观风望气"大加批评。殊不知古董即文物，观风望气即考察版本风格，若无古董习气和观风望气，何来今日之古籍善本？何来版本学？这些学者于古籍之文物性懵无所知，宜其所发宏论于版本学不唯无益，甚且有害。

　　本书所收论文大多有关藏书和版本，二者皆注重古籍的文物属性。在古文献学的范畴中，藏书研究和版本学关注的对象都是古籍实物，也就是作为文物的书。藏书研究关注古籍实物无须多言，版本学则须稍加解释。中文"版本"一词有实物版本（edition）和文本版本（text）两种含义，研究实物版本者为版本学（analytical bibliography），研究文本版本者为校勘学（textual bibliography 或 textual criticism）。学界有时将研究文本版本者也看作版本学，从逻辑上来说，有混淆研究对象之嫌。版本学研究的古籍实物，主要依赖历代藏书家收藏而流传下来的古籍，尤其是善本古籍（越珍贵的善本，其文物等级越高）。反过来，版本学为藏书家评判古籍的真伪和价值提供理论和方法。从历史上来看，以古籍为文物，作为一种比较普遍的观念，始于明中期藏书家收藏宋本，而版本学也是起源于对宋本的鉴赏和收藏，包括鉴别其真伪和价值。因此，藏书研究和版本学是紧密相连的，而将其联系在一起的正是古籍的文物性。

本书所收十五篇论文或多或少都与古籍的文物性有关，分为三部分，第一部分为藏书研究，第二部分多有关版本研究，第三部分为外篇。第一部分，第一篇《古籍之为文物——明代出现的新型藏书家》是年初应《典藏》杂志"天一阁专辑"之约所撰，粗略梳理了古籍文物性之观念史。本书题目即取于此，故以之冠首。第二至四篇均为天一阁范氏藏书研究，其中《天一阁流散书研究刍议》为近期所撰，最近天一阁计划对流散书进行追踪、访归，此文即为前期调研。《黄裳所藏天一阁藏书考》是十年前刚参加工作不久时考察天一阁流散书的尝试。《抗战期间天一阁藏书转移经过考述》是2015年8月奉命参加国家古籍保护中心举办的"抗战时期古籍抢救保护史迹研讨会"时所撰。第五、六两篇研究黄丕烈藏书，其中《黄丕烈题跋辑刻考述》是由硕士论文部分章节修改而成。《黄丕烈题跋补遗》则是硕士论文的副产品，应《文津学志》"黄丕烈专辑"之约而撰。天一阁范氏与明中期以前的大多数藏书家一样，其藏书注重书的文本内容，属于文本性藏书。黄丕烈则是明中期以来的文物性藏书传统的集大成者。范、黄两家代表了中国古代藏书家的两种基本类型。

第二部分大体按版本年代排序，第一篇《〈清异录〉版本源流重考》初稿撰于2006年，是硕士期间邓瑞全教授开设的版本学课的课程论文,现据新见材料,调整思路,重新改写。《正德刻本公案小说〈包待制〉残叶考》是2014年8月在考察阁藏正德刻本《文献通考》实物特征时,从其书衣衬纸中发现残叶并撰写成文的。《〈仪礼注疏〉陈凤梧本、汪文盛本补考》尝试使用古籍版面残缺痕迹特征判断版本之间的翻刻关系。《万历丙辰科进士同年序齿录》残叶是2012年10月古籍普查工作中的发现。《万斯同〈明史稿〉研究述论》是2008年参加中国社科院历史所与天一阁联合举办的"万斯同与《明史》编纂国际学术研讨会"的论文,此次稍作修改。《〈古今图书集成〉铜活字校样本考述》是2013年6月古籍普查工作中的发现。《天一阁藏越南阮述〈每怀吟草〉稿本初探》为2011年博士期间选修葛兆光教授"亚洲史的研究方法"的课程论文。七篇论文所涉及的七种书之间没有特别关系,其共同点是每篇论文都是建立在比较严格的版本实物分析的基础之上,重视古籍的文物性。

第三部分第一篇《明代书籍文化对世界的影响》系2016年12月天一阁博物馆和华东师范大学图书馆联合举办"芸香四溢——明代书籍文化的世界影响"特展的展览大纲修改而成,展览由复旦大学古籍所陈正宏教授策划并具体指导。最后一篇《试比较陈垣〈校勘学释例〉与保罗·马斯〈校勘学〉》是2012年博士期间选修苏杰教授"西方校勘学概论"的课程论文。这两篇虽也或多或少涉及古籍实物,然与藏书和版本学研究偏离稍远,故附录于后。

博物馆并非专门的科研机构,我的日常工作是古籍库房管理,接待读者和其他古籍相关业务,不是专职的科研人员,当然更重要的是我不够勤奋,故十年所得,仅成薄册,且大半跟工作有关,无论是数量还是质量,本不足以灾梨祸枣。因此尤其感谢宁

波市文广局、宁波市社科院和天一阁博物馆人才政策和经费的支
持,使我有机会将多年的读书心得集中起来供同行批评。

　　　　　　　　　　　　2018 年 12 月 31 日于天一阁

　　我们强调古籍的文物性,并不是将其当作宝贝秘不示人。相
反,让学者更加便利地研究古籍实物,让民众有更多机会观摩善
本,不仅有利于版本学的发展,也有利于揭示古籍的文物价值和
学术价值并使其广为人知,从而使古籍得到更好的保护。只有那
些不顾学术规律和文物规定而对古籍随意折腾的行为,才是对古
籍保护和学术研究事业的最大破坏。

　　此次承中华书局和罗华彤老师美意重印小书,主要校订了一
些小错误及对插图调色,只有《黄裳所藏天一阁藏书考》一文改动
较大。2021 年天一阁博物院启动天一阁流散书访归工程,蒙上海
图书馆大力襄助,将馆藏一百余部天一阁流散书电子影像数据协
议归阁,其中黄裳旧藏约四十部,遂得以改订此文。

　　　　　　　　　　　　2022 年 2 月 24 日补记于天一阁

上篇　藏书

古籍之为文物

——明代出现的新型藏书家

　　黄丕烈为清乾嘉时期藏书界的巨擘，他的藏书题跋被专称为"黄跋"，凡有黄跋的古籍，无不身价倍增。黄跋是版本目录学和藏书史研究的宝库，里面包含的资料十分丰富。比如黄跋中提到了大量当时以及前代的藏书家，是藏书史研究的重要资料。其中提到次数较多的如毛晋、钱曾、季振宜等人，值得注意的是，几乎没有提到过范钦及天一阁（图1、图2），这是为什么？要知道，当时的范氏天一阁是被乾隆皇帝钦点的著名藏书楼。这里面的原因可能有很多，我认为最根本的原因是，范钦和黄丕烈是两种不同类型的藏书家，二者的藏书理念有根本差异。前者更注重书籍的文本内容，后者更注重书籍的实物形态，或者说更重视书籍的物质性或文物性。黄丕烈藏书楼一名"读未见书斋"，"未见书"就是指书的稀见性，实际上就是文物性。重视书的文物性，出现这种类型的藏书家，大约在明代；成为一种普遍的藏书理念，则在明代中期。

一　书籍的物质性与藏书史的分期分类

　　人们读书，主要读的是书的文本内容，而文本相对于其物质载体，具有一定的独立性。换句话来说，对于同一种书来说，不管其内容是呈现在石头、竹简、纸卷还是电子屏幕上，都是一样的。这导致人们常常忽略书籍的物质性，忽略书籍的实物形态。虽然有一定文史基础的人都知道各个时代的书籍载体不同，但在学术研究中，仍然难免对此不够重视。就中国藏书史而言，大多著作都采取按朝代分期的方法，这当然有其便利，但也容易遮蔽很多重要的东西。这种分期的结果常常是对藏书家的罗列介绍，难以揭示藏书史的发展脉络。

书籍的物质性或实物形态对藏书史的分期有重要意义。不管一部书的内容如何，对于藏书家乃至所有读书人来说，看到的、拿到的首先是一件实物，那么这实物是一大堆竹简，还是几个卷轴，或是一本册子，或是一个优盘里的万分之一空间，结果显然是完全不同的。书籍发展史分期的一个重要思路是根据书籍的载体或实物形态来分期。而对藏书史来说，参考书籍史的分期来划分其发展阶段，显然也是一个重要的分期方法。

从载体来说，自先秦至清，中国书籍史首先可以分为简帛时代和纸本时代两个时期，分界点大致在晋代。纸本时代又可分为写本时代和印本时代（或雕版时代）两个时期，分界点在宋代。宋代以后，雕版印刷的书籍逐渐居于主要地位，写本（包括稿本和抄本）虽然仍很重要，但从总量上已经处于次要地位，并且越往后越是如此。雕版时代可再分为写体字时代和宋体字（或匠体字）时代两个时期，分界点在明嘉靖（明中期）。嘉靖时期，雕版印刷出现重要变化，专门用来刻书的印刷字体宋体字开始出现，并逐渐成为主要的刻书字体，大大促进了雕版印刷业的发展。

从书籍史的分期来看藏书史，更易于发现每个时代藏书史的特点。比如，在简帛时代，由于书籍载体的笨拙与昂贵，加上其时书籍本就不多，因此社会上流通的书籍非常有限。西汉成帝时，东平王刘宇向朝廷请赐诸子书及《史记》，朝廷没有同意①。以东平王之地位，尚且如此，其他人可以想见。因此，这个时代即使偶有几个藏书人，社会上也很难形成广泛的藏书风气。只有到了纸本时代，书籍制作成本大大降低之后，才会逐渐出现一批拥书千卷的藏书家。但在写本时代，藏书家仍然很少，书籍抄写不易，藏书之家不是普通人所能染指的。而到了雕版时代，书籍制作方式发生了革命性变化，雕版印刷的复制速度超过抄写速度千百倍，书籍流通量大大增加，收藏相对容易多了。因此叶昌炽《藏书纪事诗》以五代毋昭裔（中国最早刊刻典籍的私人藏书家）为始，是很有道理的。明代中期以后，专用于印刷的宋体字出现，雕版印刷取得突破性发展，普通士人稍有财力，就可以迅速购置万卷藏书②。因此，从实物形态出发，我们对藏书史的分期会有新的理解。

对于藏书史或藏书家的分类，传统藏书史论著多受洪亮吉的五等之说影响。洪氏《北江诗话》卷三云：

> 藏书家有数等：得一书必推求本原，是正缺失，是谓考订家，如钱少詹大昕、戴吉士震诸人是也；次则辨其板片，注其错讹，是谓校雠家，如卢学士文弨、翁阁学方纲诸人是也；次则搜采异本，上则补石室金匮之遗亡，下可备通人博士之浏览，是谓收藏家，如鄞县范氏之天一阁、钱塘吴氏之瓶花斋、昆山徐氏之传是楼诸家是也；次则第求精本，独嗜宋刻，作者之旨意纵未尽窥，而刻书之年月最所深悉，是谓赏鉴家，如吴门黄主事丕烈、邬镇鲍处士廷博诸人是也；又次则于旧家中

---

① 《汉书》卷八十，中华书局1962年版，第3324—3325页。
② ［明］胡应麟《经籍会通》卷四，北京燕山出版社2008年版，第47页。

落者贱售其所藏，富室嗜书者要求其善价，眼别真赝，心知古今，闽本蜀本一不得欺，宋椠元椠见而即识，是谓掠贩家，如吴门之钱景开、陶五柳，湖州之施汉英诸书估是也。①

洪氏将藏书家分为五等，即考订家、校雠家、收藏家、赏鉴家和掠贩家，后代学者如叶德辉、谭卓垣、王绍曾等多在此基础上修改立说②。中国传统学术多不重视逻辑性和系统性，洪氏所分五等藏书家在这方面表现得尤其突出。首先，考订家、校雠家只是学术研究领域或方法不同者，与藏书家并无直接关系，比如考订家中所举钱大昕、戴震，能否称藏书家还是问题。收藏家比藏书家范围还要大，有些名实不副。掠贩家只是书商，放在这里显得不伦不类。只有赏鉴家一词有些价值，可是跟其他四家并列一起，价值也难以彰显。其次，将五类性质不同的人随意分别等级，品评高下，缺乏依据。比如将书商列在最末等，甚至直斥之为"掠贩家"，只能说明洪氏未能摆脱流俗对商人的轻视。实际上，书商对古籍流通贡献良多，有很多值得肯定的地方。至于将收藏家、赏鉴家与考订家、校雠家放在一起比较高下，同样也没有依据。此外，洪氏对宋本、元本等善本书的买卖似乎抱有很深的偏见，故将买者和卖者分别列在第四等和第五等，给予极其苛刻的评语。这说明他不懂实物版本，不关注书籍的实物形态，对书籍的文物性缺少切实体验，无法全面理解宋元本的价值。其实这也是许多学人常有的偏见。

从书籍的实物形态出发，关注古籍的文物性，我们可以发现，根据是否注重书籍的文物性，可以将藏书家分为两类，一类注重

①［清］洪亮吉《北江诗话》卷三叶一，清刻本。

②王余光《藏书家、文献家与文献学家》，载《图书情报工作》2009年第11期。

文物性,另一类注重文本内容,不太考虑文物性。以此来反观洪亮吉的所谓五等藏书家之说的问题,可以看得更清楚。所谓掠贩家是书商,其目的并非收藏,不应该列入藏书家,可以不予考虑。所谓考订家、校雠家,都是注重文本内容的一派,至于用文本做什么研究,考订、校雠、编纂还是其他,自然都是可以的,那是另外一个问题。收藏家里,洪氏列举了范氏天一阁、吴氏瓶花斋、徐氏传是楼,赏鉴家里列举了黄丕烈和鲍廷博。洪氏对赏鉴家的定义是重视宋本、重视刻书年月,而不太关注内容,这与文物性是相通的,故此说颇有价值,但他对这几家的归类却有些混乱,天一阁固然是注重内容的,传是楼却是非常注重文物性的,只需看一下黄丕烈题跋中屡次提及就可以明白,今存《传是楼宋板书目》一卷,即黄丕烈士礼居抄本。

二　书籍文物性之观念史

在雕版印刷出现以前,书籍的复制和流通只能通过抄写,收藏书籍比较困难,大多数藏书家注重的都是文本内容,很少关注到书籍的文物性。由于藏书不易,这一时期私人藏书往往不如政府完备。文献中涉及书籍物质性、文物性之处偶有所见。如西晋秘书监荀勖所编中央官府藏书目录《晋中经簿》多涉及书籍的装帧如"盛书有缥帙、青缥帙、布帙、绢帙"①,及书籍的纸张(包括竹、帛)、字体如"有细素书、白缣楷书、黄纸楷书、白绢行书、二尺竹牒楷书、白练绢楷书"②。大概因记载书籍实物形态较多,而对

①［宋］李昉等《太平御览》卷六百六叶八,宋庆元五年蒲叔献刻本,日本宫内厅书陵部藏。
②［宋］高似孙《纬略》卷八叶九,清道光金山钱氏《守山阁丛书》本。

文本内容不够重视,《中经新簿》被《隋书·经籍志》批评"至于作者之意,无所论辩"。这些对书籍的描述主要是物质性方面,或者还包含了艺术性方面的字体,但是否属于文物性,还不好确定。《隋书·经籍志》记隋炀帝时之书:"秘阁之书,限写五十副本,分为三品:上品红琉璃轴,中品绀琉璃轴,下品漆轴。"①可知其书为卷轴装,用卷轴的不同材质和颜色区分不同品质的书。这种制度被唐代继承和发展,开元时之集贤院御书:"经库书,钿白牙轴,黄带,红牙签;史库书,钿青牙轴,缥带,绿牙签;子库书,雕紫檀轴,紫带,碧牙签;集库书,绿牙轴,朱带,白牙签,以为分别。"②以不同颜色的卷轴、丝带和牙签(书签)来区分经、史、子、集四部之书。这些是对书籍物质性形制的描述,尚未涉及文物层面。《隋书·经籍志》记隋平陈后所得书:"多太建时书,纸墨不精,书亦拙恶。于是总集编次,存为古本。"③虽然从实物形态的角度批评所得藏书的纸墨和书法都差,但仍然精心整理,作为"古本"收藏,说明已经具有文物意义。这大概是因中央政府藏书可以大规模誊抄复本,因此可以把原本作为"古本"收藏,一般藏书家很难具备这种条件,因此很难说这时候已形成将书籍作为文物收藏的理念。

雕版印刷出现并逐步盛行以后,藏书家越来越多,以书籍为文物的观念也有所发展。李清照《金石录后序》写建炎元年(1127)携各类藏品南下,因携带不便,依次舍弃之藏品为"书之重大印本者""画之多幅者""古器之无款识者""书之监本者""画之

---

① 《隋书》卷三十二,中华书局 1973 年版,第 908 页。
② [唐]李隆基撰,[唐]李林甫注《大唐六典》卷九,三秦出版社 1996 年版,第 208 页;《旧唐书》卷四十七,中华书局 1975 年版,第 2082 页。
③ 《隋书》卷三十二,第 908 页。

平常者""器之重大者"①,在书籍、字画、器物各类收藏中,书籍是价值最低者,故先弃之。但值得注意的是,监本书(国子监刻本)顺序在多幅画和无款古器物之后,说明监本书价值更大。古器物应是文物,则监本书价值尚在文物之上。当然,北宋国子监刻本多正经正史,是很多学者的必备书,李清照更看重的也有可能是书籍的文本价值,不一定是其文物价值。至建炎三年洪州之变,建炎元年携带之书多被丢弃,所剩者为:"独余少轻小卷轴书帖,写本李、杜、韩、柳集、《世说》、《盐铁论》,汉唐石刻副本数十轴,三代鼎鼐十数事,南唐写本书数箧。"②如果说"写本李、杜、韩、柳集、《世说》、《盐铁论》"为李清照常读之书,所重可能为文本内容,那么"南唐写本书数箧"所注重的大概就是书籍的文物性了。南唐写本书,距李清照已近两百年,在历经两次事变、丢掉了大部分藏品(包括大多数字画和古器物)之后,李氏仍然藏之书箧,与其夫赵明诚视若性命的十余件三代鼎彝岿然共存,可见即使在文物中,也是价值最高者。

李清照、赵明诚夫妇生于北宋书香之家,才学冠绝一时,皆好典籍,赵明诚又为宰相之子,时代、家世、学识、兴趣、财力五者齐备,其古籍收藏条件可谓一时之选,故可得南唐写本书数箧。自南宋以降,五代以前写本收藏之事几成绝响。洪迈之家世、宦途尚在李、赵之上,而所藏中津津乐道者不过旧监本《周礼》而已③。尤袤、陈振孙为南宋一代藏书大家,所藏最古本亦不过旧监本、古

---

① 王仲闻校注《李清照集校注》,人民文学出版社1979年版,第179页。
② 王仲闻校注《李清照集校注》,第180页。
③ [宋]洪迈撰,孔凡礼点校《容斋随笔》之《容斋续笔》卷十四,中华书局2005年版,第394页。

京本一类。陈振孙《直斋书录解题》卷三《九经字样》云："得此书，乃古京本，五代开运丙午所刻也。遂为家藏书籍之最古者。"①所谓旧监本、古京本，当皆为五代国子监刻本。在一定程度上，这些本子在其藏书中具有文物意义。其藏书中几乎看不到五代以前写本。即使五代刻本，也仅有寥寥数部，在其藏书中所占比例很低。

南宋藏书家著录的少量五代刻本，自元代以后，几不可闻。元以后藏书史上所见最古之本大多皆为宋本，直至清代，极少例外。宋代私家藏书目录尚有晁公武、尤袤、陈振孙三家存世，元代却无一家流传至今，给研究带来很大不便，好在元人收藏过的一些善本书流传了下来或在文献中留下了记载。赵孟頫曾收藏过两部名声很大的宋版书《汉书》和《六臣注文选》，后者有赵氏跋云："霜月如雪，夜读阮嗣宗《咏怀》诗，九咽皆作清冷气，而是书玉楮银钩，若与灯月相映，助我清吟之兴不浅。"②以"玉楮银钩"形容此书的纸张和书法之美，显然关注的是其实物形态，而非文本内容。作为一部一两百年前的古书，注重其实物形态，自然也有文物的意义。《天禄琳琅书目》在此跋后评曰："孟頫此跋作小行楷书，曲尽二王之妙。其爱是书也，至足以助吟兴，则宋本之佳者，在元时已不可多得矣。"③末句点出此书的稀见性及其文物价值。至于宋版《汉书》，赵孟頫将其小像绘于卷首，可见其宝爱尤

①［宋］陈振孙著，徐小蛮、顾美华点校《直斋书录解题》卷三，上海古籍出版社 1987 年版，第 81 页。
②［清］于敏中等著，徐德明标点《天禄琳琅书目》卷三，上海古籍出版社 2007 年版，第 76 页。
③［清］于敏中等著，徐德明标点《天禄琳琅书目》卷三，第 76—77 页。

在《六臣注文选》之上，入明后王世贞以一处庄园购得此书，可见其价值之巨①。赵孟頫重视宋版书的文物价值（包括艺术价值），将其与名家法帖等量齐观，还有一佳证，即其所书《汲黯传》乃从宋刻本临出②。赵孟頫这种做法在当时是很少见的。对当时一般藏书家而言，藏书中的刻本除了当代元刻本，就是前朝的宋刻本，这种普通的宋刻本（尤其是建本）与赵氏所藏《汉书》《六臣注文选》是不能比的，一般还不会把它们看得太过珍贵。因此，以赏鉴的态度来看待宋刻本、将宋刻本当作书画一样的文物，这种风气尚未形成。

明代前期大致与元代类似。此时经过元末战乱，加上书籍流传中的自然淘汰，宋刻本越来越少，所隐含的文物价值在逐渐提高。但明前期社会尚在恢复之中，经济、文化都需要一定的时间来恢复、发展，同样，藏书事业也在逐步发展之中。一方面是经济、文化的积累，一方面是日渐稀少的宋刻本，藏书史上的新元素已经在酝酿之中。

以上主要考察了自晋代至元代藏书家有关书籍物质性、文物性的观念演变历史。我们可以发现，这种观念是随着书籍实物形态的变化而改变的。晋至唐皆为卷轴，无论当作文物的古本，还是当时誊抄的副本，都是卷轴装。北宋藏书家眼中的文物性书籍是南唐写本，至南宋，五代刻本也够文物标准了。而元代以后，宋本成为最高标准。自东晋至元，后一个时代基本上看不到前一个时代的文物性书籍，几乎每一次改朝换代都会使前朝藏书化为乌

---

① ［清］于敏中等著，徐德明标点《天禄琳琅书目》卷二，第22页。
② 范景中《书籍之为艺术——赵孟頫的藏书与〈汲黯传〉》，载《新美术》2009年第4期。

有，后一代只能收拾前一代的残余，至于前一代的文物性善本，基本都看不到了。如南宋人于五代写本、元人于五代刻本，皆是如此。只有元代以后，才改变了这一状况，宋刻本成为此后历代皆可触及的文物性善本，直至今天。这与宋刻本时代更近、数量更大有关，更与历代藏书家的精心搜集珍藏分不开。

三　明代出现的新型藏书家

明代的文化中心在苏州，新的藏书风气在苏州出现得比较早。文徵明在为沈周（1427—1509）所作《沈先生行状》中云："先生去所居里余为别业，曰有竹居，耕读其间。佳时胜日，必具酒肴，合近局，从容谈笑。出所蓄古图书、器物，相与抚玩品题以为乐。"①其中"古图书、器物"并列，虽然我们看不到沈周的藏书目录，但从上文所述我们可以推断所谓"古图书"当即宋刻本之类。值得注意的是，沈周与朋友对待书籍的方式，"抚玩品题"，与欣赏古器物、字画无异，这就是对书籍、对珍贵的宋刻本的鉴赏。这种赏鉴注重的是书籍的实物形态，而非文本内容，就像赵孟𫖯以宋版《六臣注文选》"助清吟之兴"一样。这种用来鉴赏的宋版必须纸墨、刻印皆精，就像《六臣注文选》之"玉楮银钩"，可以"与灯月相映"。

沈周鉴赏书籍的行为并非个例，而是和他的朋友们形成了一个文化圈，而且影响越来越大。其子沈云鸿也是这样的："江以南

①［明］文徵明著，周道振辑校《文徵明集》卷二十五，上海古籍出版社2014年版，第584页。

论鉴赏家,盖莫不推之也。"①吴宽(1435—1504)、王鏊(1450—1524)都是沈周鉴赏圈子里的同道。王鏊家藏宋本甚精,如《玉台新咏》②、黄善夫本《史记》(明嘉靖王延喆刻本《史记》王延喆跋)、《旧唐书》等。其所藏宋版《旧唐书》,即明嘉靖闻人诠刻本底本来源之一。年辈稍晚一些的都穆(1458—1525)也是鉴赏派的主将,他曾为王献臣所藏岳珂旧藏古本《国语》品题作跋云:"御史王君敬止(王献臣)得之,出以相示。观其刻画端劲,楮墨精美,真古书也。予尝访御史君,每一披诵,则心目为之开明。"③从这条题跋可以看出其鉴赏的具体内容,"刻画端劲"指的是书籍的字体特征和刻印情况,"楮墨精美"则评价纸墨,最后是优良的纸墨和精美的书法带来的鉴赏快感:"每一披诵,则心目为之开明。"重点关注的是书籍的实物形态以及由此带来的赏心悦目体验。其所谓"古书",正是文物之谓。

文徵明(1470—1559)继沈周、吴宽、王鏊而起,亦为藏书大家,其玉兰堂藏宋版精品甚夥,如《汉丞相诸葛武侯传》(图3、图4)、《东观余论》《刘子》《汉隽》(以上藏上海图书馆)、《朱文公校昌黎先生集》《抱朴子内篇》(以上藏辽宁省图书馆)、《陆士龙文集》(今藏国家图书馆)、《监本纂图重言重意互注礼记》(今藏上海图书公司)、《唐宋名贤历代确论》《容斋三笔》《六臣注文选》《兰亭考》④等。其藏书印有"江左""竹坞""停云""玉兰堂""辛夷馆"

---

①［明］文徵明著,周道振辑校《文徵明集》卷二十九,第650页。

②［清］于敏中等著,徐德明标点《天禄琳琅书目》卷三,第87—88页。

③［明］都穆《南濠居士文跋》卷一叶五,明刻本,中国国家图书馆藏(书号08121)。

④《唐宋名贤历代确论》《容斋三笔》《六臣注文选》《兰亭考》四书,见前引《天禄琳琅书目》卷二、卷三,第39—40、51—52、82—83、93—95页。

"翠竹斋""梅华屋""梅溪精舍"等，这些钤印多有鉴赏之意。文氏为吴中风雅领袖数十年，其影响广泛而深远。

嘉靖二十八年(1549)，无锡巨富华夏(1494—1567)请丰坊为其藏品作《真赏斋赋》(其《真赏斋图》为文徵明所绘)，其中收录宋版等古本四十一部，与历代法帖、碑刻、名画并列。从"真赏斋"之名即可看出其鉴赏之意。《真赏斋赋》某种程度上也可以看作文物性善本的目录，部分书有简单解题，如《史通》《玉台新咏》著录藏印"建业文房之印"及版本"南唐之初梓"；《三礼图》《五经图说》著录版本"北宋之精帙"；《九经》著录收藏者"俞石碉(俞琰)藏"及题跋者"王守溪(王鏊)跋"；《三国志》著录作"大字本，淳熙乙巳刊于潼州转运司公帑"；《花间集》作"纸墨精好"；《宝晋山林集拾遗》作"八卷，孙米宪刻"；《东观余论》作"楼攻媿等跋，宋刻初拓，纸墨独精，卷帙甚备，世所罕见"等。最后总结道："皆传自宋元，远有端绪。"①强调流传有绪，真实可靠。大多解题也都侧重鉴赏，突出书籍的文物价值。华夏这批文物性善本藏书受王鏊、文徵明等人的影响，如其所藏《九经》有王鏊题跋，其所藏《兰亭考》为文徵明旧藏②。显然，在藏书方面，华夏跟二人属于同一个圈子。

《真赏斋赋》堪称历史上第一部以书籍文物价值为主的、重点描述书籍实物形态的、真正的实物版本目录，虽然收书数量不多，且与字画合而未分，但其性质与此前书目皆异，在藏书史、版本学

①[明]丰坊《真赏斋赋》叶五至七，清光绪宣统年间刻《藕香零拾》本。《宝晋山林集拾遗》"孙米宪刻"原误作"孙光宪刻"，据上海博物馆藏《真赏斋赋》墨迹改正。

②[清]于敏中等著，徐德明标点《天禄琳琅书目》卷二，第93—95页。

史上具有标志性意义。清代嘉庆年间,大藏书家黄丕烈请顾广圻为其撰《百宋一廛赋》并亲自作注,著录所藏宋本并有解题,其意即效法《真赏斋赋》并有所发展。而黄丕烈正是藏书家和版本学中鉴赏派的代表,是实物版本学的开创性人物。

江南的藏书风气逐渐向全国蔓延。嘉靖四十四年(1565),严嵩被抄家,《天水冰山录》一书为其抄家清单,其中书籍分为两部分,一部分为宋元本等古籍八十八部二千六百一十三册,列有书名、部数、册数、版本,与珍贵的金银器、绢帛、字画、房产等放在一起。另一部分"经史子集等书"、"道佛各经诀",只有总数"五千八百五十二部套"、"九百一十四部套",与应变卖碎铜放在一起。前一部分书押送京城,后一部分书发给各地儒学和寺观①。两者差异很明显。显然在当时的观念中,宋元本跟普通书判然有别,前者是价值很高、可供收藏的文物,后者只是一般读物。

大致自嘉靖时期开始,从文物角度收藏宋本已经形成风气。而嘉靖时期,也正是翻刻宋版的高峰期,刻书从字体到版式乃至整个版刻风格刻意模仿宋版中最流行最精美的浙本。藏书界对宋版的追捧,正是翻刻宋版的动力。因真宋版存世越来越少,一般士大夫买不到也买不起,所以就做出翻刻宋版这样的仿品来满足需求。更有甚者,直接用仿品伪造成真品以谋取利益,高濂《遵生八笺》卷十四《燕闲清赏笺·论藏书》对此有比较详细的描述②。

在这种社会风气之下,专注于收藏以宋版为代表的文物性善

①《天水冰山录》叶一百八十至一百八十四,清乾隆至道光年间长塘鲍氏刻《知不足斋丛书》本。

②[明]高濂《雅尚斋遵生八笺》卷十四叶五十三至五十四,明万历刻本,国家图书馆藏(索书号19495)。

本的新型藏书家群体形成。自嘉靖以降,朱大韶、项元汴、王世贞、毛晋等人都是这一类型的藏书家。传统注重文本内容的藏书家则以范钦、晁瑮、祁承爜等人为代表。范钦天一阁藏书以当代刊刻的实用书籍为主,大量搜集明代地方志、科举录(图5)以及政书类书籍,故其藏书以嘉靖本为最多最有特色。晁瑮宝文堂与天一阁藏书性质相近,也多为当代刊刻书籍,同样收藏了大量明代地方志,甚至还有一批专供科举考试使用的举业类书籍。祁承爜澹生堂藏书也以实用为主,收藏大量明代地方志和科举录,与天一阁十分相似。祁氏的藏书理论著作《藏书训略》第一节虽然题目为《鉴书》,但却与鉴赏派注重书籍实物形态完全不同,《鉴书》中提出的"审轻重、辨真伪、核名实、权缓急、别品类"全部是针对书籍文本内容的。两者的差异十分明显。

入清以后,新型藏书家自钱谦益、钱曾、季振宜、徐乾学、孙从添至黄丕烈而集大成。黄氏自号佞宋主人,藏书楼名百宋一廛,无不显示出对宋版的崇尚。在注重书籍实物形态的同时,黄氏还致力于文本校勘,揭示以宋版为代表的文物性善本在文本内容方面的特点。于是黄丕烈这一类型的藏书家逐渐成为主流。至晚清四大藏书家,瞿氏铁琴铜剑楼、杨氏海源阁、陆氏皕宋楼、丁氏八千卷楼,无一不是黄氏百宋一廛之流裔。

四　结　语

古籍善本书属于文物,如今已是常识。《辞海》(第六版)"文物"条目用列举法下定义,其中第四类包含"具有历史、艺术和科学价值的手稿、古旧图书资料",即是这一常识的反映。但古籍又与一般文物不同,古籍有内容丰富的文本(尤其是文字),这使其阅读功能特别突出，对比之下，其文物特征就不够明显。这一点不仅反映在一般人的认知中，在古籍的管理体制中也有表现，目前国内公藏古籍大多数都保存在图书馆系统，只有少部分保存在国家文物局管理的博物馆系统，而且在各个博物馆中，古籍也都不占重要地位，只有天一阁博物馆是以藏书为主。图书馆系统制定的古籍定级标准，虽经文化部签发，却得不到国家文物局文物定级标准的认可。这都表明，古籍虽是文物之一类，却又与一般文物颇有差别，关系微妙。

书籍的文物性会随时间而变化，藏书家的性质也会随之发生变化。以范氏天一阁为例，在范钦（1506—1585）的时代，其藏书大多是社会上流传的普通书籍，谈不上文物性。然而将近五百年过去，这批书已经无一不是文物。而且其中相当一部分还成为世间孤本，其文物价值甚至在个别宋本之上。在范钦时代，天一阁是注重文本内容的传统类型藏书家的代表，与注重文物性的新型藏书家如华夏真赏斋、项元汴天籁阁有显著差异。至清代乾嘉时期，新型藏书家已蔚为大观，其代表黄丕烈尤重宋元本、旧抄本等秘本，天一阁与之仍有差异。而时至今日，天一阁范氏藏书皆为珍贵文物，而无论传统型藏书家还是新型藏书家，不是书楼俱亡就是书去楼空，唯有天一阁书楼俱在，岿然立于浙东，成为两种类型藏书家的唯一代表。

（原刊《典藏·读天下》2018 年第 2 期，原题作《书籍之为文物——明中期出现的新型藏书家》）

天一阁流散书研究刍议

　　天一阁作为中国古代藏书楼的代表,和绝大多数藏书楼一样,都发生过藏书流散之事。天一阁现存原藏书只有总数的大约五分之一,有五分之四的藏书在不同时期、通过各种途径流散出阁。流散书研究对复原天一阁藏书原貌至关重要,是天一阁研究的基本组成部分,同时也是中国藏书史研究的重要内容。本文拟从阁书流散的历史、流散书的研究史、研究方法及设想等方面谈一些不成熟的看法。

一

　　天一阁藏书之流散,最早大约可以追溯到明清易代之际。全祖望《天一阁藏书记》云:"自易代以来,亦稍有缺佚,然犹存其十之八。"①细味其言,似乎是说入清以后至其写此文时(乾隆三年,1738)②,

---

①［清］全祖望《天一阁藏书记》,《天一阁藏书史志》,上海古籍出版社 2005
　年版,第 325 页。
②［清］董秉纯《全谢山年谱》乾隆三年:"重登天一阁,搜括金石旧拓,编为
　《天一阁碑目》,又为之记。"《全祖望集汇校辑注》卷首,上海古籍出版社
　2000 年版,第 16 页。

天一阁藏书散失十分之二,其中包括易代之际的散失。全祖望曾多次登临天一阁①,对天一阁藏书有所了解,他的说法应该有一定依据。大约过了半个世纪之后(约 1780 年代),吴翌凤在《东斋脞语》中云:"鄞县范氏天一阁……迄今三百年,虽十亡四五,然所存尚可观也。"②吴氏为清代苏州著名的藏书家,黄丕烈题跋中曾多次提到他,他对天一阁藏书也比较关注。在吴氏撰成《东斋脞语》不久之前的乾隆三十八年(1773),天一阁应清廷要求,进呈六百多种藏书,以供编纂《四库全书》之用。这批进呈书除了访归的两种以外,全部流散在外。因有《天一阁进呈书目》(图 6)传世,故进呈书是天一阁流散书中最早一批有详细目录记载的。吴翌凤所云"十亡四五"是否包括进呈书,还不是很清楚,其数字也不一定能准确落实。这是截止到清廷征书的乾隆时期(约 18 世纪末)天一阁藏书流散的大概情况。

19 世纪天一阁藏书的两次流散都与近代史的重要事件有关。第一次是鸦片战争,"道光庚子,英人破宁波,登阁周视,仅取《一

①［清］董秉纯《全谢山年谱》雍正元年、乾隆三年;又全祖望《天一阁藏书记》有"吾每登是阁"云云,《全祖望集汇校辑注》,第 10、16、1062 页。

②［清］吴翌凤《东斋脞语》,《丛书集成续编》第 91 册影印《昭代丛书》本,上海书店出版社 1994 年版,第 49 页。此书当撰于吴氏馆于陶家东斋时(1768—1787),参见王幼敏《吴翌凤研究》(上海文艺出版社 2008 年版,第 17、111—112 页);又其中陈世华条云其卒于"甲辰",即乾隆四十九年(1784),则当撰于此年之后。陈登原以钱大昕登楼时间(乾隆五十二年,1787)为"后谢山(全祖望)五十年",大致准确;而又以吴翌凤为钱大昕"后五十年",则误差太大,实则钱、吴时间相近。陈氏大约是以吴氏所云"三百年"来计算的,实际上吴氏所说不确。陈登原《天一阁藏书考》,《陈登原全集》第四册,浙江古籍出版社 2015 年版,第 38 页。

统志》及舆地书数种而去"。① 其时间稍有出入,庚子为道光二十年(1840),实则英军据宁波在道光二十一年(1841)10月至次年5月②。所云"《一统志》"可能是《大明一统志》,此书在嘉庆时阮元倡议、范邦甸等编《天一阁书目》(图7,下简称"阮《目》")中尚有著录,在道光末年刘喜海所编《天一阁见存书目》(下简称"刘《目》")中已无著录③。据此记载,此次阁书损失不大。第二次是太平天国战争,这次损失比较大。虽经范邦绥等范氏后人努力追回一部分,然未能追回者恐亦不少,唯其具体损失何书尚乏细致研究④。

除了战争外,还有因管理不善而导致的藏书流散。刘《目》之《例言》第二条云:"御赐《图书集成》一万卷,见缺一千余卷。"冯贞群云:"盖范氏子姓抽出参考,阅毕未归。"⑤这是发生在乾隆赐书之后、道光末年编目之前的事。御赐书尚且如此,其他书也未必没有这种情况。

天一阁最后一次、也是目前所知最大规模的一次藏书流散是民国三年(1914)的藏书失窃。乡人冯德富指使贼人薛继渭潜入

---

① [清]缪荃孙《天一阁始末记》,《天一阁藏书史志》,第331页。黄家鼎《天一阁颠末考》云:"道光辛丑(二十一年,1841),英吉利扰浙,英兵据郡城者数月,劫灰横飞不及于阁,殆有神物呵护。"其时间较准确,而不云掠书数种之事。见《天一阁藏书史志》,第329页。

② 茅海建《天朝的崩溃:鸦片战争再研究》,三联书店2005年版,第374、432页。

③ [清]范邦甸等《天一阁书目》卷二之二,上海古籍出版社2010年版,第161页。刘喜海《天一阁见存书目》,民国抄本,天一阁博物馆藏。

④ 参见《天一阁藏书史志》,第47—48、290、329、331页。

⑤ 冯贞群《鄞范氏天一阁书目内编·序》,民国二十六年至二十九年重修天一阁委员会铅印本。

阁中多日,将藏书窃出,售予上海的书店。虽最终冯、薛二人皆被判入狱,藏书却未能追回。这次损失藏书在一千种以上[1]。范钦十一世孙范玉森 1915 年有题跋记此次阁书被窃事(图 5)。

此后天一阁藏书再未出现大量流散情况。民国七年(1918)再次被窃,幸而所失无几[2]。抗日战争期间,阁书辗转在外近十年,也只损失数部书[3]。

二

最早专门研究天一阁藏书流散的是陈登原的《天一阁藏书考》,民国二十一年(1932)九月由金陵大学中国文化研究所出版。首先,书中提出以清乾隆三十八年(1773)进呈藏书的范懋柱(1721—1780)为中断之点,“自此以上溯至有明嘉靖,凡二百余年,为书之收藏时期;自此下迄于胜清之末,凡百五十年,为书之散佚时期。”[4]此说颇有道理,乾隆御赐《古今图书集成》一万卷是民国以前天一阁最后一次入藏大规模重要典籍,天一阁的世俗荣耀由于皇帝褒奖达到顶点。然而同时进呈书六百余种从此一去不返,是目前所知目录明确的首次大规模藏书流散。其次,书中设专章《天一阁之散佚》,以太平天国战争为节点,将天一阁藏书

---

① 参见陈乃乾《上海书林梦忆录》,《旧时书坊》,三联书店 2005 年版,第 87—88 页;邱嗣斌、汪卫兴《天一阁史话》,文化艺术出版社 1992 年版,第 48—52 页。

② 冯贞群《鄞范氏天一阁书目内编·序》。

③ 骆兆平《查检范氏天一阁藏书记》,《天一阁杂识》,上海古籍出版社 2016 年版,第 42—45 页。

④ 陈登原《天一阁藏书考》,前引《陈登原全集》第四册,第 9 页。

的流散分为洪杨以前、洪杨之时和洪杨以后三个时期,云:"洪杨以前者,实为阁书以管理有所不及,而逐渐散佚。""洪杨之役,则实阁书大批散佚之时期。""洪杨以后,盖经丧乱之余,而又重以盗窃之祸。黄台三摘,抱蔓可归,此其时也。"①陈氏的研究具有开创意义,尤其是对流散书历史时期的划分,有一定的理论高度。不过其中也有一些问题。最大的问题是忽略了进呈书的散佚,实际上大批散佚在洪杨以前已经开始。另外还有一些小问题,如未提及鸦片战争中的藏书散佚,未能确定薛继渭盗书时间等。

赵万里于1934年发表《重整范氏天一阁藏书记略》一文,总结了阁书外散的三个原因:"1. 由于修《四库全书》时,阁书奉命进呈因而散落的";"2. 由于乾隆后当地散落出去的";"3. 由于民国初年为巨盗薛某窃去的"。② 其中前后两个原因比较清楚,第二个则有点复杂,主要指宁波当地藏书家大多收藏有阁书,宁波本地书肆也多有阁书,但这似乎只是阁书外散的结果,而不是原因。三复斯言,似乎赵氏对这些书出阁的原因和途径颇有一些不同寻常的想法。赵氏版本学造诣精深,且经眼善本无数,因此这篇文章对考察阁书流散途径、鉴别阁书归属都提供了很多有益的启示。

陈登原《天一阁藏书考》多次引用冯贞群之语,因陈氏不在宁波,许多资料难以掌握。而冯贞群则长居宁波,一直关注天一阁,并曾任重修天一阁委员会主任。在民国二十九年(1940)出版的

---

①陈登原《天一阁藏书考》,第37—43页。"黄台"二句,用唐李贤《黄台瓜辞》典,此处意为一再散失,所剩无几。

②赵万里《重整范氏天一阁藏书记略》,《赵万里文集》第二卷,国家图书馆出版社2012年版,第477—478页。

《鄞范氏天一阁书目内编》之《序》中,冯氏提出了天一阁藏书五劫说,是迄今为止有关阁书流散影响最大的观点。所谓五劫,即上文所述明清易代、清修四库、鸦片战争、太平天国和薛继渭盗书等五次藏书流散。五劫说较陈登原的三时期说前进了一大步,补充了明清易代、清修四库和鸦片战争三次散佚,比较完整地勾勒出了阁书流散的历史过程全景。从研究方法上看,五劫说更接近中国传统的书厄论,而三时期说则侧重原因和背景分析,具有一定理论高度,与现代学术研究的方法相类。不过五劫说毕竟更全面、完整,故影响至今①。

也有学者对五劫说提出异议,主要是针对明清易代这一劫,比如骆兆平引用李邺嗣之语"天一阁所藏书最有法,至今百余年,卷帙完善",并以书目互相比对,认为"在《四库全书》纂修之前的近二百年中,天一阁藏书未曾大量散失","在范钦去世以后至范懋柱进呈图书之前的一百八十多年间,天一阁藏书续增或散出的数量都不大"。②冯贞群在这一劫下有注云:"经籍、明历朝实录之半于斯时流出。"以实录而言,用宋荦漫堂抄本《天一阁书目》(下简称"宋《目》")与阮《目》(包括进呈书)相校,前者十六部,后者十一部,减少的虽然没有一半那么多,但接近三分之一。当然,

---

① 如邱嗣斌、汪卫兴《天一阁史话》,第 47—52 页;虞浩旭《琅嬛福地天一阁》,漓江出版社 2004 年版,第 94—96 页,均持此观点。

② 骆兆平《天一阁丛谈》,中华书局 1993 年版,第 43、80—81 页。后其《书城琐记·新见〈天一阁书目〉摘抄本校读记》云:"这部分书籍(指见于摘抄本万历《天一阁书目》而不见于后来书目的书)几乎占了摘抄书目总数的一半。可知自万历十五年至明末清初时期的近百年中,天一阁藏书有某些变动。当然也不排除康熙以来的天一阁旧目有失载的可能。"(上海古籍出版社 2000 年版,第 66 页),对此问题看法似有所变化。

确切的结论还需要全面考察。

此后对阁书流散的宏观研究，大体不出五劫说的框架。有的对史料搜集更详尽一些，如蔡佩玲《范氏天一阁研究》①。有的在次数上稍做调整，如柯亚莉《天一阁藏明代文献研究》在五劫之后又加上抗战时期损失的数种，作为第六次散佚②。

三

前面讨论的主要是对流散书的宏观研究，而微观方面的研究，即考察每一部书的流散过程和最终下落，并尽量使其以合适的形式回归阁中，则是流散书研究的最重要的目标。

目前所知天一阁最早访归流散书是太平天国时期，阁书在战乱中散出，范邦绥及族人设法追回了一部分，但追回的具体书目却未见记载③。民国三年（1914）薛继渭盗书，当时一部书也未能追回。次年张美翊得到载有范钦名字的《嘉靖七年浙江乡试录》《嘉靖十一年进士登科录》以及范光文手抄诗稿等三部书，将其交还天一阁④。重修天一阁委员会期间（1933—1941），访归流散藏书也是该会的一项任务，冯贞群及委员会访归阁书《（嘉靖）广东通志》《明儒论宗》《类隽》等十二部⑤。1949 年以后，天一阁访归

---

① 蔡佩玲《范氏天一阁研究》，台北汉美图书有限公司 1991 年版，第 54—68 页。
② 柯亚莉《天一阁藏明代文献研究》，浙江大学 2009 年博士学位论文，第 54 页。
③ ［清］范彭寿《天一阁见存书目跋》，《天一阁见存书目》卷末，清光绪十五年无锡薛氏甬上崇实书院刻本。
④ 《嘉靖十一年壬辰科进士序齿录》范玉森跋，明嘉靖刻本，天一阁博物馆藏，见图 5。
⑤ 《天一阁藏书史志》，第 8 页。

的书比较多，截至1987年，共访归阁书一百八十五部、三千余卷①。自此以后，原书访归几不可闻。

在原书访归之外，更多的流散书难以直接访归，需要调查、研究。对于这些流散书，早在1930年代就有学者提出为其编目的设想。如赵万里《重整范氏天一阁藏书记略》云："这一个重整天一阁现存书目，我预备叫它作《内篇》。此外，还有一个《外篇》，附在《内篇》之后。《外篇》是将历次散落在阁外的书，做一次总结账。"②冯贞群也在《鄞范氏天一阁书目内编凡例》中专列一条："海内外图书馆、藏书家收有天一阁书籍者，乞将书目、撰人、卷第、版本写寄，当入《外编》。"所谓《外篇》或《外编》，都是指天一阁流散书目录。可惜赵氏的《外篇》草稿已不可寻觅，而冯氏的《外编》至1962年其去世，也未能成书③。不过赵万里经眼的天一阁流散书有一部分留下了记录，即其《从天一阁说到东方图书馆》《云烟过眼新录》两文著录的一百一十二种涵芬楼所藏天一阁佚书④。

1964年，骆兆平以宁波市文物管理委员会名义致函国内著名图书馆，调查各馆所藏天一阁流散书情况，共得北京图书馆（今国家图书馆）十六部、上海图书馆十部、浙江图书馆四部、湖南图书馆一部、甘肃省图书馆二部和中山大学图书馆二部等六家合计三

①骆兆平《天一阁散书访归录》，《文献》1990年第1期；又见《天一阁访归书目》，载《新编天一阁书目》，中华书局1996年版，第151—178页。
②赵万里《重整范氏天一阁藏书记略》，《赵万里文集》第二卷，第476—477页。
③骆兆平《天一阁轶事》八《书目外篇和外编》，载《天一阁杂识》，第17—20页。
④赵万里《从天一阁说到东方图书馆》（《赵万里文集》第二卷，第479—483页）著录二十六部，《云烟过眼新录》（《赵万里文集》第三卷，第404—414页）著录一百部，二者重复十四部，故合计一百一十二部。

十五部阁书目录。另外大多数馆或者没有回复，或者回复未发现、未收藏①。国家图书馆和上海图书馆提供的均为地方志类文献，可能是整理、研究过这类文献，所以有其数据，不代表该馆其他类文献中没有阁书（实际上还有很多）。

1982年，骆兆平《天一阁藏明代地方志考录》出版，著录了一百零五部流散方志的下落，即国家图书馆二十部（其中十部与前次调查书相同）、上海图书馆二十四部（其中十部与前次调查书相同）、台湾四十六部（前北平图书馆三十五部、前中央图书馆八部、前北京人文科学研究所三部）以及毁于战火的前上海东方图书馆十五部②。

1991年，蔡佩玲《范氏天一阁研究》出版，其中考察了天一阁部分流散书的流传情况：

> 今取诸家书目题跋中，录载有天一阁旧藏者，列述于下，并记所有数量，至于书名则暂阙不录：海日楼旧藏三十二种、张寿镛《约园杂著》三种、涵芬余录史八种、《适园藏书志》十种、《藏园群书题记》《续记》十种、《苊圃善本书目》二种、《著砚楼书跋》四种、罗振常《善本书所见录》九种、《粹芬阁珍藏善本书目》一种、《五十万卷楼藏书目录初编》七种、《扬州吴氏测海楼藏书目录》二十五种、《双鉴楼善本书目》八种。③

主要是清末民国的藏书家，共计一百十九部。其所列只是举例性质，比较随意，如藏园与双鉴楼都指傅增湘，不应隔开；适园张钧

①骆兆平《天一阁散存书的首次调查》，《天一阁杂识》，第46—49页。
②骆兆平《天一阁藏明代地方志考录·前言》，书目文献出版社1982年版，第 iii 页。
③蔡佩玲《范氏天一阁研究》，第72页。

衡、莐圃张乃熊为父子,其藏书有继承关系,也应放在一起。实际上各家之书也不能简单相加,有的可能是同一部书在不同藏家之间递藏,如适园与莐圃。虽然如此,蔡氏通过书目题跋考察流散书的方法还是可靠的,值得借鉴。蔡氏还通过比对《传书堂藏书志》和《北京图书馆善本书目》,找出了北京图书馆所藏《春秋五论》等七部天一阁藏书①。

1996 年,骆兆平《新编天一阁书目》出版,其中《天一阁进呈书目校录》著录《皇王大纪》(西安市文物管理委员会藏)、《南城召对录》(美国哈佛大学哈佛燕京图书馆藏)、《三国杂事》(上海图书馆藏)三部流散书下落②。其中《三国杂事》今藏河南省图书馆,可能因河南省图书馆与上海图书馆在《中国古籍善本书目》中的代码相近而误③。又其中《天一阁明抄本闻见录》著录三十九部流散书下落,其中地方志五种与《天一阁藏明代地方志考录》相同,浙江图书馆三部、中山大学图书馆一部,与 1964 年调查所得相同。此书著录明抄本《国初礼贤录》二卷藏于甘肃省图书馆④,实则天一阁藏此书有两部,一部是进呈书,一卷;一部未进呈,二卷。甘肃省图书馆所藏为进呈的一卷本⑤,已著录于《天一阁进呈书目校录》,《天一阁明抄本闻见录》著录的二卷本为未进呈书,非甘肃省图书馆藏本。2003 年,沙嘉孙发表《传书堂所藏天一阁明抄本考——兼补〈新编天一阁书目〉之阙》一文,辑录蒋汝藻传书堂

① 蔡佩玲《范氏天一阁研究》,第 71 页。

② 骆兆平《新编天一阁书目·天一阁进呈书目校录》,第 191、196、218 页。

③ 河南省图书馆代码"二二〇一",上海图书馆代码"〇二〇一",容易混淆。

④ 骆兆平《新编天一阁书目·天一阁明抄本闻见录》,第 279 页。

⑤ 杜泽逊《跋天一阁进呈四库馆明钞本〈国初礼贤录〉》,《图书馆工作与研究》2002 年第 2 期。

所藏天一阁旧藏明抄本一百一十部,并与《新编天一阁书目》相校①。

2009年,柯亚莉博士论文《天一阁藏明代文献研究》通过答辩,其附录二《天一阁散出之明代文献知见录》著录海内外二十二家藏书机构收藏的天一阁流散书四百八十五部,为目前所知数量最多的流散书目录。柯文成绩最大也是最费力处是考察清楚这些书藏于何馆。以进呈书为例,骆兆平《天一阁进呈书目校录》有藏地者五部(其中二部已访归),柯文增补十八部。不过因柯文限定在"明代文献",许多非明代文献未能进入目录。另外,柯文对骆兆平《天一阁藏明代地方志考录》成果的利用也有不充分之处,如骆书著录之方志未标明"散出",而该方志一部分在天一阁,一部分散归其他藏书机构者,柯文多未吸收,如《处州府志》《宁国府志》《灵宝县志》等。柯文还对阁书流散线索和途径进行了深入考察,分为进呈本的散出、在宁波当地的散出和在上海的散出,对法式善、卢址、吴引孙、蒋汝藻、刘承干等二十多位藏家收藏阁书的情况一一做了具体分析,理出了阁书流散的几条主要线索②。这方面研究的价值不局限于明代文献,对非明代文献一样适用。

2010年,李开升发表《黄裳所藏天一阁藏书考》一文,搜集黄氏收藏过的八十一部天一阁流散书,分别考察每一部书的递藏源流和最终下落。最终结论是,三十二部在上海图书馆(其中个别待核),二部在国家图书馆,一部在南京图书馆,一部为天一阁访

---

① 沙嘉孙《传书堂所藏天一阁明抄本考——兼补〈新编天一阁书目〉之阙》,载《中国藏书文化研究》,宁波出版社2003年版,第322—337页。
② 柯亚莉《天一阁藏明代文献研究》,浙江大学2009年博士学位论文,第54—65页。

归,十八部仍在黄裳家,另有二十七部情况不明①。这是专门研究某一藏书家所藏阁书的开始。2013年,刘云发表《傅增湘经见天一阁佚书考》一文,搜集傅氏经见经藏天一阁佚书九十六部,其中可考见者四十二部,十五部在国家图书馆,四部在北京大学图书馆,十五部在台北故宫博物院,四部在台湾汉学研究中心②,一部在台北傅斯年图书馆,三部为天一阁访归③。2016年,刘云发表《嘉业堂经藏天一阁佚书考——兼论天一阁藏书流散港台之经过》一文,考出嘉业堂藏阁书八十二部,其中考出现藏地者:台北"中央图书馆"二十八部、台北傅斯年图书馆三部、香港大学冯平山图书馆七部、美国柏克莱加州大学东亚图书馆一部、浙江大学图书馆二部④。

2016年,骆兆平发表《天一阁流散书寻踪》一文,考察十三家的十五种书目中的天一阁流散书。其中最多的是毁于战火的东方图书馆的一百一十二部,即上文中赵万里两文所收录者。其次是嘉业堂的二十一部,涵芬楼的十部,江南第一图书馆的七部,上

---

① 李开升《黄裳所藏天一阁藏书考》,《天一阁文丛》第8辑,浙江古籍出版社2010年版,第15—26页。

② 按所谓台湾汉学研究中心所藏三部《太平御览》《云溪友议》《伯生诗续编》,经查,均为台北"中央图书馆"藏书,索书号分为07821、08262、10914,盖汉学研究中心即台北"中央图书馆"主办。

③ 刘云《傅增湘经见天一阁佚书考》,倪莉、王蕾、沈津《中文古籍整理与版本目录学学术研讨会论文集》,广西师范大学出版社2013年版,第569—589页。

④ 刘云《嘉业堂经藏天一阁佚书考——兼论天一阁藏书流散港台之经过》,载《饶学与华学——第二届饶宗颐与华学暨香港大学饶宗颐学术馆成立十周年庆典国际学术研讨会论文集》下册,上海辞书出版社2016年版,第606—615页。

海市文物管理委员会的六部,张寿镛和郑振铎的各五部,吴引孙、
台湾"国立中央大学国学图书馆"和萱荫楼的各二部,周越然、天
津图书馆和西安市文物管理委员会的各一部,共得一百七十五
部①。不过其中不同藏家个别藏书有递藏关系,如吴引孙所藏
《春秋五论》即涵芬楼之《春秋五论》,所以实际总数不足一百七十
五部。

四

　　天一阁流散书微观研究的成果需要进一步整合并继续加深
研究力度和扩大研究范围,以期勾勒出天一阁藏书的全貌和其流
散的全过程。宏观研究中疑难的解决,比如五劫说的第一劫究竟
如何、能否成立,也需要微观研究数据的支持。

　　从基本逻辑看,如果把藏书流传过程看成一条线的话,它主
要由三个部分构成,头、尾和中间。"头"是源头,是天一阁。"尾"
是当今的各个藏书机构(包括个别私人)。"中间"就是藏书从天
一阁散出之后,到达今天各个藏书机构之前,所经历的诸多藏书
家或机构。因此,总结天一阁流散研究的历史,结合藏书流传
研究的一般方法,下一步的研究主要可以从以下三个方面考虑。

　　(一)从天一阁这个源头出发,将历代的天一阁书目进行全面
整理,奠定考察、研究天一阁流散书的基础。天一阁民国以前的
各种书目不下二十种,这是有关天一阁流散书的最完整、最可靠
的记录。当年冯贞群、骆兆平两先生编纂《天一阁书目外编》就是

---

① 骆兆平《天一阁流散书寻踪》,载《天一阁杂识》,第229—249页。

从互校、整理书目开始的①。将这些书目互校，拼合成一个最完整的目录，去掉其中天一阁现存的藏书，剩下的就是流散书，然后再补上调查研究中发现的原目遗漏之书即可。这个基本思路逻辑上是成立的，但在实践中仍有许多具体问题需要解决。以宋《目》为例，其编纂年代、编纂体例等都有待研究。如书中的"册""套"等量词的具体含义与今天有很大区别，如果不加分析，对统计其著录书籍的数量会有很大影响，导致数据不准确。再如国家图书馆藏所谓介夫抄本《天一阁书目》，原来对其抄写者介夫及题跋者芝栭翁的身份都不甚清楚。现在我们通过初步考证，知道介夫即旗人舒木鲁明（此目下简称舒《目》），芝栭翁为江都人程式庄。台湾藏有舒《目》的另一个本子，虽然初步判断是国图本的传抄本，价值有限，但其两序完整无缺，可补国图本序的十余个缺字。这些对深入研究舒《目》并判断其价值有重要作用。此外，天一阁原来使用的宋《目》和舒《目》都是天一阁藏传抄本，传抄就会有讹误，如舒《目》制书类"《皇明泳化类编》"，阁藏传抄本误衍"类"字。又阁藏传抄本诸经类第五叶与第六叶之间误脱一叶，而此叶著录了三十六部书，显然会对统计收书数量产生不利影响，甚至还会进一步影响对宋《目》和舒《目》关系的判断。诸如此类的问题在其他书目上或多或少也都存在。目前专门研究具体某一部天一阁书目的论文几乎没有看到，这方面的工作还需要加强。

对各书目之间关系或者整个天一阁书目体系的研究也需要加强。民国以前的天一阁书目大体可分为两大类，一类是整体性的目录，以全部阁书为著录对象，如前述宋《目》、舒《目》、阮《目》

---

① 骆兆平《天一阁轶事》八《书目外篇和外编》，载《天一阁杂识》，第17—20页。

等均是。另一类是专题书目,主要有进呈书目和失窃书目。整体性目录从体例上也可以分为两类,一类是旧的账簿式目录,主要包括宋《目》、舒《目》和罗振玉刻《玉简斋丛书》本《四明天一阁藏书目录》(下简称罗《目》)。这类书目的主要特点是只著录书名和册数,具有账目的性质。其分类或者是明代流行的分类法,以制书为首,以下采用大体按四部顺序但部类远远多于四部的多部分类法,如宋《目》、舒《目》;或者干脆不分类,直接按书橱排架顺序来,如罗《目》。另一类是以阮《目》为代表的新的四部分类法目录。所谓新,不是指四部分类法新,而是指随着《四库全书》的编纂和《四库总目》的出版,四部分类法在目录编纂中取得压倒性优势,此后的书目很少不用四部分类的。经过这样的分析,我们可以对不同书目之间的关系有新的认识,从而可以更好地对不同书目进行互校、整理。比如账簿式目录由于性质相近,可以按其性质进行互校,更容易发现问题,如宋《目》制书类《东汉诏令》缺册数,可以用罗《目》补足。

(二)全面整理历代藏书家书目中著录的天一阁藏书。此前的研究在这方面已经做了一些工作,如吴引孙测海楼、张钧衡适园、张乃熊莚圃、莫伯骥五十万卷楼等家书目,均曾涉及。不过这方面工作还不够深入,有的只是举例性质,连书名也未列出,后来者不得不重新再做一遍。有的也只是就手边易得的目录查一下,没有更全面地调查该藏书家的所有藏书目录。对一家所藏阁书进行穷尽式研究的目前还只有黄裳、傅增湘和刘承干三家,对天一阁藏书流散史上影响很大的藏书家如蒋汝藻密韵楼、李盛铎木犀轩、许厚基怀辛斋等诸家都还缺少深入全面的研究。

这种研究看起来似乎只是翻检书目的体力活,实际上也有诸多困难。首先要求对藏书史非常熟悉,不仅是天一阁的藏书史,所有收藏天一阁藏书的藏书家的历史源流也要了解。不仅要了解宏观的藏书史,而且要对具体的藏书有所了解和鉴别。诸家藏书纵横交错,藏书家们像藏书长河中大大小小的节点一样,其藏书之间互相纠缠,不易区分。有些书似异实同,有些似同实异。有些可以通过比对书目判断,有些则必须通过实物才能解决。有时候判断一个问题是应该用目录来解决,还是应该用实物来解决,也需要相当的学术鉴别能力。需要注意的是,版本目录学的许多课题,研究对象经常是数十乃至成百上千的书籍,与侧重文本内容的研究一般只重点针对一、二部书不同。这种研究分到每一部书上的精力常常比较有限,这对学术鉴别能力有更高的要求,才能尽量避免错误。

(三)广泛调查当今各大藏书机构中的天一阁藏书。上文提到以前曾使用函调方式向各图书馆调查阁书,取得了一定成果。不过总体来看,这种方式还是比较受局限的。首先,这种调查不同于一般的调查事务,本质上属于学术研究。学术研究问题很少能通过函调方式解决的。其次,收藏有天一阁藏书的一般都是古籍收藏比较丰富的较大的图书馆,这样的图书馆不论是古籍工作还是其他业务工作都比较多,对于从千万古籍中调查出天一阁藏书这样业务性、学术性比较强的工作,不太容易从日常工作中专门安排出时间来做。最后,作为一项学术工作,不仅需要专业人才,而且只有对此有所研究的专业人才才能愉快胜任。对于其他图书馆来说,不见得有这种人才储备。

这项工作可以从以下几个方面考虑。首先是做好前面两项工作,天一阁书目整理出来,才能大致框定调查的书目范围。重要古籍图书馆藏书规模庞大,不可能每一部都看。整理藏书家收藏的阁书,根据其藏书的流散情况,追踪其去向,这样可以有针对性地去相应图书馆调查。其次,对各大图书馆公布的网络数据要密切关注并及时了解。近年来,海内外古籍数字化工作发展迅速,越来越多的古籍收藏机构将所藏古籍扫描成电子数据,有些已在网上公布。如日本、美国、欧洲、台湾等国家和地区都公布了许多古籍数字资源。中国国家图书馆近年也开始重视这项工作,陆续公布了两万余部古籍数字资源。如果能充分利用这些资源,必能提高工作效率。

　　除了以上三大方面,还可以展开一些专题研究。如流散地方志的研究,《天一阁藏明代地方志考录》是一个比较成功的例子,值得借鉴学习。另外如流散科举录研究、进呈书研究和失窃书研究等,都是值得专门探讨的题目。

　　　　　　(原刊《天一阁文丛》第 16 辑,浙江古籍出版社 2019 年)

黄裳所藏天一阁藏书考

黄裳以名作家称誉当世,暇余好收藏古籍善本。20世纪50年代初,新中国行土改之政,旧书业有合营之议,故家之藏,多有流散;书肆所储,一时涌出。黄裳日日游于沪上诸肆,时时往来江浙之间,所见日广,所储日富,乃筑来燕榭庋之。所藏多珍椠异本,其中较成规模者为天一阁范氏遗书(《劫余古艳》页148)。黄裳对天一阁藏书评价很高,以为阁藏明代文献之富无可比拟(《劫余古艳》页160)。他以能见证天一阁藏书的聚散、收藏阁书并整理天一阁被劫书目为幸事,并将此作为与清代大藏书家黄丕烈相异的一个重要方面(《梦雨斋读书记序》)。黄裳还曾经打算将所藏阁书整理编目,做天一阁书目的外编(《来燕榭书跋》页235),后来写成《天一阁拾零》一文,收录所藏阁书7种及曾藏而散出者47种(重复者一《诸儒讲义》和经眼而未收者一种《地理大全鸿囊经》,不计),共计54种。另外《劫余古艳》中还收有《天一阁拾种》,著录其所藏阁书10种。此外,笔者从黄裳已经出版的五种目录(《前尘梦影新录》《来燕榭书跋》《来燕榭读书记》《梦雨斋读书记》《劫余古艳》)及他书的零星记载中搜集到其所藏阁书多种,剔除与以上重复者,尚得20种。以上合计84种,今略附考证,汇为一目,以为来日编辑天一阁书目外编之一助。此目著录内容以揭示阁书之流散过程为主,大致顺序为书名、著者、版本、行款、版式、黄裳收书时间及来源、递藏者、著录此书之书目、按语，每书各项不必皆备，有资料则列，无资料则缺，按语主要考证该书的流散过程、今藏处和有疑之处。其中《善目》指《中国古籍善本书目》，《阮目》指阮元所刻《天一阁书目》，国图指国家图书馆，上图指上海图书馆。引用各书所据版本一并列于文后参考文献中。

　　《苏氏易传》九卷，宋苏轼撰。明范氏天一阁抄本。黄裳跋。十一行二十一字，白口，单边，黑格，皮纸。三册。书根写"天、地、人"三字。1953 年得于甬估。《天一阁拾零》。《阮目》页 33。按，此书今藏上图，《善目》经部 153 号著录。书末有黄裳跋，跋文不见于其五种目录。

　　《周易本义启蒙翼传》四卷存三卷（上、中、外），元胡一桂撰。明范氏天一阁抄本。黄裳跋。十一行二十一字，红格。三册。曾藏沈德寿抱经楼。《天一阁拾零》。《阮目》页 40。按，《天一阁拾零》误作《周易易传》。此书即《善目》经部 328 号著录上图藏本。

　　《尚书集传纂疏》六卷，元陈栎撰。明范氏天一阁抄本。十一行二十一字，红格。七册。《梦雨斋读书记》页 44、《天一阁拾零》。《阮目》页 42。按，此书今藏上图，《善目》经部 926 号著录。序末有牌记"泰定丁卯阳月梅溪书院新刊"。

　　《大金国志》四册，明棉纸蓝格抄本。1950 年得于郭石麒。《天一阁拾零》。《阮目》页 61。按，《阮目》著录棉纸抄本四册，与此正同。此书曾藏傅增湘藏园、王体仁九峰旧庐，见《藏园群书经眼录》页 254、《藏园订补郘亭知见传本书目》页 267、《藏园群书题记》页 158，又《大金国志校证》页 635 收录此本黄裳跋（误题作"莫裳"）。今藏国图，《善目》史部 2605 号著录。

　　《今言》四卷存一卷（一），明郑晓撰。明嘉靖刻本。《天一阁拾零》。《阮目》页65。按,《善目》史部2719号著录多家藏本,未知其中有此本否。

《安楚录》十卷存八卷(三至十),明秦金撰。明万历刻本。黄裳跋。1953年前收。《天一阁拾零》。《阮目》页65。按,此书即《善目》史部2853号著录上图藏残本。《续修四库全书》第433册影印上图藏本,缺卷补以华东师大图书馆藏本。天一阁尚存此书之《重刻安楚录序》《安楚录序》《秦端敏公传》及卷二第12页后部分。《天一阁遗存书目》页19著录为"安楚录四卷存一卷","四卷"似据《阮目》,《阮目》不确,当作"十卷"。

《御著大狩龙飞录》一卷,残本,明世宗撰。明嘉靖司礼监刻本。1952年冬得于郭石麒。《前尘梦影新录》页2、《来燕榭读书记》(上)页57。《阮目》页63。按,疑此书与辽宁图书馆藏明嘉靖十八年朱厚煜刻本同,亦当为二卷(《善目》史部第2865号著录)。《四库全书存目丛书》史部第45册影印辽图本,其版心中间前卷刻"经"字,后卷刻"纬"字,皆围以圆圈。后卷末有"嘉靖十八年九月　日赵王臣厚煜恭刊"一行。阮元《天一阁书目》著录此书为一卷,云"明嘉靖十八年赵王厚煜恭刊",则当与辽图本同。黄裳所云一卷似与《阮目》所云"一卷"相合,然其书版心亦题"经"字,则可知天一阁本亦分为"经""纬"二卷,《阮目》亦未细察。只是失去"纬"卷,故卷末"嘉靖十八年九月　日赵王臣厚煜恭刊"一行字亦一并失去,遂不能确定其版本。

《历代名臣奏议》,明蓝格抄本。《来燕榭书跋》页35、《来燕榭读书记》(上)页269、《劫余古艳》页152。按,《阮目》页74仅著录刻本,未收抄本。

《中州人物志》十六卷存六卷(六至八、十四至十六),明朱睦㮮撰。明隆庆刻本。黄裳跋。十行十八字。初印阔大。二册。

《天一阁拾零》。《阮目》页81。按,此书即《善目》史部4993号著录上图藏本。

《广州人物传》二十四卷存七卷(十三至十九),明黄佐撰。明嘉靖刻本。黄裳跋。《天一阁拾零》。《阮目》页83。按,此书即《善目》史部5059号著录上图藏本。

《晏子春秋》二卷,明万历吴怀保刻本。《天一阁拾零》。《阮目》页86。按,《善目》史部5082号著录国图等馆藏此刻作四卷,《天一阁拾零》据《阮目》作二卷,疑亦当作四卷。国图藏本有林集虚、郑振铎印,或即此本。

《濂溪志》十卷存九卷(二至十),明李桢辑。明刻本。十行二十一字,白口,双边。黄裳1954年夏跋。今藏上图。《四库存目标注》页767、《善目》史部5181号。

《崇义录》三卷,《庐陵曾氏家乘》之一,明曾孔化编。嘉靖三十一年刻本。十行二十字,细黑口,单白尾,双边。一册。今藏上图。《天一阁藏明代文献研究》页120。按,《善目》史部6644号著录此本作明嘉靖刻本。

《张氏至宝集》一卷,明张瑄撰。明弘治元年刻本。黄裳跋。九行十八字,粗黑口,三鱼尾,双边,首缺一页。一册。1952年得于郭石麒。《天一阁拾零》。《阮目》页85。按,此书即《善目》史部5259号著录上图藏本。

《范运吉传》一卷,明徐养正撰。明嘉靖刻本。1953年清明得于林集虚。《来燕榭书跋》页175、《劫余古艳》页169。《阮目》页79。按,《善目》史部5345号著录国图、北大皆藏此刻。据《天一阁藏明代文献研究》页116,国图所藏亦为天一阁本,则天一阁藏此书似有二部。《阮目》题作"范孝子传一帙"。

《宁国府志》十卷存三卷(五至七),明黎晨、李默纂修。明嘉靖刻本。九行十九字。《天一阁拾零》。《阮目》页 95。按,此书即《善目》史部 8757 号著录上图藏残本。今天一阁尚存此书两部,一全本,一残本存四卷(一至四)。

《长葛县志》六卷存三卷(四至六),明车明理纂修。明正德刻本。黄裳跋。一册。《天一阁拾零》。《阮目》页 102。按,此书即《善目》史部 9267 号著录上图藏本。《天一阁拾零》据《阮目》作"车明珏",当误。

《光山县志》九卷,明王家士、沈绍庆纂修。明嘉靖刻本。黄裳跋。八行二十字,白口,单鱼尾,双边。三册。1952 年秋得于郭石麒。《前尘梦影新录》页 24、《天一阁拾零》。《阮目》页 104。按,此书天一阁原藏二部,其中一部今仍藏阁中,另一部即黄裳所藏,今藏上图。《善目》史部 9277 号著录。

《新昌县志》十三卷存五卷(三至七),明田琯纂修。明万历刻本。黄裳跋。一册。《天一阁拾零》。《阮目》页 98。按,《善目》史部 9689 号著录天一阁藏全本、上图藏残本。据《天一阁藏明代地方志考录》页 46 至 47 云天一阁藏此书两部,一部仍藏阁中,另一部卷三至七藏上图,上图所藏即黄裳藏本。

《袁州府志》二十卷存六卷(七、十至十二、十九至二十),明严嵩纂修。明嘉靖刻本。黄裳跋。三册。《天一阁拾零》。按,《善目》史部 9886 著录上图、天一阁藏残本,上图所藏即此本。《天一阁拾零》据《阮目》页 96 作《袁州府志》十四卷,并云"《阮目》卷数疑误",实则《阮目》所收为正德刻十四卷本,而未收嘉靖刻二十卷本。

《吉安府志》十九卷存二卷(十至十一),明王昂纂修。明正德刻本。黄裳跋。十行二十字。黑口,单鱼尾,单边。一册。1953 年正月前得。《天一阁拾零》。《阮目》页 96。按,此书今藏上图,即《善目》史部 9893 号著录上图所藏之残本。书前有黄裳二跋，跋文不见于其五部目录。

《永春县志》九卷存二卷(三至四)，明林希元纂修。明嘉靖刻本。冯贞群、黄裳跋。九行二十字，白口，左右双边。一册。《天一阁拾零》。《阮目》页 99。1953 年得于郭石麒。按，此书今藏上图，《善目》史部 10435 号著录。冯跋云"壬辰(1952)六月访得"，"癸巳(1953)十月仍归天一阁"。《天一阁藏明代地方志考录》页 78 据此云"可知此书两次散出"。余初亦以为如此，后在上图查此书，书前黄裳跋署"癸巳十月二十五日"，则黄裳得书与冯贞群归书在同年同月，再考虑到书在书商处留存的时间，则此书第二次是否归天一阁很值得怀疑。

《广东通志》七十卷存四卷(五至六、十八至十九)，明黄佐纂修。明嘉靖刻本。黄裳跋。十行二十字，白口，单边，白棉纸。二册。1953 年得。《天一阁拾零》。《阮目》页 105。按，此书今藏上图，即《善目》史部 10446 号著录上图所藏之残本。书中有黄裳五跋，跋文不见于其五部目录。

《汴京遗迹志》二十四卷存六卷(十六至十八、二十二至二十四)，明李濂撰。明嘉靖刻本。冯贞群、黄裳跋。十行二十字，白口，单边。二册。1953 年得于郭石麒。《天一阁拾零》。《阮目》页 108。按，《天一阁被劫书目》著录八册全，当为 1914 年阁书被盗者，后又分散。此书今藏上图。据冯、黄之跋，此书与《永春县志》同为冯贞群访得，1953 年十月重归天一阁，后经林集虚、郭石麒，十月二十五日归黄裳。

《明山书院私志》二卷，明正德刻本。黄裳跋。八行十八字，粗黑口，单鱼尾，双边。1950 年得于上海。曾藏许厚基怀辛斋。《天一阁拾零》。《阮目》页 109。按，此书即《善目》史部 11997 号著录上图藏本。

《祥刑要览》二卷,明吴讷撰。明正德十年郭琮刻本。黄裳跋。十行二十一字,白口,单边。一册。1952年得。《天一阁拾零》。《阮目》页131。按,此书今藏上图,《善目》未收此书。又《四库存目标注》页1567著录台北"中央图书馆"藏明嘉靖刻本三卷,有甲寅四月既望莫棠题跋,谓柳蓉村得天一阁藏书二十许种,此即其一。则天一阁所藏当有正德、嘉靖二刻。又《阮目》误作一卷。书前后有黄裳二跋,跋文不见于其五部目录。

《岳麓书院石壁禹碑》一卷,明嘉靖刻本。1955年十月得于徐绍樵。《前尘梦影新录》页2、《来燕榭书跋》页154。《阮目》页109。按,《善目》史部14817号著录国图藏明嘉靖十八年季本刻本,疑与此为同一刻,未知是此本否。

《中说》十卷存四卷(七至十),题隋王通撰。明刻本。一册。有范氏印。《天一阁拾零》。《阮目》页126。

《诸儒讲义》二卷存一卷(上),明章懋、董遵编。明嘉靖三十七年汉东书院刻本。黄裳跋。九行十八字,白口,左右双边。一册。1952年腊月得于甬上。《天一阁拾零》。《阮目》页128。按,此书今藏上图,《善目》子部776号著录。天一阁尚存此书卷下,见《天一阁遗存书目》页102。《天一阁拾零》著录此书前后重复,又据《阮目》误为董遵道编。

《教家要略》存卷首数页,明姚儒撰。明嘉靖刻本。九行十八字,白口,左右双边。1952年得于沈仲芳。《前尘梦影新录》页182、《来燕榭读书记》(上)页129。《阮目》页130。按,《来燕榭读书记》定为嘉靖中重刻于恒阳者。此书《善目》未收单行本,仅丛部60著录之明万历刻沈节甫编《由醇录》十三种中收《教家要略》二卷。

《武经七书》七卷存三卷（五至七），明施一德编。明刻本。一册。有范氏天一阁藏书印。《天一阁拾零》。《阮目》页131。按，《阮目》作六卷。《善目》未收此书。

《伤寒明理续论》五卷存二卷（三至四），明陶华撰。明嘉靖刻本。1952年冬得于林集虚。《劫余古艳》页179。《阮目》页134。按，《天一阁被劫书目》著录，当为1914年阁书被盗者。今藏上图。

《参订仙传外科秘方》存一卷（十），明赵宜真撰。明万历刻本。1952年冬得于林集虚。《前尘梦影新录》页96、《来燕榭书跋》页168、《劫余古艳》页143。

《增刻医便》二卷存一卷（上），明万历刻本。黄裳跋。1952年冬得于林集虚。《前尘梦影新录》页92、《劫余古艳》页179。《阮目》页134。今藏上图。

《药性粗评》四卷存一卷（一），明许希周撰。明嘉靖刻本。黄裳跋。《天一阁拾零》。《阮目》页135。今藏上图。

《寿亲养老新书》四卷存二卷（三至四），元邹铉撰。明抄本。黄裳跋。八行二十四字，红格，棉纸。一册。1952年冬得于林集虚。《前尘梦影新录》页92。按，此书今藏上图，《善目》子部2608号著录。书末有黄裳跋，跋文不见于其五部目录。《阮目》页133仅著录刻本。

《摄生要义》十篇，明沈概撰。明棉纸蓝格抄本。黄裳跋。《天一阁拾零》。《阮目》页180。按，此书即《善目》子部2620号著录上图藏本。

《草书集韵》存一卷（去声），明初刻本。1955年三月收。曾藏徐乃昌积余斋。《梦雨斋读书记》页59、《劫余古艳》页135。《阮目》页53。按，《天一阁被劫书目》著录，当为1914年阁书被盗者。

《西溪丛语》二卷存一卷(下)，宋姚宽撰。明嘉靖鹁鸣馆刻本。1951 年秋得于林集虚。《前尘梦影新录》页 72、《来燕榭读书记》(上)页 162、《梦雨斋读书记》页 71。《阮目》页 146。按，《天一阁被劫书目》著录，当为 1914 年阁书被盗者。

《约言》十卷，明湛若水撰。明嘉靖刻本。黄皮纸，原装。《天一阁拾零》。《阮目》页 129。

《约言》一卷，明薛蕙撰。明嘉靖刻本。黄裳跋。九行十九字，白口单边。曾藏孙家淮蜗寄庐。《前尘梦影新录》页 74、《天一阁拾零》。《阮目》页 128。按，此书天一阁尚存一部，见《天一阁遗存书目》页 102。《善目》子部 6452 号著录南京图书馆、天一阁藏本，皆作"一卷"，据《四库存目标注》页 1826，南京图书馆所藏即黄裳藏本，卷端有黄裳跋，《四库存目丛书》子部第 84 册影印此本。《天一阁拾零》《阮目》皆误作"十卷"。

《绿雪亭杂言》一卷，明敖英撰。明嘉靖刻本。1953 年初春得于林集虚。《前尘梦影新录》页 106、《来燕榭书跋》页 155、《劫余古艳》127。《阮目》页 148。按，《天一阁被劫书目》著录，当为 1914 年阁书被盗者。

《七修类稿》五十一卷，残存五册，明郎瑛撰。明万历刻本。有"天一阁""古司马氏"二印。《天一阁拾零》。《阮目》页 148。按，此书列在《天一阁拾零》所云"阁书之曾在余家者"，当为后又散出者，然此条下又云"今在余家"，因此不能确定撰写《天一阁拾零》时此书是否在黄裳家。

《孤树裒谈》五卷存四卷(二至五)，明李默撰。明刻本。十一行二十一字，棉纸。四册。《天一阁拾零》。《阮目》页 161。按，《天一阁被劫书目》著录此书云"少卷一之四"，与此存卷不合。

《余庆录》一卷，明隆庆、万历间刻本。1953 年九月得于郭石麒。《前尘梦影新录》页 104、《来燕榭书跋》页 161、《劫余古艳》页173。按,《前尘梦影新录》《来燕榭书跋》定为嘉靖刻本,《劫余古艳》改定为"明刻本",云"观刻法刀工,当在嘉靖后""当刊于隆万之际"。《善目》子部 8275 号著录国图藏此书,定为"明万历徐栻刻本"。《北京图书馆古籍善本书目》页 1488 著录此书版本同,但为半页九行,与此本半页十行不同。

《圆机活法》五十卷,明嘉靖徽州府刻本。黄裳跋。八行,小字双行,二十四字,白口,左右双边,皮纸。二十册。《天一阁拾零》。《阮目》页 158。按,此书今藏上图,《善目》子部 9794 号著录。《天一阁遗存书目》页 117 著录天一阁藏残本两部,与《天一阁拾零》所云"天一阁藏此书凡三本"合。书末有黄裳跋,跋文不见于其五部目录。

《经济类编》(图 8)六十一卷存四十四卷(六至二十四、二十九至五十三),不著撰人。明乌丝栏棉纸抄本。十二册。《前尘梦影新录》页 195、《天一阁拾零》。《阮目》页 157。按,《天一阁拾零》云与冯琦之书同名而非一书,阁中尚存三册。《天一阁遗存书目》页 117 著录此书存十三卷(一至五、五十四至六十一),《天一阁访归书目》页 169 著录 1959 年 11 月购回此书三十九卷,然所列存卷为卷六至二十、二十九至四十八,仅三十五卷。另据《善目》子部 9852 号著录天一阁藏此书存五十二卷,除《天一阁遗存书目》之十三卷外,尚有卷六至二十四、二十九至四十八,恰为三十九卷。今检天一阁所藏此书实存五十二卷(一至二十四、二十九至四十八、五十四至六十一),其中三册十三卷(卷一至五、五十四至六十一)钤范氏天一阁藏印,另外十一册三十九卷(卷六至二十四、二十九至四十八)钤黄裳藏印(有"黄裳壬辰以后所得"朱文长方印、"黄裳青囊文苑"朱文长方印、"黄裳藏本"朱文长方印),可知此十一册确为黄裳所收天一阁藏书又归阁中者。又《善目》子部9853号著录上图藏此书五卷一册（四十九至五十三），与天一阁访归之卷相加，恰为四十四卷十二册，与黄裳藏本存卷之册数、总卷数及所存各卷皆同，颇疑黄裳藏本后分散，分别入藏天一阁及上图。唯上图、天一阁藏本《善目》皆题为一百卷，明冯琦辑，与黄说不同。今检阁藏原书，目录所列仅六十一卷，不著编者名氏，且其分卷、类目及内容皆与冯书不同，则所题一百卷及冯琦辑，不知何据。另《阮目》著录为蓝丝栏棉纸抄本，亦与《天一阁拾零》、遗存目、访归目之乌丝栏不同，《阮目》多误，此或亦然。

《金刚经论》二卷，棉纸蓝格抄本。《天一阁拾零》。《阮目》页165。

《二经同卷》三种（《金刚经注解》一卷、《心经》一卷、《心经注解》一卷），明蓝格抄本。一册。《天一阁拾零》。《阮目》页165。按，《阮目》分为三书，无"二经同卷"之名。

《道德真经取善集》十二卷，宋李霖撰。明棉纸蓝格抄本。黄裳跋。曾藏沈德寿抱经楼、周越然言言斋。《天一阁拾零》。《阮目》页169。按，此书即《善目》子部11629号著录上图藏本。《天一阁拾零》《阮目》作者作"李霈"。

《道德真经三解》四卷，元邓锜撰。明范氏天一阁抄本。黄裳跋。1952年十月得于郭石麒。《天一阁抄本闻见录》页314。今藏上图。《善目》子部11635号著录。

《冲虚至德真经四解》二十卷存九卷（一至九），宋高守元撰。明皮纸朱丝栏抄本。黄裳跋。三册。《天一阁拾零》。《阮目》页172。按，此书即《善目》子部11879号著录上图藏明范氏天一阁抄本。

《太上感应篇》存二卷（七至八），明万历刻本。1952年二月前得于沈仲芳。《前尘梦影新录》页 139、《来燕榭读书记》（上）页 102。

《养真机要》，明棉纸蓝格抄本。1948 年八月得于文海书店。曾藏刘承干嘉业堂。《前尘梦影新录》页 141、128。

《禄嗣奇谈》一卷，题冲一真君撰。明嘉靖刻本。1953 年清明得于林集虚。《前尘梦影新录》页 75、《来燕榭书跋》页 159。《阮目》页 180。

《道枢》四十二卷存四卷（三十至三十三），宋曾慥辑。明黑格抄本。黄裳跋。一册。《天一阁拾零》。《阮目》页 175。按，此书即《善目》子部 12154 号著录上图藏明范氏天一阁抄本。《阮目》《天一阁明抄本闻见录》均误作蓝丝栏抄本。

《锦身机要》三卷，宋邓希贤撰、鲁志刚注。棉纸蓝格抄本。曾藏刘承干嘉业堂。《天一阁拾零》。《阮目》页 173。按，此书即《善目》子部 12156 号著录上图藏本。《阮目》误作二卷。《天一阁拾零》云："阮元著录鲁序，误字累累，抄失颇多。可见当日编目草草。"可为一证。

《明真玄要》一卷，题明纯旸撰。明范氏天一阁抄本。此书与《锦身机要》同册。今藏上图。《善目》子部 12214 号著录。

《蔡中郎集》六卷，残存二册，汉蔡邕撰。明嘉靖至万历间刻本。皮纸，阔大，原装纸捻订。得于宁波。《天一阁拾零》。《阮目》页 235。

《陶靖节集》十卷，晋陶潜撰。明嘉靖蒋孝刻本。1951 年得于郭石麒。又一部，存八卷（一至二、五至十）。1953 年春得于徐绍樵。《前尘梦影新录》页 7、《来燕榭书跋》页 35、《来燕榭读书记》（上）页 269、《劫余古艳》页 149。《阮目》页 235。

《剡源文集》三十卷存二十一卷（一至十四、二十四至三十），元戴表元撰。明万历刻本。竹纸。十二行二十三字。有范氏二印,"天一阁""万古同心之学"。《天一阁拾零》。《阮目》页246。

《蔀斋先生文集》十二卷存四卷(五至八),明林志撰。明蓝格抄本。黄裳跋。皮纸。一册。《天一阁拾零》。《阮目》页250。按,此书即《善目》集部6921号著录上图藏本。

《桂轩续稿》六卷,明江源撰。明弘治刻本。黄裳跋。十行十九字,黑口,双边。一册。1953年得于林集虚。《天一阁拾零》。《阮目》页278。按,此书今藏上图,《善目》集部7234号著录。书前后有黄裳三跋,跋文不见于其五部目录。

《杨升庵诗》五卷存二卷(四至五),明杨慎撰。明嘉靖刻本。六行十一二字不等,白口,双边。卷四1953年十二月得于来青阁,后一年得卷五于孙诚俭温知书店。曾藏徐乃昌积余斋。《前尘梦影新录》页76、《来燕榭书跋》页226、《劫余古艳》页123。《阮目》页225。按,《天一阁被劫书目》著录,当为1914年阁书被盗者。《善目》集部7753号著录国图藏明刻本,据《北京图书馆古籍善本书目》页2356,其行款与此本同。

《张太微诗集》十二卷存三卷(十至十二)《后集》四卷,明张治道撰。明嘉靖刻本。十行二十一字,白口,无尾,单边。《天一阁拾零》。《阮目》页224。按,《天一阁被劫书目》著录八册全,当为1914年阁书被盗者,后又分散。《善目》集部7855号著录上图藏《太微后集》四卷即黄裳藏本,卷末有黄裳1953年九月跋,惟跋中云"只存此《后集》",不及诗集残存之三卷,或此三卷为后来所得?待考。

《桂洲诗集》二十四卷,明夏言撰,明嘉靖二十五年曹忭、杨九泽刻本。黄裳跋。曾藏潘祖荫滂喜斋。《阮目》页226。按,此书今藏上图,《善目》集部7909号著录,《续修四库全书》第1339册影印。据《天一阁藏明代文献研究》页 205，此为天一阁藏书，然黄裳之跋未明言此为阁书，书中亦未见天一阁藏印，录此待考。

《陭堂摘稿》十六卷存七卷（一至三、十三至十六），明许应元撰。明嘉靖刻本。九行十八字。《来燕榭书跋》页 36、《来燕榭读书记》（上）页 270、《天一阁拾零》、《劫余古艳》页 152。《阮目》页 251。按，《天一阁被劫书目》著录四册全，当为 1914 年阁书被盗者，后又分散。《善目》集部 8263 号著录之上图藏本即黄裳藏本。

《泽秀集》七卷存三卷（一至三），明顾起纶撰。明嘉靖朱氏竹素斋刻本。黄裳跋。黄皮纸。九行十八字，白口，左右双边。一册。《天一阁拾零》。《阮目》页 207。按，此书即《善目》子部 8907 号著录上图藏明嘉靖顾祖源刻本，《天一阁藏明代文献研究》误作"四周单边"。

《早朝诗》一卷，明嘉靖篆刻本。1952 年冬得于林集虚。《前尘梦影新录》页 96、《来燕榭书跋》页 235、《劫余古艳》页 159。《阮目》页 217。

《玉厓诗集》十卷存七卷（一至四、八至十），明姚章撰。明嘉靖刻本。十行二十字，白口，单边。1953 年七月得于郭石麒。《前尘梦影新录》页 133、《来燕榭书跋》页 234、《劫余古艳》页 285。《阮目》页 268。按，《天一阁被劫书目》著录，当为 1914 年阁书被盗者。

《乐府原》十五卷存十一卷（五至十五），明徐献忠编。明嘉靖刻本。1952 年春得于沈仲芳。《前尘梦影新录》页 108、《来燕榭读书记》（上）页 268。按，《善目》集部 16976 号著录上图藏全本、北师大藏残本，明嘉靖四十年高应冕刻本，或即此刻，未知其中有此本否。

《河岳英灵集》三卷，唐殷璠辑。明嘉靖翻宋本。1949 年九月得于郭石麒。曾藏沈曾植海日楼、王体仁九峰旧庐。阁书1914年被盗者。《前尘梦影新录》页139、《来燕榭书跋》页89、《劫余古艳》页113。《阮目》页257。按,《阮目》作二卷,疑误。

《中兴间气集》二卷,唐高仲武辑。明嘉靖翻宋本。1949年九月得于郭石麒。曾藏沈曾植海日楼、王体仁九峰旧庐。阁书1914年被盗者。《前尘梦影新录》页139、《来燕榭书跋》页89、《劫余古艳》页107。《阮目》页253。

《类编唐诗七言绝句》一卷,明敖英辑并批点、王交删订。明嘉靖刻本。八行十七字,白口,单边。1950年代初得于林集虚。《前尘梦影新录》页107、《来燕榭读书记》(下)页345、《劫余古艳》页131。《阮目》页260。按,《前尘梦影新录》《劫余古艳》以为万历时刻,《来燕榭读书记》定为嘉靖刻本,与《善目》集部18143号同。《阮目》作二卷,疑误。

《宦辙联句》一卷,明嘉靖初年刻本。1951年九月得于林集虚。《前尘梦影新录》页107、《来燕榭书跋》页178、《劫余古艳》页165。《阮目》页266。

《题赠录》十六卷存十五卷(一至六、八至十六),明朱拱樻辑。明嘉靖刻本。十行二十字,白口,单边。其中前六卷为黄裳藏本,后九卷为郑振铎藏本。今藏国图。卷六末有黄裳1957年跋。按,《善目》集部18702号著录此本总卷数不详。

《西山纪游诗》一卷,明邓钦文等撰。明隆庆、万历间刻本。1954年前得于甬估。《来燕榭书跋》页179、《劫余古艳》页139。《阮目》页264。

《高峣十二景诗》,明嘉靖云南刻本。1955年十月得于徐绍樵。曾藏周越然言言斋。《前尘梦影新录》页3、《来燕榭书跋》页228、《劫余古艳》页15。

《诗法》五卷，明嘉靖刻本。《天一阁拾零》。《阮目》页 285。按，此书即《善目》集部 20497 号著录国图藏本。

《唐宋诸贤绝妙词选》十卷，宋黄升辑。明万历四年舒伯明刻本。十行二十字，白口，左右双边。1948 年八月得于文海书店。曾藏刘承干嘉业堂。《前尘梦影新录》页 128、《来燕榭读书记》（下）页 286、《劫余古艳》页 117。《阮目》页 289。

《中兴以来绝妙词选》十卷，宋黄升辑。明万历二年舒伯明刻本。1948 年得于富晋书社。曾藏王体仁九峰旧庐。《前尘梦影新录》页 129、《来燕榭读书记》（下）页 288、《劫余古艳》页 117。《阮目》页 289。

《鸣鹤余音》存卷下，明初刻本。1957 年前得于来青阁。《薛目》卷三著录。《前尘梦影新录》页 133、《来燕榭书跋》页 152。按，《阮目》页 176 收此书，题元虞集撰。

《诗余图谱》三卷，明张綖撰。明嘉靖刻本。《天一阁拾零》。《阮目》页 288。按，《天一阁被劫书目》著录，十一行二十二字，白口，单边，当为 1914 年阁书被盗者。《善目》集部 21575 号著录上图藏明刻本，行款与此相同，未知是否黄裳藏本。

此目共收阁书 84 种，包括经部 3 种、史部 24 种、子部 31 种和集部 26 种。关于这些书今天的藏处，有 17 种当仍在黄裳家（《劫余古艳》著录有书影、解题者），39 种在上图，3 种在国图，1 种在南京图书馆，1 种在天一阁（与上图的一种相配补）。另有 24 种情况不明。

从书目中可以看出，在可知购买时间的 42 种书中，最早是 1948 年购买的 3 种，最迟的是 1957 年购买的 1 种，购买最多的年份是 1953 年和 1952 年，各有 13 种，其他年份都在 3 种以下。在可知来源的 35 种书中,最多的来自宁波书商林集虚(曾编《目睹天一阁书录》),有 12 种。其次是来自上海书商郭石麒的 12 种,其他的都在 3 种以下,分别是徐绍樵传薪书店和沈仲芳各 3 种、文海书店和来青阁各 2 种、温知书店和富晋书社各 1 种。至于这些书商、书店中阁书的来历,大多为刘承干嘉业堂、徐乃昌积学斋(又名积余斋)、周越然言言斋、王体仁九峰旧庐和许厚基怀辛斋(参见《劫余古艳》页 106)。其中后来又从黄裳处散出的书,其散出具体时间不能确定。黄裳 1955 年时云其所藏阁书已散出大半,尚存数十种(《梦雨斋读书记》页 44)。又天一阁所藏明抄本《经济类编》,其上钤"黄裳壬辰以后所得"朱文长方印,则此书当购于 1952 年以后。又据《天一阁访归书目》,此书为 1959 年 11 月购回,则此书散出必在此七年之间。

参考文献:

黄裳《前尘梦影新录》,齐鲁书社 1989 年版。

黄裳《来燕榭书跋》,上海古籍出版社 1999 年版。

黄裳《来燕榭读书记》,辽宁教育出版社 2001 年版。

黄裳《梦雨斋读书记》,岳麓书社 2005 年版。

黄裳校订《天一阁被劫书目》,见《梦雨斋读书记》附录,岳麓书社 2005 年版。

黄裳《劫余古艳》,大象出版社 2008 年版。

黄裳《天一阁拾零》,初刊于《收藏·拍卖》2006 年第 7 期,后收入《劫余古艳》页 147—184,大象出版社 2008 年版。本文据后者。

范邦甸等《天一阁书目》,《续修四库全书》第 920 册影印清嘉庆十三年阮氏文选楼刻本。

骆兆平《天一阁遗存书目》《天一阁访归书目》《天一阁明抄本闻见

录》,均收入骆兆平《新编天一阁书目》,中华书局 1996 版。

骆兆平《天一阁藏明代地方志考录》,书目文献出版社 1982 年版。

柯亚莉《天一阁藏明代文献研究》,浙江大学人文学院 2009 年博
　　士学位论文。

《中国古籍善本书目》经部、史部、子部、集部,上海古籍出版社
　　1989、1993、1996、1998 年版。

杜泽逊《四库存目标注》,上海古籍出版社 2007 年版。

傅增湘《藏园群书经眼录》,中华书局 2009 年版。

傅增湘《藏园订补邵亭知见传本书目》,中华书局 2009 年版。

傅增湘《藏园群书题记》,上海古籍出版社 1989 年版 2008 年印。

《北京图书馆古籍善本书目》,书目文献出版社 1987 年版。

题[宋]宇文懋昭撰,崔文印校证《大金国志》,中华书局 1986
　　年版。

　　　　　　(原刊《天一阁文丛》第 8 辑,浙江古籍出版社 2010 年,
　　　　　　　　　　此次重印上图所藏部分有较大修改)

抗战期间天一阁藏书转移经过考述

范氏天一阁藏书流传至今四个半世纪，书楼俱存，世所罕见。范氏家族向有"书不出阁"的祖训，在当时的社会条件下，这是其藏书得以留存的重要保证。但在抗战期间，为躲避外敌之觊觎、战火之肆虐，天一阁不得不打破数百年祖训，将阁中珍本分批多次转移，在外漂泊近十年，直至抗战胜利，方得重返阁中。关于这次藏书转移的情况书刊上已有过大致介绍①，但仍有不够详尽之处，尤其是对于第五次转移多有忽略。本文主要依据天一阁博物馆所藏有关当年藏书转移的档案，并结合其他材料，对此事做进一步梳理，以期揭示国人于国难当头之际保存历史文献之苦心与功绩。不妥之处，请方家批评指正。

这次藏书转移前期主要由重修天一阁委员会负责，此会因重

---

① 如马涯民《天一阁记》，载虞浩旭编《风雨天一阁》，香港天马图书有限公司2003年版，第31页；又载骆兆平编《天一阁藏书史志》，上海古籍出版社2005年版，第373页。按，据《天一阁藏书史志》，马涯民此文作于1954年，本文引用据《天一阁藏书史志》。骆兆平、洪可尧、袁元龙撰，陈训慈校正《我国最古的藏书楼——天一阁》，载《浙江文史资料选辑》第28辑，浙江人民出版社1985年版，第20—21页。骆兆平《天一阁藏书史志》，第10—11页。李广华、贺宇红《1939天一阁之痛》，载《中华遗产》2007年第8期；又见《天一阁文丛》第6辑，宁波出版社2008年版，后者略有改动。

修天一阁而创始于 1933 年,由鄞县文献委员会组织成立,成员主要包括地方官员、学者和范氏后裔,如鄞县县长陈宝麟、鄞县教育局局长叶谦谅、鄞县文献委员会委员长冯贞群、北京大学教授马廉、宁波效实中学教师马涯民、宁波女中校长杨贻诚、范氏后裔范若鹏、范吉卿、范鹿其等二十余人,其中陈宝麟任主席(1939 年 7 月后由继任县长俞济民接任),实际主事者则为冯贞群。后期则由于浙江图书馆馆长、宁波慈溪人陈训慈对天一阁的高度关注,浙江省图书馆参与并最终承担了转移工作。

这次藏书转移的大致情况是,第一批转移者为三箱孤本。1937 年 8 月 17 日,先将孤本三箱运至月湖碧沚祠寄存。这次转移大体还在城内。8 月 31 日,又将其从碧沚祠转移至鄞西毛草漕眺头范家庄(今属宁波市鄞州区集士港镇),这时已转到了乡下。这批书在此一直寄存到 1939 年 4 月。第二批转移者为八大木箱及一小皮箱珍本,1939 年 1 月运至鄞南茅山范司马墓庄(今属鄞州区姜山镇),这批书在此寄存至 4 月份。至此共三次转移,不论转移到城内或是乡下,皆在鄞县范围之内,重修天一阁委员会在其主席鄞县县长陈宝麟的支持下,得以顺利完成。第四次转移在 1939 年 4 月,转移之藏书包括了第一批和第二批,又从阁中选了《古今图书集成》十一箱,共二十三箱,在浙江省教育厅和浙江图书馆的安排下,转移到了浙江省南部的龙泉县福泽乡�╗石村(今属龙泉市塔石街道),此即第三批转移者。这次转移已远超鄞县的范围,因此须有省里的支持。1943 年 1 月又从龙泉转移到庆元。这是三批书五次转移的大致情况,下面就其详情,一一分说。

一 第一批藏书的两次转移

第一批藏书的第一次转移始于1937年8月15日重修天一阁委员会召开的第二十四次会议。出席这次会议的委员有范吉卿、范鹿其、范盈汶、张申之、马涯民、叶谦谅（字友益）、冯贞群（字孟颛），共七人，会议主席为冯贞群，记录为施永绚（图9）。因人数不足，故改开谈话会。会议的报告事项有六项，讨论事项有两项，其中第二项讨论事项即转移天一阁藏书之事：

> 外侮紧迫，文化机关尤多危险。天一阁书籍应否运寄他处以资安全案。
>
> 议决：
>
> 1. 择阁中所有孤本，约装三箱，暂寄碧沚祠。
>
> 2. 推冯孟颛、叶友益、范鹿其、范吉卿、范若鹏、范盈汶诸委员办理之。
>
> 3. 定八月十七日移藏。①

这是当日会议的决议。此次决议后来得以执行，其所转移之书大致如下：

> 本会（重修天一阁委员会）当于该日（八月十七日），择阁中所有登科录全部、明本方志全部、珍本《童溪易传》等书四十五种,《帝王图》全套、《得胜图》全套、二范卷子一卷，外附鄞县文献委员会所有先贤画像册等八种，装成三箱，依议移置完讫。②

①重修天一阁委员会第廿四次会议《会议记录》，天一阁博物馆藏档案A6函。
②重修天一阁委员会公函修字第二三号，天一阁博物馆藏档案A7函。

　　这三箱书的主体是全部的登科录和明代方志。新中国成立后天一阁最早整理出版的两大系列书即明代登科录和地方志,可见当时主事者学术水准之高。除了书籍之外,还有少部分书画类文献。在这些天一阁所藏文献之外,还有小部分鄞县文献委员会所藏的珍贵画册。这三箱文献确实堪称天一阁最珍贵的一批藏品了。

　　不过,这三箱孤本在碧沚祠无法存放太久,原因是:

　　　　碧沚祠近有军队移住,且有装设电台之举。祠中住军人众,存储书籍,烟火堪虞。①

藏书最怕火,人多容易有烟火,对书的安全构成了威胁。此外对于电也格外警惕,大约还是认为电容易起火。天一阁中至今不通电线,其来有自。因此在仅存放半个月之后:

　　　　值此时局,本会(重修天一阁委员会)为紧急处置,已将该叁箱书籍于八月三十一日移至鄞西毛草漕眺头范家庄暂存。并另推本会委员范吉卿负责保管,月致津贴国币拾元。②

　　因此,这批书在 1937 年 8 月 31 日完成了第二次转移,从城内的碧沚祠转移到了鄞西乡下眺头范家庄。管理方式也相应做了调整,原来在城内,方便照看,大概看护者吃住在城中家里即可,因此可能不需要另付生活津贴。这次转移到了乡下,不得不派专人看护,并支付每月“拾元”的生活津贴。开始由委员范吉卿看护,1938 年 11 月 9 日,范吉卿去世,改由范若鹏负责③。

①重修天一阁委员会公函修字第二三号,天一阁博物馆藏档案 A7 函。
②重修天一阁委员会公函修字第二三号,天一阁博物馆藏档案 A7 函。
③重修天一阁委员会第二十六次会议《会议记录》,天一阁博物馆藏档案 A6 函。

　　为了保护这批珍本，重修天一阁委员会不仅派专人看护，而且分别向地方基层政府和公安机关发函请求保护。眺头范家庄当时隶属鄞县武陵乡，委员会乃向武陵乡乡公所发函要求"贵公所派定壮丁，轮流加意保护，以重文献"①。又向当地的黄古林公安局要求"派警时加巡察，以重文献，并传令范家庄内避难居民留心火烛等项"②。

　　这批珍本直到1939年4月再次转移，在眺头范家庄安全存放了一年零八个月。应该说，重修天一阁委员会为保护这批书所做的多方努力是很有效果的。

　　这批文献中的书籍部分的具体目录曾在《鄞范氏天一阁书目内编》中用三角符号作了标注，云"有此记号藏光禄庄"（图10）。"光禄"指范钦长子范大冲，因其曾任光禄寺署丞。光禄庄即眺头范家庄。

二　第二批藏书的一次转移

　　第二批藏书的第一次转移始于1939年1月5日重修天一阁委员会在尊经阁（即今天一阁博物馆内之尊经阁）召开的第二十六次会议。出席这次会议的有陈宝麟、叶谦谅、冯贞群、范鹿其等十二人。会议讨论的第一个事项即天一阁藏书转移之事：

　　　　天一阁藏书奉教育部电令移地妥存，应如何办理请核议案。

　　　　议决：

---

①重修天一阁委员会公函修字第二四号，天一阁博物馆藏档案 A7 函。
②重修天一阁委员会公函修字第二五号，天一阁博物馆藏档案 A7 函。

　　1. 前移藏眺头光禄庄书籍三箱仍旧不动。

　　2. 再择阁中明以前版本及钞本,仿前式装箱,移藏茅山司马庄。推范委员鹿其负责保管,月支川旅五元,管庄人月支津贴二元。

　　3. 装箱搬运等费实支实销。推冯孟颛、范鹿其、范多鉁、范若鹏、范盈汶五委员办理之。①

关于这次决议的执行情况为:

　　于一月十日将阁中所藏明以前版本及钞本分装大木箱捌只,小皮箱壹只,于十一日下午雇八官船装运前去,十二日早晨到达茅山地方,运入范司马钦归云墓庄内安藏。由本会(重修天一阁委员会)保管人范鹿其及该庄管庄人茅国兴负责保管。②

这批书于 1 月 12 日到达茅山范钦墓庄(今鄞州区姜山镇,范钦墓仍在此,见图 11)。而早在 1 月 10 日,重修天一阁委员会已向姜山警察局发函要求"贵局令饬胡家坟派出所派警随时巡察,以重文献"③。显然,这一措施沿袭了第一批藏书的保护办法。

这批书在茅山仅保存了三个月,就于 1939 年 4 月再次转移了。不过,从重修天一阁委员会对第二批藏书所采取的一系列保护措施看,不仅安排了保管人,还安排了管庄人,而且二者皆有按月补贴,同样向辖地警察局发函要求保护,看来应该也是同第一

---

①重修天一阁委员会第二十六次会议《会议记录》,天一阁博物馆藏档案 A6 函。

②重修天一阁委员会公函修字第三十号,天一阁博物馆藏档案 A7 函。

③重修天一阁委员会公函修字第廿九号,天一阁博物馆藏档案 A7 函。

批一样,打算长期存放(至战争结束)。1939 年 4 月的最后一次转移,很可能是出于委员会最初的意料之外的。也就是说,在讨论转移第二批藏书时,他们很可能没有想到还有三个月后的再次转移。那么,这次转移就应该另有原因了。

三 第四次转移

这次转移的原因跟时任浙江省图书馆馆长的陈训慈有关。陈训慈籍贯为宁波慈溪,对天一阁藏书一向比较关注。抗战开始后,为天一阁藏书的安全,他曾建议范氏将阁书转移内地,开始未被采纳。1939 年 2 月 15 日,陈训慈呈文教育部长陈立夫请求支持,希望教育部在藏书地选取、经费筹措和管理人员等方面给予帮助,并称浙图可派人协助。陈立夫同意其请,电令浙江省教育厅、浙江省图书馆协助范氏将书转移至浙南龙泉①。

1939 年 3 月 2 日鄞县县长陈宝麟转发给重修天一阁委员会一封公函《奉电饬关于各种有价值之文献切实注意保管□请查照办理》,这封公函是 2 月 8 日浙江省教育厅所发第八七七号训令,其主要内容是省政府下发的浙江省抗日自卫委员会②的一份决议:

> 本会第六次会议关于组设浙江省沦陷区域流亡文献征

①沈炳尧《陈训慈保护宁波天一阁藏书的呈文稿和信稿》,《陈训慈百年诞辰纪念文集》,北京图书馆出版社 2006 年版,第 724—732 页。

②1938 年 1 月 27 日,浙江省党政联席会议通过浙江省抗日自卫委员会及各县抗日自卫委员会组织大纲,成立省、县抗日自卫委员会。见杨长岳主编《金萧地区抗日战争史长编》,人民日报出版社 2009 年版,第 400 页;又参见陈训慈《运书日记》,中华书局 2013 年版,第 74、139 页。

集委员会一案,当经决议:

一、委员会不必设立。

二、通令各县关于各种历史上有价值之文献切实注意保管。

三、私人所藏文献如保管不便可交由当地或省图书馆代管。

四、如遇有事变时,私人所藏文献应由政府协助保管。

五、教育文化事业委员会如经调查确有关于历史文化之各种有价值之文献,可呈报本会转省政府核办。①

省政府命教育厅将此决议下发各县,并要求教育厅督办。这份文件作为一个指导性的意见,是政府参与天一阁藏书转移的依据。于是,省教育厅派出代表周凯旋、省图书馆派出代表史叔同督办天一阁藏书转移龙泉之事。1939 年 4 月 7 日,重修天一阁委员会在尊经阁召开第二十七次会议,出席者为冯贞群、叶谦谅(臧禹谟代)、范若鹏、范鹿其、范盈汶、陈宝麟,列席者为周凯旋、史叔同。会议主席陈宝麟,记录施永绚。此次会议讨论的最重要事项即藏书转移之事:

奉教育部令天一阁藏书由范氏自行觅藏,仍虑未妥。战期内应由教育厅代为迁移保管,战后负责交还。由厅觅定浙南龙泉安全地点妥藏等因,应如何办理案。

议决:

1. 遵办。

2. 已移存乡间之书两处共拾壹箱,同时原箱加封起运,运到储藏地后会同点查。

①重修天一阁委员会《会议记录》附,天一阁博物馆藏档案 A6 函。

3. 阁中之书应运者,由厅委周、史两先生及本会冯委员孟颛、范氏代表会同决定,点明后装箱,同时起运,并于运到储藏地后覆查。

4. 起运时用县政府封条,并由经办各员会同签字。

5. 目录即用此次所印目录①,装订六份。凡移藏之书,均于书目之上加盖特制小戳(文曰"二十八年四月运藏龙泉")。加盖完毕后,会同将小戳密封,存教育厅保管。

6. 目录六份分存各处如下:(一)教育部,(二)教育厅,(三)省立图书馆,(四)县政府,(五)文献委员会,(六)范氏房长。

7. 押运人员除省委外,并由文献委员会派员及范氏代表各壹人办理之。

8. 装运川旅各费均由省方负担。

9. 范氏派住储藏地看管之代表月支公费叁拾元,膳宿生活费一应在内,自四月起支,并先请厅预支两个月。

10. 定四月十二日用船运到横涨②候车接运,先运至永康,次由永康再运至龙泉,预定至十八日藏事。

11. 眺头藏书由范若鹏、施永绚,茅山藏书由范鹿其、教育科代表一人,阁内藏书由省委及范氏代表一人会同押运至横涨。③

这次会议将此次藏书转移龙泉之事做了详细而周密的安排。各项费用主要由政府承担,与此前陈训慈呈文中的提议一致。范

---

① 即冯贞群所编《鄞范氏天一阁书目内编》。
② 横涨村,今属宁波市海曙区石碶街道。
③ 重修天一阁委员会第二十七次会议《会议记录》,天一阁博物馆藏档案 A6 函。

氏此次派往龙泉看管藏书的是族人范召南,其薪水由浙江图书馆负责①。大概前两月由省教育厅预支,其后则由省图书馆发给。浙图馆长陈训慈离任后,仍然非常关注寄存藏书的保管情况,给继任浙图馆长孙延钊写信,建议增加藏书管理经费的预算,增加管理员薪水等②。

这次转移之书的目录,当时曾备六份,但至今尚未发现。这批书包括第一批、第二批和本次新增之书。目前第一批三箱的目录已发现。第二批九箱目录则尚未发现,但可知其为明以前刻本及抄本。此次新增之书则为《古今图书集成》十一箱③。故此次转移藏书共二十三箱。其册数则达到9080册④。

天一阁转移龙泉之书,原藏于浙江图书馆第三秘藏处。1940年10月,因第二秘藏处房子宽大且更隐僻,遂移入其中⑤。关于这次移藏,浙江省教育厅于1940年11月26日发给浙江图书馆指令:"令省立图书馆。呈一件为天一阁书移藏地点祈核备由呈悉。准予备案。仰即知照。此令。厅长许绍棣。"龙泉共有四个藏书点,分别为今天龙泉市塔石街道季边村和沈边村的金家祠堂、李

①骆兆平《天一阁藏书史志》,第11页。
②沈炳尧《陈训慈保护宁波天一阁藏书的呈文稿和信稿》,《陈训慈百年诞辰纪念文集》,第729页。
③马涯民《天一阁记》,第373页。
④骆兆平、洪可尧、袁元龙撰,陈训慈校正《我国最古的藏书楼——天一阁》,第21页。
⑤重修天一阁委员会第二十九次会议《会议记录》(1940年10月12日),天一阁博物馆藏档案A6函。

家仓库、项坊蔡家仓库和南弄林坊吴家①。

四　第五次转移

　　移藏龙泉之书，在 1942 年 8 月至 1943 年 1 月，用了五个月时间，再次转移到庆元。关于这次转移的情况，有关天一阁的文章和材料很少提到，造成有些表述不太准确。如早在 1946 年宁波《时事公报》报道天一阁藏书这段历史时云：

　　　　自"七七"抗战军兴，教育部鉴该阁藏书，恐遭损失，令饬浙教厅抢运至龙泉，八年于兹。②

　　其语意似为天一阁藏书在龙泉存放了八年。1954 年马涯民所撰《天一阁记》亦云：

　　　　以后时局日日紧张，国民党教育部应地方人士的请求，方才由四月九日下令拨款，把天一阁古书移藏浙江龙泉县山中。遂由浙江图书馆及鄞县文献会各派职员一人会同天一阁后人范召南，把鄞西鄞南的十二箱古书及《古今图书集成》十一箱运至龙泉山中，即派范召南管理，给以生活费。直至民国三十四年（公元一九四五年）九月抗战胜利。③

────────────

① 2015 年 7 月，龙泉市将此四个点以"天一阁藏书龙泉存放处旧址"之名申报"丽水市十大抗战遗址"，已成功入围。参见《处州晚报》2015 年 8 月 10 日 A8 版《天一阁藏书龙泉存放处旧址：战乱中延续天一阁百年文脉》、A9 版《天一阁藏书龙泉存放处旧址：亲历者回忆龙泉 8 年护书经历》。此报道未提及藏书从龙泉转移庆元之事，详见下文。

②《时事公报》1946 年 12 月 11 日第五版《范氏天一阁藏书日内可运回原藏》。

③ 马涯民《天一阁记》，第 373 页。

这里只提到了移藏龙泉的情况,未及转移庆元之事。此后有关天一阁藏书这段历史的文章或材料大多与此相同,未涉及转移庆元之事①。因为不知道移藏庆元之事,所以就误以为藏书一直在龙泉存放至抗战结束。有的文章甚至明确说"天一阁珍藏古书在龙泉存放首尾达八年之久"②。

　　从移藏龙泉到抗战结束,天一阁藏书与浙江图书馆善本都是保存在一起的。关于龙泉之书转移庆元之事,1946 年发表的《浙江省立图书馆最近概况》云:

　　　　三十一年(1942)龙泉丽水均受威胁,龙泉藏书,再迁庆元淤上。馆迁青田南田。③

2000 年出版的《浙江图书馆志》记载:

　　　　(1942)8 月 17 日,龙泉藏书迁往庆元淤上和青田南田,至次年 1 月 31 日运毕。④

其中善本运庆元淤上村,普通书运青田⑤。这里没有明确提到天一阁藏书,不过有材料表明当时天一阁藏书和浙图善本是一起存放的。

　　大约 1943、1944 年前后,已在重庆任职的陈训慈给时任浙江

①如骆兆平、洪可尧、袁元龙撰,陈训慈校正《我国最古的藏书楼——天一阁》,第 20—21 页;骆兆平《天一阁丛谈》,中华书局 1993 年版,第 7—8 页;李广华、贺宇红《1939 天一阁之痛》等。

②李世家《抗战期间存藏龙泉的四库全书和天一阁藏书》,《龙泉文史资料》第 6 辑,1987 年。

③《浙江省立图书馆最近概况》,《中华图书馆协会会报》1946 年第二十卷第 1—3 期,第 6 页。

④《浙江图书馆志》,中华书局 2000 年版,第 10 页。

⑤《浙江省立图书馆最近概况》,第 6—7 页。

图书馆馆长孙延钊写信讨论保存在庆元淤上的浙图善本和天一阁藏书如何有效保护的问题：

> 如得台驾因公赴景宁，自往淤上察视慰问，于管理安全更可放心。弟以前不知地名，今承见告，拟函陈君转召南（此人见过）以乡谊存问之。①

信中陈训慈建议孙延钊最好能去庆元淤上村慰问管理人员以确保其安心看守善本。其中"陈君"即指浙图善本管理员陈时茂，"召南"即天一阁藏书管理员范召南。可知天一阁藏书和浙图善本同在庆元。庆元方面的资料也可以证明这一点：

> 1942 年 4 月间，浙江省立图书馆迁至我县淤上乡淤上村，则观音阁古老戏台为藏书处，有珍本图书 150 多箱，由管理员陈时茂、范绍南二人专责保管。②

其中月份稍有参差，大概记忆不甚确切。文中有明确的藏书地点：庆云县淤上乡淤上村观音阁戏台。最值得关注的是，有管理员"范绍南"，即天一阁范氏后裔范召南（"绍"当为"召"字音同义近之讹），说明天一阁藏书也藏于此。另外，抗战结束后，浙图善本确实是从庆元迁回的："（1946 年）8 月 28 日，迁藏庆元的善本全部运回。"③结合前面陈训慈之信和庆元方面的记载，天一阁藏书应该是和浙图善本一起运回的。

明确提到天一阁藏书藏移庆元的论著，比较早的是 1980 年

---

①沈炳尧《陈训慈保护宁波天一阁藏书的呈文稿和信稿》，《陈训慈百年诞辰纪念文集》，第 729 页。

②叶公爱《抗战期间浙江图书馆曾迁至我县淤上村》，《庆元文史》第 1 期，1984 年。

③《浙江图书馆志》，第 10 页。

徐敏惠为张宗祥《浙江图书馆善本书目序》所作之注六"（天一阁藏书）抗战期间由浙江图书馆运往庆元之淤上保管，胜利后运回"。① 徐敏惠先生（1918—2004）自 1943 年即供职于浙江图书馆，直至退休后仍返聘回馆从事古籍整理工作②。1943 年徐氏进浙图工作时（当在青田），浙图善本与天一阁之书正藏于庆元，陈时茂、范召南两位管理员的工资皆由浙图发放，因此他对天一阁书藏于庆元之事非常清楚。而 1939 年移藏龙泉之事，徐氏尚未进馆，故他于此并不清楚，其注释中也未提起龙泉之事。

　　以上材料都说明天一阁藏书确曾转移至庆元，并在抗战结束后从庆元运回杭州。那么为什么有关天一阁的材料大多都遗漏了这一点呢？最重要的原因是天一阁藏书移藏龙泉之后，其管理主要由浙图负责，重修天一阁委员会处于次要地位。尤其是 1941 年 4 月宁波沦陷之后，重修天一阁委员会将所有银钱、书帖、文卷、器具移交范氏，该会实际上已经停止工作③，自然也就不再参与对这批藏书的管理。加之抗战结束后天一阁藏书是与浙图善本一起运回杭州的，并非直接运回宁波。而对此最清楚的管理员范召南，当时并未随书回宁波，而是留在了浙图工作④。因此宁波方面很可能对移藏庆元之事并不清楚，这直接导致了此后一直

① 张宗祥遗著，徐敏惠注《浙江图书馆善本书目序》，《图书馆研究与工作》1980 年第 2 期。

② 赵达雄《自强不息厚德载物——缅怀浙江图书馆古籍整理专家、研究馆员徐敏惠先生》，《图书馆研究与工作》2004 年第 4 期。

③ 骆兆平《天一阁藏书史志》，第 11—12 页。

④ 《浙江图书馆志》第九章第二节《曾在本馆工作过的人员名录》："范召南 1939.4～1962.7 助理干事。"范召南一直在浙图以助理干事之职工作到 1962 年。

到现在,宁波方面有关论著对天一阁这段历史的描述大多不够准确。

　　天一阁藏书与浙图善本一起运回杭州后,1946 年 12 月 25 日才由宁波方面派人将其运回阁中①。如果从天一阁第一批珍本离开阁中算起,天一阁的珍本已在外漂泊了将近十年。这一段国人保存历史文献的可歌可泣的事迹终于画上了圆满的句号。

　　(原刊《抗战时期古籍抢救保护史迹文集》,北京大学出版社 2015 年)

_____

① 《宁波日报》1946 年 12 月 26 日第五版《天一阁藏书昨安全运甬》。

黄丕烈题跋辑刻考述

　　黄丕烈研究一直是文献学界的热点,黄氏题跋(简称"黄跋")是黄丕烈研究的基本史料,也是中国古文献学研究的重要史料之一,一向为学界所重视,《士礼居藏书题跋记》《荛圃藏书题识》等书是为学界所广泛引用的黄跋辑本。然而关于这些辑本的具体搜辑、刊刻过程,尚未见有专门的讨论。探讨黄跋的辑刻过程,不但有助于了解并总结前人的研究成果,而且对黄跋的续辑及重编具有十分重要的作用。故不揣谫陋,草成此文,以就教于方家。

一 《士礼居藏书题跋记》之辑刻

　　最早专门辑刻黄跋者为潘祖荫(1830—1890),其成果即《士礼居藏书题跋记》(图12,下文简称《题跋记》)。潘氏祖父潘世恩(谥文恭)是黄丕烈的好朋友,其伯父潘曾沂(号小浮山人)常与黄丕烈互相唱和,潘曾沂还和黄丕烈的小儿子黄寿凤关系特别好①。潘氏搜集黄跋大约始于同治末年至光绪初年。其证有二:一是潘氏最先搜集的黄跋是从杨绍和(1830—1876)处录得的"百

_____

① 潘祖荫《士礼居藏书题跋记·序》,光绪十年滂喜斋刻本。

余条"①,这百余条黄跋即《楹书隅录初编》及《续编》中所收录的黄跋(以《续编》所收为多)。据杨绍和《楹书隅录续编序》,直到同治辛未(即同治十年,1871年)杨氏才命其子杨保彝从山东聊城老家将《续编》中所收各书之跋语抄寄京师②。因此潘氏从杨氏处录得黄跋当在同治十年以后。二是缪荃孙曾说丙子年(光绪二年,1876年)做官时,潘祖荫交给他从聊城杨氏抄得的黄跋③。因此潘氏辑录黄跋当在光绪二年之前。

关于《题跋记》的搜集方法和过程,潘祖荫说:"从杨致堂河督之子协卿太史录得先生(指黄丕烈)手跋百余条,又从平斋、存斋录寄跋若干条,柳门侍读、筱珊太史、莘卿太史助我搜集若干条,聚而刻之。"④"杨致堂河督"指杨以增(1788—1855),字致堂,曾任河道总督,海源阁创始人。"协卿太史"即杨绍和,字协卿,以增之子,曾任翰林院编修。"平斋"指吴云(1811—1883),号平斋,有藏书处曰二百兰亭斋。"存斋"指陆心源(1834—1894),号存斋,即皕宋楼主人。"柳门侍读"指汪鸣銮(1839—1907),字柳门,曾任侍读学士,有藏书处曰万宜楼。"筱珊太史"即缪荃孙(1844—1919),号筱珊,曾任翰林院编修,藏书处曰艺风堂。"莘卿太史"是王颂蔚(1848—1895),字莘卿,藏书处曰写礼庼。潘祖荫从杨绍和处抄录的黄跋,其《八喜斋随笔》有这批黄跋本的目录,末云:"右荛圃书百三十种,从杨协卿得其题跋,录于此册,未见其书也。

---

①潘祖荫《士礼居藏书题跋记·序》,光绪十年滂喜斋刻本。

②杨绍和《楹书隅录续编序》,载《订补海源阁书目五种》,齐鲁书社2002年版,第333页。

③缪荃孙《荛圃藏书题识·序》,民国八年缪荃孙刻本。

④潘祖荫《士礼居藏书题跋记·序》,光绪十年滂喜斋刻本。

伯寅记。"①关于缪荃孙搜辑的题跋,缪氏说他曾为潘氏"求江浙藏书家"②,"钞之罟里瞿氏、钱塘丁氏、归安陆氏、仁和朱氏;时于坊间得一二种,即手钞之"③。王颂蔚搜辑的题跋在《题跋记》中有所反映,如卷四《白虎通》、卷六《陈众仲文集》《傅与砺诗集》,跋语中皆有"王颂蔚按"云云。此三书皆铁琴铜剑楼所藏,盖王氏曾馆于常熟瞿氏,助瞿氏编《铁琴铜剑楼书目》,故为潘祖荫代录黄跋之存于瞿氏者。陆心源抄寄给潘氏的黄跋没有直接的材料,不过《题跋记》中所收的许多黄跋本为陆心源皕宋楼所藏,如卷一《周礼》,卷二《吴志》《蜀鉴》《五代史补》《五代春秋》,卷三的《孙真人千金方》《史载之方》,卷四的《纬略》《珩璜新论》,卷五的《王右丞集》《歌诗编》,卷六的《湛然居士集》《范德机诗集》等,这些黄跋除了缪荃孙从归安陆氏所抄的,应该就是陆心源抄寄给潘祖荫的。汪鸣銮为潘氏搜辑的黄跋也没有确实的证据。《荛圃藏书题识》目录在《青楼集》下注"钱塘汪氏"即指汪鸣銮,而《荛圃藏书题识》所收《青楼集》黄跋即是根据《题跋记》,故《题跋记》中卷四《青楼集》的黄跋应该是汪鸣銮为潘氏搜辑的。关于吴云搜辑的黄跋详见下文。

北京大学图书馆收藏有一部抄本《黄荛圃题跋》,大概是潘祖荫编辑《题跋记》的底稿。此本封面题"黄荛圃题跋"五字,旁钤"如愿"白文方印、"如愿"朱文方印、"如愿"朱文长方印、"滂喜斋"朱文大方印、"北平燕京大学图书馆"蓝文椭圆印。此册由四个不

---

① 《八喜斋随笔》,辽宁教育出版社 1998 年版,第 47—51 页。
② 《士礼居藏书题跋记书后》,《艺风堂文续集》卷六,宣统二年刻民国二年重印本。
③ 《荛圃藏书题识·序》。

同的抄本组成。第一个抄本共八页，有宋本黄跋五种：《吴郡图经续记》《编年通载》《参廖子诗集》《中兴馆阁录续录》和《新定续志》。此本钤有"归安吴氏两罍轩藏书印"朱文长方印，并有眉批："此疑是吴平斋手迹"。我们结合吴氏藏印及前引潘祖荫所云"又从平斋（吴云）、存斋录寄跋若干条"，加上这五种黄跋本皆曾经吴云收藏，可以推定这五种黄跋即吴云抄寄给潘祖荫的。第二个抄本共三十七页，有黄跋二十种，如校宋本《国语》，影宋梁溪高氏本《战国策》，校本《靖康孤臣泣血录》等等，都是聊城杨氏海源阁的藏书。这个抄本为绿色界行，行楷抄写，字体秀丽，与前一本明显不同，上钤"郑盦"朱文大方印，当是潘祖荫从杨绍和处抄得之黄跋。第三个抄本为红色方格，每行廿五字，共三页又大半页，大半页与下一个抄本的小半页粘接在一起。这个抄本共包含六种黄跋，其共同特点是六种跋皆抄自藏书志，如《会稽三赋》、残宋本《前汉书》《淳祐临安志》皆抄自《拜经楼藏书题跋记》。《历代纪年》、影宋梁溪安氏本《战国策》《华阳国志》皆抄自《爱日精庐藏书志》。可见从藏书志中抄录黄跋也是其途径之一。第四种抄本也是红色方格，只是行数与上一抄本不同，每行为廿一字。这一抄本共七页又小半页，小半页与前一抄本的大半页粘接在一起。此抄本共有黄跋五种，看不出明显的共同点，其中《吴郡图经续记》黄跋与前面重复，《郡斋读书志》之黄跋是黄丕烈为汪士钟所刻衢本《郡斋读书志》所写序跋，与黄氏题于藏本之跋性质不同，也不在《题跋记》收录之列。以上四种抄本共五十六页，收录黄跋三十六种（内一种重复，一种非题跋）。四个抄本纸张不同，行款不一，字体各别，应该是潘祖荫编辑《题跋记》最原始的底稿的一部分。

关于《题跋记》初次刊刻的时间，一般认为是光绪十年（1884）。国家图书馆藏本有牌记"滂喜斋刻，光绪十年三月王懿荣署"。另外有振新书社以滂喜斋原版重印者,也有这个牌记,并另补一牌记"苏州振新书社经印",只是稍有烂板之处。但是有一些印本或重刻本没有滂喜斋的牌记,并将潘氏之序移至卷末,因为潘序作于光绪八年(1882),故这些本子很容易让人误认为《题跋记》初刻于光绪八年。其实关于《题跋记》的刊刻时间,除了滂喜斋牌记之外,《潘祖荫年谱》中也有明确记载。该谱于光绪十年甲申五十五岁云:"又别刻《士礼居藏书题跋记》六卷,序云……"①以下全引潘氏之序。言"序"而不言"跋",也说明潘氏所作本来是置于卷首之序而非置于卷末之跋。另外值得一提的是,所谓"别刻《士礼居藏书题跋记》",其中"别刻"一词是相对于《滂喜斋丛书》而言的,意思是在《滂喜斋丛书》外别刻《题跋记》,《题跋记》并不在《滂喜斋丛书》之中。

　　关于《题跋记》所收黄跋篇数,也有一些不同的说法。缪荃孙一人就有三个说法:三百四十五篇②、三百五十二篇③、二百四十篇④。另外还有一些说法如"三百七篇"⑤"三百一十九部"⑥。其中"二百四十篇"之说显误。而以"三百五十二篇"之说影响较大⑦。

---

① 潘祖年《潘祖荫年谱》,《近代中国史料丛刊》第 19 辑,台湾文海出版社 1968 年版,第 105 页。
② 缪荃孙《士礼居藏书题跋记书后》,载《艺风堂文续集》卷六,宣统二年刻民国二年重印本。
③ 缪荃孙《荛圃藏书题识·序》。
④ 缪荃孙《艺风老人年谱》四十岁条,1936 年文禄堂刻本。
⑤《古学汇刊书目提要·士礼居藏书题跋再续记二卷稿本》,1912 年邓实刻《古学汇刊》第一集第一册。
⑥ 屠友祥校注《荛圃藏书题识·前言》,上海远东出版社 1999 年版,第 67 页。
⑦ 如姚伯岳《黄丕烈评传》即取此说,见其《黄丕烈评传》,南京大学出版社 1998 年版,第 267 页。

其实这些说法都是不准确的。准确的说法是周少川教授提出的"三百四十一篇"①。经笔者核对,《题跋记》卷一为经部,收黄跋十四篇,卷二史部收六十三篇,子部卷三、卷四各收四十二篇、六十五篇,集部卷五、卷六各收八十二篇、七十五篇,合计三百四十一篇。

《题跋记》在黄跋辑刻史上有首创之功,不过今天看来最大的问题是不全,所收黄跋仅约为后来的《荛圃藏书题识》的一半。而《续修四库全书》却选择了前者,这是有些遗憾的。

二　《士礼居藏书题跋记续》及
《再续记》之辑刻

《士礼居藏书题跋记续》(图 13,下文简称《记续》)、《士礼居藏书题跋再续记》(图 14,下文简称《再续记》)都是缪荃孙搜辑的,而分别由江标(1860—1899)和邓实(1877—1951)刊刻。缪荃孙说:"后又钞之(指黄跋)归安姚氏、德化李氏、湘潭袁氏、巴陵方氏、揭阳丁氏,荃孙亦收得十余种,录成二册。江建霞(即江标)借一册去,刻于湘南。……后一册邓秋湄(指邓实)印行。""归安姚氏"指归安(今浙江湖州市)姚觐元咫进斋藏书,"德化李氏"指德化(今江西九江市)李盛铎(1859—1937)木犀轩藏书,"湘潭袁氏"指湘潭(今湖南湘潭市)袁芳瑛(1814—1859)卧雪庐藏书,"巴陵方氏"指巴陵(今湖南岳阳市)方功惠(1829—1899)碧琳琅馆藏书,"揭阳丁氏"指揭阳(今广东揭阳市)丁日昌(1823—1882)持静斋藏书。《记续》《再续记》所收录的黄跋主要来源于这五家及缪荃孙

①周少川《士礼居藏书题跋记·前言》,书目文献出版社 1989 年版。

自己收藏的黄跋本。

《记续》由江标刻入《灵鹣阁丛书》，江氏作于丙申（1896）十一月的序说："向江阴缪筱珊前辈借得续辑藏书题跋而刻之。"江标曾向缪荃孙致信借抄黄跋："宋廛续跋能一借抄否？"①"宋廛"即黄丕烈斋号"百宋一廛"的简称。《记续》分上、下两卷，共收黄跋七十篇，卷上包括经类七篇、史部九篇、子部十九篇，卷下为集部三十五篇。其中《书经补遗》当归子部而误入经类。子部刻本《唐语林》目录中有此条目，而正文误脱标题，跋文与抄本《唐语林》之跋连在一起。集部《嵇康集》仅收两条短跋，皆非黄丕烈所作，而遗漏黄氏之跋。

《再续记》由邓实在1912年刻入《古学汇刊》第一集。在此集第一册《古学汇刊书目提要》中有一篇《士礼居藏书题跋再续记二卷稿本》的提要："吴县黄丕烈撰。目录之学，当清世乾嘉以来，推丕烈为大家。光绪初年，为潘文勤公辑得三百七篇，刻入《滂喜斋丛书》。后又得七十六篇，为江建霞借刊入《灵鹣阁丛书》。今在潘刻、江刻外，又得五十篇，谨刊以惠谈目录之学者。"这段话有三处表述不准确，"三百七篇"当作"三百四十一篇"，潘刻《士礼居藏书题跋记》并未收入《滂喜斋丛书》，江刻《记续》为七十篇，辨析已见上文。从"为潘文勤""为江建霞借刊"这两处来看，这篇提要显然出自缪荃孙之手。可见《再续记》从题跋的搜辑到提要的撰写主要都是缪氏完成的，由邓实主要负责刊刻。《再续记》二卷共收黄跋五十篇，卷上包括经部两篇、史部六篇、子部十九篇，卷下为集部二十三篇。其中《易林》一书当入子部而误入经部。

《记续》和《再续记》在《题跋记》刊行之后的二十余年中陆续

---

①《艺风堂友朋书札》上，上海古籍出版社1980年版，第397页。

出版，补充黄跋近百篇，持续推动着晚清以降书林推崇、研究黄丕烈的热潮。二书所收黄跋已全部收入后来的《荛圃藏书题识》，其历史使命已基本完成。

三 《荛圃藏书题识》之辑刻

《荛圃藏书题识》（图15，下文简称《荛识》）十卷，《补遗》五篇，缪荃孙1919年刻于南京。本节主要依据《艺风堂友朋书札》中章钰（1865—1937，字式之）、吴昌绶（1897年举人，字印臣，又字伯宛，号甘遁）等人致缪荃孙书信，排比归纳，以期勾勒出《荛识》的编纂始末。

缪荃孙《荛圃藏书题识序》云："吾友长洲章式之、仁和吴印臣拟荟萃（潘刻《题跋记》、江刻《记续》、邓刻《再续记》）为一编，据所见书辑得若干，荃孙又钞之乌程张氏、刘氏、松江韩氏、海盐张氏，式之重编十卷，共六百二十二篇，而重刻之金陵，始丙辰（1916），迄己未（1919），始成。另辑《刻书跋》一卷附后。"①在此缪氏介绍了辑刻《荛识》的梗概，以下就几个重要问题作一补充说明。

关于编纂的起始时间，缪氏所说"始丙辰"当指刊刻之始，而非搜集、编纂之始。事实上，《荛识》的开始编纂远在丙辰之前。章钰有一封与缪氏商讨《荛识》编纂事宜的书信末署"九月五日"而无年，信中提及"八月上旬，届公古稀正庆"②，考缪氏生于道光二十四年（1844），则此信当在1913年。章氏致缪氏另一信末署"甲寅（1914）正月廿五日"，其内容正在此信之后，可以为证。此

---

①缪荃孙《荛圃藏书题识·序》。
②《艺风堂友朋书札》下，上海古籍出版社1981年版，第595页。

信又云"莪跋排比竣事，比即付写"。虽然后来又有不少黄跋补入，但由此仍可看出汇编黄跋之事在1913年9月5日之前。而邓实刻《再续记》在1912年，章钰很可能是在《再续记》刊行之后有了汇编黄跋的想法的，即上文缪荃孙《莪圃藏书题识序》云"吾友长洲章式之、仁和吴印臣拟荟萃为一编"。

关于本书的体例。首先是书名问题，章钰和吴昌绶认为潘祖荫所刻黄跋名为"士礼居藏书题跋记"，"记"字不太妥当，又想将藏书跋、刻书跋分为两种，故改称"莪圃藏书题识"①。其次是黄跋与他人之跋是否要有区别，如何区别。有些黄跋本上有其他人之跋，章钰最初主张将他人之跋低一格处理，后来又主张将他人跋作略小字。吴昌绶认为不必区别，能读此书者，自能区别黄跋与他人之跋。关于这一体例，他们讨论了差不多两年。② 今本采用了吴氏的主张。第三，吴昌绶最初主张将《百宋一廛书录》打散，编入《莪识》各条之下，并有向张钧衡购买《百宋一廛书录》书版的想法③。缪荃孙认为《书录》与《莪识》"大同小异，未容羼入"④。今本与缪氏主张一致⑤。第四，潘祖荫所刻《题跋记》中多附杨绍和的案语，而杨绍和《楹书隅录》已经流传，所以他们认为杨绍和之语不必保留⑥。第五，关于黄跋每书注明现藏何处的问题。这个问题是由叶德辉提出的。叶氏力主注明现藏何处，以明了士礼居藏书授受源流。他在给缪荃孙的两封信中都提出了这

---

①《艺风堂友朋书札》下，第600页。

②《艺风堂友朋书札》下，第912、940页。

③《艺风堂友朋书札》下，第922页。

④缪荃孙《莪圃藏书题识·跋》。

⑤《艺风堂友朋书札》下，第912页。

⑥《艺风堂友朋书札》下，第912—913页。

个建议,认为此"乃最要也"①。章钰则认为此事似易而实难,不易操作②。今《荛识》注明藏处者不足一半。

关于汇纂黄跋的发起者、编纂者和刊刻者的前后改变。缪氏《荛圃藏书题识序》说章钰、吴昌绶准备汇纂黄跋,章钰重编为十卷,由缪氏刻之金陵。这一说法大致是符合实际情况的,但其中尚有隐情。实际上,最初打算汇纂并刊刻黄跋的都是吴昌绶,而由章钰担任校勘编辑之责。故章钰跟缪荃孙说:"此事由伯宛(即吴昌绶)创议,钰颇费一番日力。""印(指吴昌绶)属钰专任校事,钰已允之"。③ 最初计划刊刻《荛识》者,即发起人吴昌绶,这在吴氏致缪氏的书信中可以看得很清楚,"士礼居题跋重编约可十卷,绶决拟成之,而以编校之事,任诸式之"。④ 所以当缪荃孙抄录给章钰黄跋后,章钰向缪氏致信说"(钰)与印臣同此切感","钰与伯宛同一感佩"⑤。显然当时缪氏处于帮忙的地位。但是后来黄跋搜辑迟迟不能完结,等到章钰编成时,吴昌绶已经财力不济,正在刊刻的宋元人词集也已力不从心,加上女儿吴蕊园出嫁在即,嫁资尚无从筹措,以至不得不卖掉藏书以充爱女妆奁⑥。因此《荛识》交由缪荃孙刊刻⑦。章钰在给缪荃孙的信中写道:"伯宛境已万难,嫁事在迩……荛跋必一律交上,惟不可不先与说通。力所

---

① 《艺风堂友朋书札》下,第 554、562 页。
② 《艺风堂友朋书札》下,第 591 页。
③ 《艺风堂友朋书札》下,第 600、598 页。
④ 《艺风堂友朋书札》下,第 910 页。
⑤ 《艺风堂友朋书札》下,第 593 页、591 页。
⑥ 叶景葵《卷盦书跋》,上海古籍出版社 2006 年版,第 165 页。
⑦ 《艺风堂友朋书札》下,第 600 页。

不能举,当翻然也。"①章钰大概是担心在移交《荛识》书稿时出现问题,使自己辛辛苦苦编成的书不能面世,所以叮嘱缪氏一定要先和吴昌绶说清楚,《荛识》书稿必须全部交给缪氏以供刻板②。

《荛识》搜辑的黄跋主要包括两大类:一类是《题跋记》及《记续》《再续记》所收黄跋,这是主体部分,约占《荛识》全部篇数的四分之三。这一类虽然数量较多,但并不用费力去搜寻,只需要将三书中黄跋重新编排并加以校订则可。《荛识》对三书的校订主要有以下几种情况,一是删削案语。如上文提到《题跋记》中有些篇末有杨绍和案语,《荛识》则删去。再如《再续记》中《石湖志略文略》《重校襄阳耆旧传》两篇末均有缪荃孙案语,其案语或补充藏印,或纠正黄跋,大概是编者觉得与《荛识》全书体例不合,故一并删去。二是调整条目的次序。如前文提到的《记续》将子部的《书经补遗》误入经部,《再续记》将子部的《易林》误入经部,《荛识》均予以纠正。再如《题跋记》将《乐志园集》误置宋人文集中,《荛识》则移正于元人文集。三是合并了一些条目。如《题跋记》中《崇古文诀》误分为两篇,《荛识》合之为一篇。又如《题跋记》《记续》《再续记》所收《嵇康集》实为同一本,故《荛识》合为一条。四是改正了一些书的版本著录。如《记续》中《文温州集》标为"旧

①《艺风堂友朋书札》下,第602—603页。
②关于《荛识》的编纂、刊刻经过,尚有一重要材料,即《荛跋案件》,收书信十六通,包括章钰、缪荃孙、夏孙桐分别致吴昌绶各六通、三通、四通,缪荃孙致董康三通。内容多涉及《荛识》刊刻之事。有袁行云、黄永年、谢国桢、章熊、启功跋。2008年夏承周少川教授检示启功跋之抄件。此《荛跋案件》于2000年11月嘉德春拍中以30800元成交。启功之跋与拍卖网站上所披露黄永年跋数行显示吴昌绶与缪荃孙因刻此书发生冲突,启功跋乃云缪荃孙"以刻板之费相要挟"。惜不得见原书,难知其详。

刻本"，《荛识》改为"明刻本"，更加精确。又《记续》中《二百家名贤文粹》标为"宋本"，《荛识》根据黄跋改为"钞宋本"。五是一部分黄跋书注明了藏处，这部分黄跋本共 275 种，占《荛识》著录所有黄跋本的一半弱。需要指出的是，这些藏处只是编辑《荛识》时或之前一段时间（约 1910 年代）这些黄跋本的所藏地点。

　　另一类是在《题跋记》《记续》《再续记》之外新搜集到的黄跋。这一部分占《荛识》总篇数的四分之一弱。但这一部分黄跋的搜集却很辛苦，很大程度上是靠缪荃孙在学术界、藏书界的广泛影响，通过朋友关系抄录到的。如张元济曾两次向缪氏抄寄黄跋①。当盛昱意园藏书散出之时，傅增湘见其中《唐语林》一书有黄跋，就托张元济向缪荃孙询问这几段黄跋缪氏是否已搜及，若未搜及，可代抄寄②。傅增湘也曾直接为缪氏抄寄黄跋③。其他像叶昌炽、董康、宗舜年（子岱）、丁国钧（秉衡）都曾为缪荃孙抄录黄跋④。章钰曾两次提出想让缪荃孙帮助借抄叶德辉所藏黄跋，后在缪氏努力下，叶德辉寄来黄跋六篇，并从前人藏书志中抄出所藏黄跋之目备抄⑤。为了能抄到松江韩氏读有用书斋所藏黄跋，章钰本人多次与馆于韩家的曹元忠（君直）联系，又拜托缪荃孙向曹氏恳请⑥。缪荃孙又曾从乌程（今浙江湖州）的张钧衡适园和刘承干嘉业堂藏书中抄录黄跋。这一部分黄跋正是靠这样

---

①《艺风堂友朋书札》下，第 523、526—527 页。

②《张元济傅增湘论书尺牍》，中华书局 1983 年版，第 12 页；《艺风堂友朋书札》下，第 524 页。

③《艺风堂友朋书札》下，第 576 页。

④《艺风堂友朋书札》上、下，第 404、442、591、593 页。

⑤《艺风堂友朋书札》下，第 593、595、554、591 页。

⑥《艺风堂友朋书札》下，第 590、591、595 页。

一家家地抄寄才搜集起来的。

《荛识》所收黄跋篇数,上文引缪荃孙序云"六百二十二篇",多为后人沿袭①。其实这是不准确的,细检全书,可以发现《荛识》目录与正文有一些不一致的地方。首先是有目无跋者两条:卷七《会昌一品制集》残本十卷宋本、卷八《内简尺牍》十卷明刻本。这两篇目录中已列,而正文中却没有题跋相对应。其次是有跋无目者六条:卷一《广韵》五卷校本、卷五《续颜氏家训》二卷残宋刊本、卷六《逸书》五卷抄本、卷八《杨太后宫词》宋写本、卷十《美合集》二卷、《芦川词》二卷宋本。去掉有目无跋者两篇,加上有跋无目者6篇,《荛识》正文共收黄跋623篇,又《补遗》5篇,二者共收黄跋628篇。

四　《荛圃藏书题识续录》和《再续录》之辑刻

在缪荃孙之后,有大兴李文裿(1902—?)辑《荛圃藏书题识》未收黄跋二十八篇成《士礼居藏书题跋补录》,己巳(1929)秋九月冷雪盦印行。其中二十六篇为稍后刊行的《荛圃藏书题识续》所收,其余两篇《逸书》和《淮海居士长短句》,已见于《荛圃藏书题识》,唯《荛圃藏书题识》中《逸书》一篇缺黄跋一则四十字,《淮海居士长短句》一篇第二则黄跋脱十三字而已。

《荛圃藏书题识续录》(图16,下文简称《续录》)和《荛圃藏书题识再续录》(图17,下文简称《再续录》)都是由王欣夫(1901—1966)搜辑刊刻的。《续录》刻于1933年,共分四卷,卷一包括经

---

① 如姚伯岳《黄丕烈评传》,南京大学出版社1998年版,第267页;前引屠友祥《荛圃藏书题识·前言》,第67页。

类六篇和史类二十三篇,卷二为子类三十五篇,卷三为集类上二十五篇,卷四为集类下二十八篇,所收黄跋凡一百十七篇。王氏《荛圃藏书题识续录跋》叙其搜辑黄跋经过:"常熟丁君初我(祖荫)怂惠最力,首录所藏题识十余篇见贻。上元宗丈子戴(舜年)、南陵徐丈积余(乃昌)、常熟瞿君良士(启甲)、凤起(熙邦)父子、长沙叶君定侯(启勋)、元和顾君公硕(则奂)、东莞莫君天一(伯骥)、吴兴周君越然(之彦)亦先后钞示。嗣获交吴兴张君芹伯(乃熊),出其所藏,互相评陟,更得益所未备。今夏访书三泖,尽观韩氏读有用书斋藏书,又得数十篇,乃编次为四卷。"王氏提到了搜集黄跋的两种主要方法:藏书家抄寄(如丁祖荫)和王氏亲自向藏书家抄录(如韩氏)。关于藏书家抄寄,有一条很有代表性的证据,莫伯骥跋叶德荣抄本《法帖刊误》云:"此《刊误》上、下卷,当是缪(荃孙)、章(钰)、吴(昌绶)诸氏所未见,故所刻《题识》未之及也。江苏王教授函来征荛圃题跋,以补缪刻所未及,伯骥尝以此寄之。"①跋中"江苏王教授"即王欣夫,王氏籍贯常署吴县,建国前任上海圣约翰大学教授。

除以上两种方法外,王氏还有其他一些搜集黄跋的方法。其一是据书影抄录,如卷一《历代纪年》后王氏案云"据《铁琴铜剑楼宋元书影》补"。其二是据藏书志抄录,如卷三《李群玉诗集》后王氏按语云"据《适园藏书志》补"。其三是据黄跋本之翻刻本抄录,如卷一《安南志略》后王氏按语云"据活字本补",又卷三《徐文公集》后王氏按语云"据《四部丛刊》影印本补"。

《再续录》三卷刻于1940年,卷一包括经类八篇、史类十四篇,卷二为子类二十四篇,卷三为集类二十八篇,所收黄跋凡七十

①莫伯骥《五十万卷楼群书跋文·史部三·法帖刊误》,1947年铅印本。

四篇。王欣夫《荛圃藏书题识再续录跋》叙此书之搜辑经过："余于癸酉岁(1933)辑刻《荛圃藏书题识续录》四卷，见闻弇陋，自视欿然。既而至德周君叔弢(暹)首以所藏题识十余种自津寄读。江安傅先生沅叔(增湘)、武昌徐君行可(恕)、长沙叶君定侯(启勋)、祁阳陈君澄中(清华)、吴兴张君葱玉(珩)、同县潘君博山(承厚)亦各以所藏抄示。吴兴张君芹伯(乃熊)又续得数十种。而高阳王君有三(重民)为钞于北平图书馆，海宁赵君斐云(万里)为钞所见聊城杨氏海源阁散出者，常熟瞿君凤起(熙邦)重检楹书，增补数种，又为借钞于南海潘氏宝礼堂及上海涵芬楼，于是余得藉诸君之力，编为《荛圃藏书题识再续录》三卷。"王欣夫与周叔弢关于黄跋的往来尚有书札存世。1933年十二月十三日，王欣夫向周叔弢寄赠《续录》一部，书中云："尊处所藏，拜恳钞示。"①周氏不负所托，除了王氏上文所说周氏自藏题识十余种外，另外还抄寄了松江韩氏所藏《陶杜诗选》之黄跋②。

王欣夫所辑刻黄跋一百九十一篇，大大补充了缪荃孙等人所辑之《荛圃藏书题识》，虽然黄跋仍有遗落，但正像王氏《荛圃藏书题识再续录跋》所云"虽不敢谓无遗，而荛圃精力所聚亦略备矣"，尤其是考虑到当时黄跋本散藏于许多私人藏书家之手，缪、王诸人能在这样的条件下辑刻如此大量之黄跋，为黄丕烈研究奠定了

①李国庆《弢翁藏书题跋·年谱》下册，1933年条注释36引，紫禁城出版社2007年版。

②周叔弢致王欣夫札云："顷见松江韩氏藏查药师手抄《陶杜诗选》，有荛跋一则，为《题识》所未收，另纸录上，不知已采入尊著否？"按，札中云"为《题识》所未收"，此盖弢翁一时失检，此跋实已收于《题识》卷十，原书及黄氏手跋经吴兴蒋氏密韵楼、张氏韫辉斋递藏，今藏台北"中央图书馆"。周氏此札今藏复旦大学图书馆，承王亮先生告知，谨致谢忱。

坚实的基础,其用力不可谓不勤,其成功不可谓不大。

五　黄跋之续辑

　　自《再续录》辑刻之后,较大规模的黄跋辑刻几成绝响,但仍有少量的黄跋公布。如 1948 年孙毓修发表《荛圃藏书题识续补》①,收录黄跋十一篇,其中七篇与此前辑刻者重复,可增补者为《前汉书》《资治通鉴长编纪事本末》《三山志》《野处类稿》四篇。1963 年 12 月,台湾学者昌彼得、乔衍琯在《大陆杂志》第二十七卷第十一期发表《荛圃藏书题识补录》,收黄跋三十三篇。但是两位作者大概没有见到王欣夫辑刻的《再续录》,所以有三分之二与之重复,只有十一篇可补前人之遗。其中《毛诗注疏》一篇辑自《经籍跋文》,误以陈鳣语掺入黄跋。另外有六篇所补充的黄跋大都是"某日以某本校""某月校毕某册某卷"之类校勘题记。十一篇中有四篇(《靖康孤臣泣血录》《东南进取舆地通鉴》《杏庭摘稿》《美合集》)是前人未辑的较成篇章的黄跋。此三十三篇黄跋,其中十六篇录自台北"中央图书馆"所藏黄跋原本,十三篇录自王文进《文禄堂访书记》,二篇录自潘宗周《宝礼堂宋本书录》,一篇录自原北平图书馆藏善本书显微胶片,一篇录自陈鳣《经籍跋文》。此后新出黄跋多零星见于一些书刊。至 2013 年,李开升《黄丕烈题跋补遗》发表②,全面吸收了王欣夫之后以《中国古籍善本书目》为代表的版本目录学的成果,汇集了书刊上零星公布的黄跋及诗文共四十四篇的信息及重新从原书上辑录的黄跋及诗文三

---

①《上海市立图书馆馆刊》1948 年第 2 期。
②《文津学志》第 6 辑,国家图书馆出版社 2013 年版。

十九篇,两者共八十三篇,包括了王欣夫《再续录》之后新发现的黄跋,数量较《再续录》略多。

最后,需要指出的是,目前通行的黄丕烈题跋集有三种:一种影印本,即中华书局1993年《清人书目题跋丛刊》所收《黄丕烈书目题跋》;两种点校本,一是上海远东出版社1999年出版的《荛圃藏书题识》,一是上海古籍出版社2013年出版的《黄丕烈藏书题跋集》。两种点校本都是以影印本为基础。三种本子对王欣夫《再续录》之后的八十余篇题跋都未加辑录,不能不说是一个缺憾。

(原刊《图书馆理论与实践》2015年第6期)

黄丕烈题跋补遗

　　黄丕烈研究一向是文献学界的热点①，其基础资料是黄丕烈的题跋（下简称黄跋）。自清末以来不少学者致力于搜集、刊刻黄跋，一直持续至民国时期。新中国成立后专门搜集黄跋者比较少，一是因为大部分黄跋已经辑刻，二是因为搜集不易。实际上还有一定数量的黄跋可以补遗。

　　最早辑刻黄跋者为潘祖荫，潘氏在光绪十年（1884）辑刻《士礼居藏书题跋记》六卷。此后续辑者不绝：缪荃孙辑、江标刻《士礼居藏书题跋记续》二卷；缪荃孙辑、邓实刻《士礼居藏书题跋再续记》二卷；吴昌绶、章钰、缪荃孙将此三书汇集，另外搜集黄跋百余篇，刊成《荛圃藏书题识》十卷附《补遗》一卷。1929年，李文裿冷雪盦辑刻《士礼居藏书题跋补录》一卷，补充黄跋二十八篇。这二十八篇为后来王欣夫辑刻的《荛圃藏书题识续录》四卷（1933）所覆盖，王氏同时还辑刻《荛圃杂著》一卷，收录黄丕烈诗文。1940年，王氏又辑刻《荛圃藏书题识再续录》三卷。至此，较成规模的搜集工作基本结束，此后所辑都比较零星。如1948年孙毓

---

　　①有关黄丕烈的研究详见李开升《藏书家黄丕烈研究百年》，《天一阁文丛》第6辑，宁波出版社2008年版。

修搜辑的《荛圃藏书题识续补》十一篇发表①,其中七篇与此前辑刻者重复,可增补者为《前汉书》《资治通鉴长编纪事本末》《三山志》《野处类稿》四篇。1963年昌彼得、乔衍琯发表《荛圃藏书题识补录》②,收黄跋三十三篇,但有二十二篇与《荛圃藏书题识再续录》重复。另外十一篇中,《毛诗注疏》一篇辑自《经籍跋文》,误以陈鳣语掺入黄跋;六篇为“某日以某本校”“某月校毕某册某卷”之类校勘题记;另有四篇(《靖康孤臣泣血录》③《东南进取舆地通鉴》《杏庭摘稿》④《美合集》)是前人未辑的较成篇章的黄跋。此外,还有一些零星公布的未刊黄跋及诗文,如《拜经楼藏书题跋记》卷五收《乐志园诗集》附黄丕烈诗《岁暮怀人》⑤,《静嘉堂秘籍志》收《春秋诸国统纪》《太仓稊米集》二书黄跋、《古逸民先生集》黄氏题诗⑥,赵万里《跋明钞本〈糖霜谱〉》一文⑦补遗黄跋一篇,《藏园群书经眼录》卷十三《淮海集》黄跋⑧,《木犀轩藏书题记及书录》收《陈刚中诗集》《在野集》二书黄跋⑨,《铁琴铜剑楼藏书题

---

① 《上海市立图书馆馆刊》1948年第2期。

② 《大陆杂志》第27卷第11期,1963年12月版。

③ 此书黄跋原本为清张位青芝山堂抄本,曾经韩应陛收藏,见《韩氏读有用书斋书目》(瑞安陈氏襄殿堂民国二十三年铅印本),此后下落不明。该文收录此跋乃据台北国图藏过录本。此跋未署年月,据此书明刻本黄跋(见《荛圃藏书题识》卷二),当跋于辛酉(1801)。

④ 原跋本下落不明,该文所据为台北“中央图书馆”所藏过录本。

⑤ [清]吴寿旸撰,郭立暄标点,上海古籍出版社2007年版,第183页。

⑥ 日本大正六年(1917年)东京静嘉堂铅印本,卷十五、三十六、三十八。

⑦ 初刊于《图书季刊》新第三卷第一、二期合刊,1941年6月。又载《赵万里文集》第二卷,国家图书馆出版社2012年版,第350页。

⑧ 傅增湘撰,中华书局1983年版、2009年新版,第993页。

⑨ 李盛铎撰,张玉范整理,北京大学出版社1985年版,第315、328页。

跋集录》卷四《文苑英华纂要》附黄氏手札两通①,《标点善本题跋
集录》收《蜀梼杌》《伤寒百证歌》《蔡中郎文集》《格斋先生三松集》
《坦斋文集》五书黄跋②,冀淑英《黄丕烈跋〈会昌一品集〉》一文③
补遗黄跋一篇,《宋版书叙录》收《礼记集说》黄跋④,《浙江图书馆
馆藏名人手札选》收黄氏手札一通⑤,《蛾术轩箧存善本书录》收
《三朝北盟会编》黄跋⑥,《梦雨斋读书记》收《黄丕烈题丁纫兰梅
花谱》一篇⑦,《上海图书馆藏善本碑帖》收《蜀石经毛诗残本》黄
跋⑧,《祁阳陈澄中旧藏善本古籍图录》收《佳趣堂书目》黄跋、《虞
山毛氏汲古阁图》黄氏题诗⑨,《清代名人手札赏评》收黄氏手札
一通⑩,《日藏汉籍善本书录》收《东都事略》《夷坚志》二书黄跋及

①瞿良士辑,上海古籍出版社1985年版、2005年新版,第311—313页。

②台北"中央图书馆"特藏组编,台北"中央图书馆"1992年版,第81、254、
　432、541、605页。

③《历史文献研究》(北京新五辑),北京师范大学出版社1994年版。后收入
　《冀淑英文集》(北京图书馆出版社2004年版)。此跋书影见中国嘉德国
　际拍卖有限公司编《常熟翁氏藏书图录》(上海科学技术出版社2000年
　版),与冀先生所辑个别文字稍有出入。

④李致忠撰,北京图书馆出版社1994年版,第151页。所收第二则为黄跋,第
　一则为黄丕烈过录何焯跋,参见《通志堂经解目录》(《丛书集成初编》本)。

⑤浙江图书馆编,浙江人民出版社2000年版,第258页。

⑥王欣夫撰,上海古籍出版社2002年版,第1183页。

⑦黄裳撰,岳麓书社2005年版,第126—127页。

⑧上海图书馆编,上海古籍出版社2005年版。

⑨中国国家图书馆、上海图书馆、中国嘉德国际拍卖有限公司编,上海古籍
　出版社2006年版,第455号及第四册附王菡《〈虞山毛氏汲古阁图〉及其题
　跋》一文。

⑩郑训佐编著,山东美术出版社2006年版,第20页。

《文献通考》附黄氏致张蓉镜手札一通①，《黄跋顾校》收《国语》《画鉴》黄跋②，《钱江晚报》公布《吴都文粹续集》部分黄氏校跋③。除了以上这些已经刊行的黄跋，笔者在研究黄丕烈藏书的过程中，又陆续发现前人未辑黄跋及诗文等三十九篇约一万字。这批黄跋主要通过将《中国古籍善本书目》等著录的数百种黄跋本与上述所有已刊黄跋仔细对比分析而得。鉴于其在黄丕烈研究中的重要资料价值，特整理成篇以飨学者。黄跋存世情况比较分散，寡见所及，遗漏不免，望方家指正。

　　本文所收黄跋以所跋书为准，按四部顺序排列，黄氏诗、书札、校勘凡例各一篇附后。先著录所题跋书的基本信息，包括书名、作者、版本、校跋及藏地，下录跋文。残损字以□代之，据残字补者加中括号。

　　《蜀石经残字》三种四卷　清抄本　清吴骞、黄丕烈校并跋清陈鳣、朱昌燕跋　国图

　　甲子冬，从原本校一过，用墨笔标于上方。荛翁记。（《毛诗》卷末）

　　《历代纪年》十卷存九卷（二至十）《最国朝典礼》一卷　宋晁公迈撰　清抄本　清邵恩多校　黄丕烈跋　中科院

　　是书之得，犹在昭明老屋□□□□□□县桥巷，盖相随余转

①严绍璗撰，中华书局2007年版，第450、1127、660页。

②原书未题编者及印行时间，为西泠印社拍卖公司2011年6月举办"黄跋顾校鲍刻与中国古旧书文化研讨会"之前寄送与会人员者，其中有两黄跋书影。会议期间所发《黄跋顾校鲍刻与中国古旧书文化研讨会论文集》收徐有富《黄丕烈跋〈国语〉及其他》一文中有二跋之标点整理本。

③2012年8月26日C0001版《纸醉书迷　黄丕烈和一个故纸堆中的文化群落》。

徒者二十余年矣。□□□□□去，录一副，余未有传本在外也。去秋钱塘何梦华介归常熟张月霄，未暇录副。既而梦华录此与余易他书。适余年家子邵朗仙与月霄居同邑，遂属其就近借校。原本虽不存，聊备检阅，犹胜于无也。道光癸未端阳后二日，荛夫记于百宋一廛。（卷末）

《续资治通鉴后集》十五卷　宋刘时举撰　清抄本　清黄丕烈、陆心源校并跋　国图①

凡古书不易购者，往往流传弗广。即如此书，除元刻外，虽抄本亦稀。故一书而全补非易。予向藏者止有半部，叠经借抄、借校，始为完书。可见书之不易购矣。是本有格与无格一不同，有格者又抄手非一，更不同矣。然中多缺误，复赖校元刻而正之。甚哉，古书之不易购也。复初氏记于湷喜园。（卷十五后）

《钓矶立谈》一卷　题宋史虚白撰　清康熙四十五年曹寅扬州使院刻楝亭藏书十二种本　清何煌校并跋　黄丕烈跋　国图

嘉庆丁卯春三月十有八日，散步元妙观前，遍览书坊，于带经堂获此册，重其为何小山手校本也。余先得何义门校本，即出是书，小山从赟砚斋寄至都下，语详彼跋中，而是册为之佐证，岂非异事！两美必合，其信然邪？复翁黄丕烈。

己巳初冬，假五砚楼藏影宋钞本手校异同于义门校本上。疑毛氏钞本非即影宋，故时有不同。复翁识。（卷末）

《（咸淳）重修毗陵志》三十卷存二十九卷（一至二十五、二十七至三十）　宋史能之纂修　清乾隆五十年张德荣抄本　清张德

---

① 此书有黄氏三跋，分别在卷首、卷七后、卷十五后，前二跋《荛圃藏书题识》卷二已收录，题作《续中兴编年资治通鉴》。此为第三跋。

荣校跋并过录吴翌凤跋　黄丕烈校并跋　国图①

嘉庆甲子望后一日,借武进赵味辛藏延祐四年丁巳重刻本校一至十、二十一至三十卷。荛翁。(卷末)

《幽兰居士东京梦华录》十卷　宋孟元老撰　明抄本　清吴翌凤、黄丕烈校并跋　清沈钦韩校　清张绍仁题款　卷末附黄氏校勘记并跋　国图②

凡与校本同者不复记出。有与校本异而确知其误者不复记出。至于校本未必是,明刻未必非,故当一一记□□。复翁。(卷末校勘记后)

《都城纪胜》一卷　题宋灌园耐得翁撰　清康熙四十五年曹寅扬州使院刻栋亭十二种本　黄丕烈校并跋　国图

己巳春,自杭归,适得旧钞本,此书久未取勘,顷因检阅《钓矶立谈》,遂手校此,却有几字胜于曹刻,并于《园苑门》增补十四字,始知旧钞有佳处也。小雪日,复翁。(卷末)

《石湖志略》一卷　明卢襄撰　《文略》一卷　明卢襄辑　明嘉靖刻本　清吴翌凤、黄丕烈跋　国图③

是书贾人携来,索直饼金,尚未给直,故不付装。吴丈枚庵喜传旧志,遂借与之。还时适近中秋,因思八月十八串月之观不远矣。复翁记。(《文略》卷末)

---

① 此书有黄氏二跋,一跋见《荛圃藏书题识》卷三,此跋则前人未辑。
② 此书有黄氏数跋,皆见《荛圃藏书题识》卷三。此跋在卷末所附黄氏以弘治本校于别纸之校勘记后。
③ 此书黄氏并未购藏,即黄氏所云“近书友携《石湖志》来……枚庵首先钞之……后书友应常熟人之求,遂从余索还前帙”中归常熟人之本(详见《荛圃藏书题识》卷三《石湖志略文略》),常熟人或即瞿氏。此跋未署年月,据吴翌凤之跋,当在嘉庆丁丑(1817)八月。

《脉望馆书目》不分卷　明赵琦美藏　清嘉庆七年黄氏士礼居抄本　黄丕烈校并跋　国图

此脉望馆诗书目，原本一百八十七页，郡中周香严藏本也。余辑《所见古书录》，于诸家书目欲得所取证。香严爱出相示，遂请人传写之。原本于每门或空几行，想便随时增入。观其所载，于有明一代事实多所述记，盖其于本朝宜然。至目中间载"老老爷""老爷手批书籍"，阅者殊诧为异语。吾以为此当时簿录以备稽查，并非传后著述，宜循文体。传至今日，遂视此目为古书渊薮，如见碎金残璧，令人艳羡不置。安得重睹此旧藏善本以为操券之得乎？庚申五月校毕。黄丕烈记。（卷末）

《存寸堂书目》不分卷　清嘉庆二十年黄氏士礼居抄本　黄丕烈校并跋　国图

此存寸堂书目，余借诸钱唐何梦华行箧中。卷首部叶有"存寸堂书目"五字，故以是名之。审其字迹，系鲍丈渌饮手书，疑梦华即从其家得之。问诸梦华，梦华云不然，盖得诸一友人处，或已流转他所也。是书所载多宋元旧抄本，故可贵。且中载《四元玉鉴》一书，独作三卷，与余藏旧钞本合。而钱少詹作《元史艺文志》反云二卷，较此却误，是可知此书目之佳矣。倩人照录一本，当为购访之助云。时乙亥秋九月录竣，复翁手校云。然本书尚有误字，阅者可自知尔。复翁。（卷末）

《说苑》二十卷　汉刘向撰　宋咸淳元年镇江府学刻元明递修本（卷八至十三配清道光三年黄氏士礼居抄本）　清顾广圻跋　黄丕烈校并跋　国图

此书为余友顾抱冲所藏，余于去冬借归传校，因循半载，至今始得竣事，而抱冲已下世五十余日矣。书中缺卷八至卷十三，余从周香严家借得钱遵王手校宋本，补校于余所校本上。惜抱冲不及见之也。还书之日，聊志数语，以记感慨云。嘉庆二年岁在丁巳夏五月二十三日，黄丕烈识。

是书越二十五年重得寓目，几成弃物矣。小读书堆所藏书一经散出，无大小尽入他人之室。惟此以残缺独存，余卒归之者，盖抱冲故后，余又见海昌吴槎客藏本同此刻，而彼所失者，其第十四卷却可借顾本补，顾本所失者亦可借吴本补之。时因顾本扃闭，不轻借人，故未获两相钞补。兹以余可借钞于吴，故复收于顾也。时隔廿余年，人与物之变幻不测如是，余犹得以一身周旋其间，抑何幸邪！然亦令人感慨系之矣。道光纪元三月六日，士礼居主人黄丕烈识。

刘向所著《新序》《说苑》，于次行必记年号官衔。如《新序》曰"阳朔某年"，此《说苑》曰"鸿嘉某年"是也。除宋刻外，无有如此标题者。《新序》见过两宋刻，一原刻，一覆刻，行款多同，稍有字句之异耳。《说苑》此本出咸淳间重刊。又见一宋刻，其行款与《新序》同，书名上有"重校"字样，而不载年月，无从知刊在何时。其字句亦稍与此刻异，亦有校勘在程荣本上，可得两本之优劣矣。是书非宋刻皆有脱落，虽在程荣本前之旧刻更甚。此虽残帙，真可宝也。六月二日午后检此又识，荛夫。

道光癸未装成，其缺卷悉照吴槎客本补影写全，缺叶亦如之。差异于不知而妄作矣。若宋刻廿二行本，别有校本在程荣本上，不复校此。荛夫。（皆在卷末）

《管子》二十四卷　唐房玄龄注　明刘绩补注　明刻本　清陆贻典、黄丕烈校并跋　国图

嘉庆二年夏五月，用残宋本校一过，书中注于下方者皆覆校语也。此卷《形势》"沈王"，"王"即"玉"字。敉先尚未校入，是其失也。丕烈。（卷一后）

《寿亲养老新书》四卷　元邹铉撰　明初刻本　黄丕烈跋　上图

《奉亲养老书》一卷，泰州兴化令陈直撰，元丰中人。此见诸陈直斋《书录解题》者也。兹更［名《寿亲］养老书》而编为四卷，□□□□□铉以续编附入，而□□□□□□元人，钱少詹《补元史［艺文志·］□□类》有邹铉《寿亲［养老新书》］，是矣。余收得此，已经破□□□□残，然书友视为秘本，□□□□□三番，而补缀装潢□□□□□过费，此几番为□□□□□□命耳。非特医家□□□□□□寿亲养老计者，□□□□□□□知也。装成志其颠［末］。嘉庆甲戌春三月望□□□。

戊寅新秋，书友以故书二册送□□知其为何名。余初视之，亦但知□□□谛视其文，恍然曰：此《寿亲养［老新书》］□□□末，果有结尾一行，急出□□□□□本更旧，盖印较前也。□□□□□□□欠一叶，今后此书无□□□□□□尾缺正同，不知他日更□□□□□。

余得残本补欠时，适又有□□□□［意］香家有此，何不往假之一对□□□□虽相识，纵迹甚疏，因托吴枚［庵］□□□以应也。今岁有字馆在余友□□□□托［其］假对。盖意香爱书□□□□□字馆，尝或不与身偕，当正□□□□□切庵家字期，遂送全书去□□□□□还余，而卷中蠹蚀及钞□□□□□□切庵亲笔全补，为之钩□□□□□□无似，惟最后一叶，意［香］□□□□□补，而意香之书亦属破□□□□□□据余□是之，甚哉，切庵□□□□□□哉，书之难得完全，不得不遍□□□□哉。己卯闰四月廿三日，荛□□□□□。（卷四后）

《刘子》十卷　北齐刘昼撰　唐袁孝政注　宋刻本（卷一至二配明刻本）　清孙星衍、黄丕烈跋　上图（图18）

《刘子新论》十卷二本，载于《延令宋板书目》。兹本有"扬州季氏"图记，其为沧苇旧藏无疑。唯卷一、二失之，配以明刻，行款

虽同,神采索然。且所载孝政注与《藏》本、活字本皆异。《清神》
至《专学》,注较以上二本为少。《辨乐》至《贵农》,注较以上二本
不同,惜宋本失此,无从决其是非,姑存之可耳。渊如观察留心汉
魏丛□□本,属为互相搜罗,故余于此等古书访求甚切,雠校亦
勤。是书先有《道藏》本、活字本校过几次,又以《子汇》本校正文。
今得宋本,洵能一破群疑,独标真谛。然宋本亦多脱文讹字,似仍
当以《藏》本、活本参之。借校毕,书此以质渊如先生,未知以为何
如。古吴[黄]丕烈识。(卷十后)

**《丞相魏公谭训》十卷　宋苏象先撰　清抄本　清黄丕烈、柯
逢时跋　清黄美镠校　国图**

装成后,因有前校模糊字,复借宋刻覆勘。又得几处误字应
正者,长孙美镠请附于后,为续校云。冬至日,复翁。(卷五后)

苏魏公《谭训》,世鲜传本。近于郡故家试饮堂顾氏(原注:分
居在濂溪坊者)见之。后为萧家巷寿松堂蒋氏归去。楮墨精好,宋
刻之佳者。思欲传录,功费浩繁,且恐物主未之许也。适胥门书坊
经义斋有精抄本,遂取归,并乞蒋氏借出宋刻,竭一二日力粗校一
过。抄本虽精,已非宋刻面目。宋刻原有缺失,其缺失之叶前后尚
有余剩残文,或有头无尾,或有尾无头。后来传录,悉取完善者著
录,非特缺叶无存,即缺叶前后之残文亦不见录。若非亲见宋刻,此
抄本犹为无用之物矣。去冬但以残楮记出夹入每卷之纸腹,今秋无
聊,以别纸录出,较为完备。惜书之心,尚复如是,殊自笑也。庚辰
白露日,黄丕烈跋,孙美镐缮清。(卷末别纸所附校勘记之后)

**《麈史》三卷　宋王得臣撰　清抄本　黄丕烈校跋并录清毛
扆跋　国图**

此钞本王彦辅《麈史》上、中、下卷,得诸友人张秋塘许,重其
为马寒中物也。余所藏一本比此为旧。卷末此书脱误云云,余本

在卷端副叶，为硃笔书，似即顽庵手迹。此本殆从余本出耶？惟行款有不同尔。（卷首）

癸酉初秋，以旧钞本手校一过。原书无旧时收藏图记。据书友云易诸任文田馆中。任为吴江人，一老书生，有《述记》之刻，盖好学者。书由伊所藏。附记之。复翁。

余向藏《麈史》有三本，一为何义门校阅本，一为张青芝手录本，一为马寒中家藏本。张本于去岁归嘉兴戴松门，仅存二本而已。今秋又得一旧钞本，行款与何本同。因何本已校毛斧季本于上，遂用马本校旧钞本之异同于上。适晤吴枚庵，知渠亦有藏本。往借之，久未检获。后经鲍渌饮来舍，枚庵亦在座，询其新刻丛书以何种书列入。渌饮适及是书，余以所藏诸本对。渌饮亦谓家中有一本，未知佳否，当寄来校勘。遂属枚庵急寻之，以备参考。顷枚庵将本示余，始知余固会其全，而余皆各守一本也。盖枚庵所钞出于青芝山人本，即张本也。初次借于鲍渌饮者，即出于顽庵手跋本也。顽庵本即何义门校阅本。二次借于卢抱经者，即毛斧季家藏本也。斧季本在周香严家，余曾借于周而校于何本上。今余复校吴本于马本上。曰"鲍本"者，顽庵本也。曰"卢本"者，斧季本也。鲍用朱笔，卢用黄笔，余各以姓别之。吴本有异于马本者，旁记其字，所谓青芝山人本也。青芝本已不在，无从引证。顽庵、斧季二本，余皆得而见之，可毋用为证明矣。唯新得旧钞本为各家所未见，尚未为校者所乱，是可信耳。癸酉十月十四立冬前二日，荛翁识。

吴枚庵云顽庵即徐波字元叹者，居天池之落木庵，吴中高士也。余向未知顽庵之即徐元叹。今得此，喜甚，因附识之。（卷末）

《皇宋事实类苑》六十三卷《目录》五卷存三十二卷　宋江少

虞辑　清抄本　清陆烜、黄丕烈跋　陈懋复过录《竹汀日记抄》一则并跋　福建师大①

　　辛未仲冬，有书友自平湖来，携陆子章家藏书数种求售。余因需值颇昂，惟拣得江少虞《皇宋事实类苑》一书，即以质诸紫阳山长钱竹汀先生。先生回书云，江少虞《类苑》一书，记昔于都门琉璃市中所见钞本，较此似胜。彼时未及记其卷数，不审有异同否。《宋史·艺文志》此书凡两见，俱云二十六卷，不知何故析为六十三卷也。则是书之流播本少，而分卷之多寡亦殊。如以《宋史》记宋人之书为得其实，则二十六卷之数诚哉可据。然少虞自序明明为六十三卷，则自言者更较人言为确矣。阅梅谷跋所云，牧翁所见固适符于《宋志》，阮亭所藏又不合于自序。古书难信，一至于此。倘遍访诸海内藏书家，能得一全本相证，尽破夙疑，何快如之。乾隆五十六年十一月冬至后一日，荛圃黄丕烈书于听松轩之北窗。

　　《左氏摘奇》十二卷　宋胡元质撰　清影宋抄本　黄丕烈校并跋　国图

　　宋本覆校，八叶。共一百三十三叶。（卷十二末，其他每卷末亦皆云"宋本覆校，若干叶"）

　　通体照宋本传录，行款不差。复翁记。（卷十二末）

　　《抱朴子外篇勖学》一卷　晋葛洪撰　清黄氏士礼居抄本　黄丕烈校并跋　南图

　　梦华属校，云余家有宋刻，此传闻之误也。所藏系姑苏吴岫家藏旧钞本，复取袁氏五砚楼藏《道藏》本（此处有眉批：案《道藏》

---

① 此书《中国古籍善本书目》子部 8120 号著录作"佚名录清陆烜、黄丕烈跋"，然从字体、钤印等方面看，当为黄氏手迹。搜辑此跋得到了福建师大图书馆郑辉老师的热情帮助，谨致谢忱。

本，正统十年刻，相传是本最佳，鲁藩本不及也。）手勘一过，无大异同。即有异字，未知可据否。仍祈酌之。荛翁。（卷末）

《庾开府集》二卷　北周庾信撰　明嘉靖刻《六朝诗集》本黄丕烈校并跋　国图

余向收李鉴明古家书，与友人张讱庵剖分之。此《庾开府诗集》四卷，朱子儋刻本，系分得者。顷因检《六朝诗集》，借归手校。适坊间有《六朝诗集》零种，遂手校如右。朱本卷首一卷同于钱述古所见旧钞本，遵王云尔，而又多诗二首，固胜于《六朝诗集》本矣。因记其异同于此。复翁。（卷末）

《子昂集》十卷　唐陈子昂撰　明嘉靖四十四年王廷、黄姬水、刘凤刻本　黄丕烈校并跋　国图

嘉靖重刊本，戊寅孟冬收，士礼居藏，《陈子昂集》卷一至卷五《前集》。（卷首题签）

往闻前辈论古书源流，谓明刻至嘉靖尚称善本。盖其时犹不敢作聪明以乱旧章也。余于宋元刻本讲之素矣，近日反留心明刻，非降而下之。宋元刻尚有讲求之人，前人言之，后人知之，授受源流，昭然可睹。若明刻，人不甚贵，及今不讲明而切究之，恐渐灭殆尽，反不如宋元之时代虽远，声名益著也。即如此书刻于吴中，余未之知，而储藏之先于吾者亦未之知也。余故于是书之得，极为欣赏云。嘉庆戊寅初冬望后六日，复翁识。（卷首序前）

己卯仲春下浣，枯坐宋廛，偶取晋省初刻校此，此本有改正初刻讹字几处，然亦有覆刻改误者，略识于每字之旁。卷二末羡诗一首，初刻所无，大约据别本诗二卷本补入。廿止醒人记。（卷五后）

嘉靖重刊本，戊寅孟冬收，士礼居藏，《陈子昂集》卷六至卷十《后集》。（卷六前题签）

　　唐人文集旧刻甚少,陈伯玉文集其一也。往得弘治本,止前集五卷为刻,而后集五卷已抄补,则罕见可知。戊寅初冬望后一日,路过胥门憩酉山堂书坊,插架有《权文公诗集》。询之,知近收诸洞庭山周氏,有书一单,俱在同业中有堂。归途访之,适检及此嘉靖重锓本,并知吾乡名贤校勘,亦一快事。烧烛记此一段情事。行款略同弘治本,稍有异云。复翁。

　　己卯仲春晦日校晋本,毕此册。六至十及附录皆晋本钞补者,仍称"晋本"者,以卷端有"新都杨春重编射洪杨澄校正"字样也。廿止醒人。(卷末)

　　《李文饶公文集》二十卷存五卷(一至五)　唐李德裕撰　明刻本　黄丕烈校并跋　王礼培、傅增湘跋　北大

　　此刻虽明刻,然每卷式多与宋本大同小异。即如卷一第二行第三行,原与宋本同,因欲硬增"某人汇集""某人校正"二行,故削子目以就之,观他卷可见。甚哉,明人之妄作也!戊寅秋中元日,复翁记。(卷一后)

　　《樊川文集》二十卷存二卷(一至二)《外集》一卷《别集》一卷　唐杜牧撰　明嘉靖刻本　黄丕烈跋　上博①

　　《樊川文集》二十卷,翻宋雕者最佳,此见诸《读书敏求记》,而《外(集)》《别集》不之及,岂以其附见故略邪?余向从朱秋崖家见一本,钱君景开以为是即翻宋雕本,惜其时不甚置集,且索直颇昂,未及归之。后闻其归于东城陈肯堂处,肯堂子肇嘉与余为同门友,屡欲假阅而未往,心殊快快。今秋得是集于五柳书居,内诗

---

① 此为上博近年新发现黄跋本,据字体、文风、内容等判断,当即黄氏手迹。查阅此书得到上海博物馆敏求图书馆柳向春老师的热情接待,谨致谢忱。

阙二叶①,缘肇嘉兄假其父书钞补以成完璧。陈本纸幅阔大而楮墨殊淡。余本较为古雅。爰喜而题数语于后。时乾隆甲寅寒露后一日,读未见书斋主人黄丕烈识。

《苏学士文集》十六卷　宋苏舜钦撰　清康熙三十七年徐惇孝、徐惇复白华书屋刻本　黄丕烈跋并录清顾广圻临　清何焯校　上图

此校本为余友涧薲所传录,通体皆有硃笔。唯所校《丽泽集诗》皆以墨笔,余临校改硃笔为墨笔,于原本墨笔者,皆以“丽泽”二字别之。《丽泽》与何校同者,原本皆有墨圈,余悉仍之。有与此刻同者,亦有墨圈,今亦仍之。惟《丽泽》与刻、校皆不同者,今改题曰“丽泽某作某”焉。嘉庆三年戊午夏六月棘人黄丕烈识于读未见书斋。(卷十六后)

《周益文忠公集》二百卷　宋周必大撰　《附录》五卷《年谱》一卷　明抄配清抄本　黄丕烈校跋并抄补　清陆拙生校并跋周星诒跋　国图

三月初八日,晨起仍复阴雨,适装工以收拾《周益文忠公集》,重经补缀毕,遂手为排次先后,每册注书名、册数并志各种卷帙于前,以便检寻。为续装分函,计十册一函者四,八册一函者二,共成六函五十六册□。□翁。

《剡源诗集》不分卷《文集》四卷　元戴表元撰　清抄本　清周锡瓒校　黄丕烈校并跋　国图②

此集朱氏原本每叶二十四行,每行二十四字,卷首有“玉兰

---

①此本卷二第五叶为抄补,当为二叶之一,另一叶当在《文集》所缺八卷中。
②李军、辛梦霞校点《戴表元集》辑录此书黄跋较长者两则(吉林文史出版社2008年版,第640页),此处所录为其未收之较短者两则。此条蒙梁健康先生提示,谨致谢忱。

堂”图记，则为明抄本无疑。他家藏书图记颇多，不及缕述也。今本照样录出，行款略殊。因原本行内字数不尽符二十四之数，兼有写错而损益者，故面目稍改。附记以存旧观可尔。荛圃。

共诗四百十首。检阅时偶标首数于上方，误遗一首，故末题四百九，其实四百十也。内一百六十六，今作重数，后有传校者当更改定。（卷首）

《张乖崖事文录》四卷　明颜端、徐瀚辑　清张纯修增辑　清康熙刻本　黄丕烈跋　上图

嘉庆辛酉，余游京师，谒同年船山太史于飞鸿延年之室。船山知余性好异书也，即举《张乖崖先生集》以问，余曰：“此集有宋刻，系全本，家有其书。今问及此，得无有秘本乎？”船山曰：“近偶得之。”匆匆晤语，未及请观。越一日，遣奴子借归，见题签古雅，卷中朱墨精莹，知为勾漏山房披阅一过者。余惟忠定全集在宋有二刻，陈振孙《书录解题》所收为郭森卿宰崇阳时刻者，为十二卷，附录一卷，已非原刻十卷之旧矣。此为明人摭拾梓行之本，于乖崖先生文行未睹其全，而网罗参考，以传信于后人，不可谓无功。然钱希白为《墓志》，韩魏公为《神道碑》，直斋犹两存之，而此录有《神道碑》无《墓志》，则其他之散佚者，可胜言哉？船山喜读全书，当举家藏副本以赠。二月晦日，书于都门寓馆。荛圃黄丕烈识。（卷四后）

《揭文安公文粹》一卷　元揭傒斯撰　清抄本　清孙原湘跋　黄丕烈校并跋　国图

《揭文安公文粹》，余家藏有刻本，系明初黑口板。卷首有《揭文安公传》，卷中缺叶悉钞补，旧为金星轺所藏，其钞补则金氏客宋宾王之手迹也。此册是余同年昭文小嫏嬛福地张君子和所藏，今其文孙伯元寄示属题。余出藏本证之，亦出明刻，故行款多同。

有不同者在字句间，或钞偶脱耳。墨钞处兹悉空白。惟余钞补处有与此钞异者。兹本《刘福墓志铭》中有异文，有脱句，为书于上方，于行间用墨点之，想伯元必不以余为点污也。卷尾钤有"莪友氏识"二十八字，以诗为规，想见收书苦心。如伯元者，非所谓雏诵之儿孙不饱蟫鱼者邪？子和亦当含笑于地下矣。莪友，子和自号。余常谓子和曰："古人今人者，以'莪'为号者，惟君与余二人，又同嗜书。莪友者，其以莪为友乎？彼此之订交，殆有前定者乎？"附书之以当话旧云。道光元年辛巳元夕前一日，莪翁识。（卷末）

《存复斋文集》十卷　元朱德润撰　附录一卷　明成化十一年项璁刻本（序文、卷一第一至五叶、附录第八至九叶清顾广圻抄配）　黄丕烈跋　上图

余向收《存复斋文集》凡三本，一从萃古斋得来，一得诸朱丈文游家，皆刻本。又从书船得宋宾王所抄本，行款与刻本不同，未知其何据也。朱本已归五砚楼，因刻本与萃古本同，故未及校而去之。抄本似可补刻本缺字，然未明著何本，究未敢尽信。萃古本目录后跋较朱本似全，故所藏取之，已列诸《读未见书斋目》矣。去冬，五柳主人自杭归，示一刻本，与萃古本同而首已缺失，属余借钞几叶。余取与萃古本相勘，大有歧异。即如卷六末《赵承旨跋睢阳五老图》已下，萃古斋本已削而别以他文搀之，字迹显然。因悟萃古本之多目录几叶，其字迹亦与原刻不同也，并后跋几叶，亦系修改。乃知书经后人淆乱，遂致真面目不存。五柳虽缺，犹喜是原刊，爰托涧薲从萃古本影写缺页，补填脱字，即以萃古本易之，去其字纸之衬者而重装之，分十卷为二册，居然简贵可宝矣。惟卷五中有小号颠倒者，萃古本已正之，见诸修刻时跋语。此是原刊，故未订正。兹九叶当改作七叶，兹八叶不误，兹七叶当改作

九叶。一转移间，文悉堪读。装潢不为改正者，以见原刊、修刻各有面目在也。此本虽有元人序跋，各标元时年号，而重编校正，皆出明代，以刻工时代验之，当在化、治间。元集中自是可藏本已。嘉庆己未夏四月望后三日书于士礼居，棘人黄丕烈。

此本卷首俞序，前据萃古本原脱一叶，未知何故。既借向归五砚楼本对，知朱本实系原刊，前多虞序一叶，后多附录二叶，急倩涧薲影摹补入。惟俞序后多乡后学吴宽、王鏊拜赞二叶，既非黑口，又无叶数，涧薲谓是挩入，故仍不补入，自是无可缺憾矣。益信书非两本相勘，或就一本审其原刊、修补之迹，而遽以为善也，无有不错误者。余于萃古本、朱本之异同，其不能辨有如是。绥垲虽仍欲归余，而余则不敢夺人所爱。明著之以志余过。适周香严亦以藏本见示，虞序亦脱，吴、王赞无而附录不缺，附志之以见古籍流传全者为难，读者能无详审欤？五月朔丕烈又记。（《附录》后）

《铁崖先生集》四卷　元杨维桢撰　明抄本　明李逊之、清黄丕烈跋　上图

予藏铁崖诗文稿最多，有《漫稿》一函，计四册，系旧本，后为诸葛漱白购去。因漱白衷辑其文，为伊乡先生表彰制述之故。孰知天靳其缘，将付梓而漱白逝，可为浩叹。其余《东维子集》，世亦鲜有，又为艺芸书舍购去。所云《丽则》《复古》等集，古本亦忽得忽失。检箧中铁崖诗文，绝无古本矣。兹因送考玉峰，于挹秀堂书坊适得此，乃江上李逊之藏本，涧旧物也。湖估云此书先经读书人翻阅一过，知较外间传本多至数十篇。中有签云"见《东维子集》"者，想未签记者皆传本所逸也。惜《漫稿》不存，无从比较。闻海虞陈子准家有毛氏抄本，即余旧藏副本，当为借勘一过。此番考棚坊间并无古籍寓目，而此种抄本，一经名人手跋，即为珍重，亦颇自诧伯乐之顾云。道光五年乙酉二月五日昆山寓舍，复

初氏记。（卷四后）

　　《韩山人诗集续集》不分卷　　元韩奕撰　　明刻本　　黄丕烈跋①

　　丁卯秋七月，五柳主人以旧影钞本《韩山人诗续集》见示，因补钞此册所缺第廿三叶，亦一奇遇也。复翁。

　　《自怡集》一卷　　明刘琏撰　　清抄本　　黄丕烈校并跋　　中科院

　　癸亥八月晦日，用试饮堂顾氏本参勘一过。荛翁。（卷末）

　　《有学集笺注》十四卷　　清钱谦益撰　　钱曾注　　清初抄本黄丕烈校并跋　　上图

　　《初》《有》笺注，有抄、刻两本流传。《初》《有》刻本，似又有原、翻两种。向见一刻本，未知是原与翻。因见此钞本，因留钞去刻。彼时粗一对勘，似钞胜于刻。今取刻勘钞，知彼此各有损益处。取勘的像翻本，惜前易去之刻本未知是原与否。抄既潦草不可信，即刻亦讹谬不可通。拟校一定本，殊难也。始当据刻之胜于钞本处录上，既知一事而注两歧，且多未解处，引用释典多不明。此未敢据以校入，聊著于此，以见读书之难如此。书魔识。（卷十四后）

　　《小安乐窝诗抄》不分卷　　清邵树德撰　　清张燮选　　稿本清邵恩多校　　黄丕烈校并跋　　国图②

　　壬戌之秋，七月既望，年愚弟黄丕烈读。（卷末）

---

①此书黄跋明刻原本下落不明，此据北京大学图书馆藏缪荃孙传抄黄跋本，《诗集》卷末黄跋三则已见《荛圃藏书题识》卷九《韩山人诗集旧本》，此黄跋在《续集》卷末。

②此为邵恩多藏书。此书黄氏另一长跋已收入王欣夫编《荛圃杂著》，题作《小安乐窝诗钞序》。

　　《古乐府》十卷　元左克明辑　元至正刻明修本　明方震儒跋　清黄丕烈、季锡畴、乔松年跋　国图

　　辛未季冬月七日，积雪盈庭，闭门谢客。有书友持此元刻左克明《乐府》来，索番饼四枚，余留之。取足本《读书敏求记》所载《焦仲卿妻诗》证之，语句都合。向得诸所闻，今得诸所见，可云快甚。其"小姑始扶床，今日被驱逐"二句，此本无之，虽在钞补叶内，然行款不差，所据必元刻。且"寡妇赴彷徨"依然"赴"字未改为"起"，其为元刻无疑。至于装潢款式，犹是述古旧藏。古色古香，溢于楮墨，令人珍爱奚似。岁晚获此，赏心乐事之一。越日十有四日，复翁识。（卷首）

　　《乐府阳春白雪前集》四卷《后集》五卷　元杨朝英辑　清黄氏士礼居抄本　黄丕烈校并跋　国图

　　孙潜夫跋旧钞本《阳春白雪》九卷，士礼居传录。共一百七十番。（卷末）

　　《长短经》九卷　唐赵蕤撰　清抄本　卷末附黄丕烈手札一通　国图

　　日前晤谈殊快。承赐老伯大人遗稿，读之觉先正典型于兹未坠。倘家置一编，无患文风之不振也。谢谢。蒙过失迎为罪。承掷付五洋，收到。此书原系吴枚庵旧藏，渠云为鲍渌饮取去未归，却不知流落弟处。枚庵云此本出自天官坊王氏，实旧时精抄本也。弟近因力绌，致卖书为买书，岂不可笑？然于古籍源流，必当为之表扬，俾知所自。足下或自留，或转归贵友，希于谈论时及之。区区爱书之心，虽临去犹依恋耳。重阳伊迩，琢堂思为访僧西山，藉作登高之计。惜弟俗累冗集，安能抽此一二日暇以图畅游邪？草此布复，容面罄不一。即请编山四兄日安。弟丕烈手启。九月四日。

《龙湫山人遗稿》不分卷　清李确撰　稿本　清严元照等跋
黄丕烈等题诗　国图

独有徐高士,能知李逸民。同时思故国,一意作孤臣。介节
留怀木,荒祠肃荐苹。蜃园遗墨在,涧上共千春。嘉庆乙亥秋吴
昌后学黄丕烈敬题。(卷首)

《仪礼疏》五十卷存四十四卷(一至三十一、三十八至五十)　唐
贾公彦撰　清黄氏士礼居影宋抄本　黄丕烈校并撰校勘凡例
国图①

校宋刊单行本《仪礼疏》凡例:

脱简。凡宋本缺叶,名之曰脱简,悉以空白存其面目。

阙文。凡宋本墨钉,名之曰阙文。

断烂。凡宋本版坏,名之曰断烂。间有他本可据,已经写入
行间者,仍加钤印,以存缺疑之义。

过书。凡宋本字迹隐约,影写错误,名之曰过书,各标可识之
字于每行上方。

士礼居主人识。(卷首)

(原刊《文津学志》第6辑,国家图书馆出版社2013年)

---

① 此本乃据黄氏所藏宋本影抄,抄工极精,凡脱简、阙文、断烂、过书处皆钤
印注明。此凡例可见黄氏校书体例之细密,对研究黄氏校勘思想颇有价
值。自宋刊单疏原本散佚,此影抄本当为最大程度保留宋本面貌者。其
后顾千里为汪氏覆刻宋单疏本,却对宋本做了有意识的系统校改,其改动
之处虽得天一阁藏顾校本为证,然必得此本方可定谳。

下篇　版本

《清异录》版本源流重考

一　陶谷和《清异录》

《清异录》二卷，题北宋陶谷撰①。陶谷（903—971），字秀实，邠州新平（今陕西彬州市）人。本姓唐，因避后晋高祖讳而改姓陶②。陶谷以善文章起家，任后晋著作郎、中书舍人，仕周为翰林学士、兵部侍郎加翰林承旨、吏部侍郎，至宋转礼部尚书，仍任翰林承旨，后累加刑、户二部尚书，卒赠右仆射③。后世因多称之为陶内翰、陶尚书。陶谷以文章闻名于世，博学多识，善书画，通礼

---

① 陈振孙、王国维、昌彼得以为非陶谷所撰，胡应麟、四库馆臣以为是陶谷撰，以王国维考证较详，详见陈振孙《直斋书录解题》，上海古籍出版社1987年版，第340页；胡应麟《少室山房笔丛》卷三十二，上海书店出版社2001年版，第321页；《四库全书总目》，中华书局1965年版，第1215页；王国维《庚辛之间读书记》，载《王国维遗书》第五册第六叶，上海古籍出版社1983年版；昌彼得《说郛考》下篇，台北文史哲出版社1979年版，第306页。
② ［宋］钱易撰，黄寿成点校《南部新书》卷十，中华书局2002年版，第178页。《资治通鉴》卷二百八十八，中华书局1956年版，第9403页。
③ ［宋］李焘《续资治通鉴长编》卷十一，中华书局2004年版，第253页。

制,长于历象之学①。

　　《清异录》是一部笔记,它借鉴类书的形式,分为天文、地理、君道、官志、人事、女行、君子、么麽、释族、仙宗、草、木、花、果、蔬、药、禽、兽、虫、鱼、肢体、作用、居室、衣服、妆饰、陈设、器具、文用、武器、酒浆、茗荈、馔羞、薰燎、丧葬、鬼、神、妖,共三十七门,每门若干条,共 661 条②。此书多记唐、五代时人称呼当时人、事、物的新奇名称,每一名称为一目,而于其下记此名称之来历。这些名称大多新颖奇特,时有戏谑之意。此书价值首先体现在典故、词语方面。此书所记的新奇名称因后代词人墨客的引用而成为典故,有些成了汉语词汇的一部分。如《人事门》"手民"云:"木匠总号运斤之艺,又曰'手民''手货'。"今天称雕版工人为"手民"即由此而来。据统计,《辞源》据《清异录》立目引文,或仅引作书证的,约占《清异录》全书条目的三分之一。《汉语大词典》所引则高达二分之一③。其次是本书保留了社会史、文化史方面的大量材料,其中尤以饮食、烹饪方面的材料为丰富,约占全书条目的三分之一。比如茗荈门的内容,在明代就已引起人们的重视,被单独

----

①[宋]曾巩撰,王瑞来校证《隆平集校证》卷十三,中华书局 2012 年版,第365—366 页。《宋史》卷二百六十九《陶谷传》,中华书局 1985 年版,第9235—9238 页。[宋]文莹《湘山野录 续录 玉壶清话》,中华书局 1984 年版,第 17、18、75 页。[宋]江少虞《宋朝事实类苑》卷四十,上海古籍出版社 1981 年版。

②叶恭焕刻本俞氏序云 648 条,而据其各门下所记条数相加乃得 658 条,核对各门所记条数,又多有与实际不符者。今参照涵芬楼排印本,各门多者去之,少者补之,得 661 条。

③张子才《陶谷的〈清异录〉》,载《辞书研究》1998 年第 2 期。

抽出收入专科丛书《茶书前集》①。书中有关饮食的果、蔬、禽、兽、鱼、酒浆、茗荈、馔羞等八门曾被抽出作为《中国烹饪古籍丛刊》之一出版②，说明了此书在饮食、烹饪史方面的价值。此书在名物服饰、科技工艺、民俗民情等方面也颇具价值③。

二　《清异录》主要版本考述

一、百卷本《说郛》本

百卷本《说郛》本是一系列版本的统称，包括几部明抄本和民国时张宗祥以明抄本为底本校勘而成的商务印书馆排印本（下称"涵芬楼本"）。《说郛》传世主要有百卷本和百二十卷本两大系统，百卷本在民国张宗祥校本印行之前，主要以明抄本流传，清代以后则百二十卷刻本更加流行。《清异录》在百卷本《说郛》卷六十一，占整一卷。《说郛》百卷中大多数卷皆收录多种书籍，只收一种书的仅十一卷，故《清异录》在《说郛》中分量相对较重。百卷本《说郛》在《清异录》的版本系统中很重要，它包括了《清异录》现存最早的版本。《清异录》现存最早刻本为明隆庆六年叶恭焕菉竹堂刻本（下称"叶恭焕本"），其两种底本之一，应该也属于明抄百卷本《说郛》系统。而其另一种底本，即元孙道明映雪斋残抄本，已经散佚。

---

① [明]俞政《茶书》义部收录陶谷《荈茗录》一卷，明万历刻本，日本国会图书馆藏。
② 李益民等注释《清异录（饮食部分）》，中国商业出版社 1985 年版。
③ 张子才《陶谷的〈清异录〉》，载《辞书研究》1998 年第 2 期。

　　这一系统《清异录》版本的最大问题是各条文字多有省略,以叶恭焕本与涵芬楼本相校,涵芬楼本自陈设门以下简省较多,以简省最多的几门为例:器具门省略28处,计308字;文用门25处,281字;武器门9处,70字;茗荈门12处,135字,四门总计达794字。简省较多这几门均在此书下卷,盖因叶恭焕本另一底本孙道明抄本仅存下卷部分,上卷无他本可校,故其省略亦不可知。惟楼钥《攻媿集》卷三《白醉》诗序云:"陶内翰《清异录》首载开元时高太素隐商山,起六逍遥馆,各制一铭。其三曰:冬日初出。铭曰:'折胶堕指,梦想炙背,金锣腾空,映檐白醉。'"①其所引与今传世各本相较,明显差异有二:一是"其六逍遥馆,各制一铭",则当有六铭,今本仅存四铭;二是所引"冬日初出"铭文较今本多"折胶堕指,梦想炙背"八字。此条内容在上卷,为孙道明抄本所无,故其最早来源即明抄《说郛》本,可知上卷也有省略。由此可推知,明抄《说郛》本《清异录》全书均有所简略,是一个节略本。前人谓陶宗仪编《说郛》"有作读书笔记之意"②,读书笔记则可详可略。

　　明抄本《说郛》存世尚有十余种,大多为残本,就《清异录》而言,主要版本有国家图书馆藏三部,即明弘治十三年抄本(书号3907)、明钮氏世学楼抄本(书号2408)、涵芬楼旧藏明抄本(书号7557),上海图书馆藏明弘治十八年抄本(配明丛书堂抄本、明弘农杨氏抄本及另一明抄本)及台北"中央图书馆"藏明抄本二部(书号15223、15224)等。其中弘治十三年抄本有佚名校,分析其

①[宋]楼钥《攻媿集》卷三叶十七,《中华再造善本》影印北京大学图书馆藏宋四明楼氏家刻本,北京图书馆出版社2005年版。
②昌彼得《说郛考》上篇,第11页。

校语异文特点,所据当为百二十卷本《说郛》。其抄写格式不甚规整,有的门类题目连写在前一类后而未提行(如器具门、丧葬门),许多条目与正文连写无区隔。世学楼抄本较工整,但多有脱文,如馔羞门"赤明香"条之后脱四条多。涵芬楼旧藏明抄本字体潦草,错字较多,且多将前条之尾抄作后条之首,不易辨读。台北"中央图书馆"本(书号 15223)亦颇有脱误,如馔羞门"建康七妙"条以后各条均脱条目之名。大体而言,明抄本大多错乱、讹误较多,不便阅读,但其校勘价值较高。因这些错乱、讹误大多是由抄手造成,故多有迹可循,或者说传抄讹误有其规律,校勘中容易据此推寻原文。而经过所谓通人精心校勘的本子,有时候反而会离文本原貌更远,而且文从字顺,不易察觉。

民国十六年,张宗祥据六种明抄本校勘而成的百卷本《说郛》由商务印书馆排印出版,其所据即京师图书馆藏明抄残本(今藏国家图书馆,书号 A00487);傅增湘旧藏明抄本三种,即上海图书馆藏明弘治十八年抄本(配明吴氏丛书堂抄本、明弘农杨氏抄本及另一明抄本),张氏未计所配最后一种明抄本;涵芬楼旧藏明抄本(今藏国家图书馆,书号 7557);孙诒让玉海楼旧藏明抄残本(今藏浙江省瑞安市博物馆)①。此本的最大价值是为讹误满篇的明抄百卷本《说郛》整理出一个错误较少、方便使用的本子。不过此本仍有一些讹误,如肢体门"针史"条"妇人姓名年齿",脱"年"字,明弘治十三年抄本、明世学楼抄本等均不脱。

二、明隆庆六年叶恭焕菉竹堂刻本

此本分为二卷。半叶十行,行十八字,白口,单黑鱼尾,四周

---

① 《说郛》张宗祥跋,民国十六年商务印书馆排印本。

单边。版心下镌字数。卷首有俞允文序、王世贞书札及叶恭焕序,次为清异录总目。首卷卷端首行题"清异录",无卷次。次行题"宋陶谷撰,号金銮否人"。版心题"卷之一"。卷二卷端首行题"清异录卷之二",卷末有刊记"隆庆六年壬申叶氏菉竹堂绣梓印行"。叶恭焕序云:

> 余既从俞仲蔚校刊南唐冯贽《云仙杂记》,顷又得宋陶秀实《清异录》,其所载与《杂记》间有相同,颇加宏博。然抄本多讹,复从仲蔚校而刊之。虽其书不关世务,而皆离常言、荡尘累,良有助于清言,终不敢秘之帐中耳。隆庆壬申春二月叶恭焕识。

可知此即隆庆六年叶恭焕菉竹堂刻本,此前叶氏已刻同类之书《云仙杂记》。叶恭焕字伯寅,昆山人,嘉靖二十五年举人。叶盛玄孙,家有菉竹堂,为藏书世家①。

王世贞书札云:"王凤洲来函云,仆向有《清异录》,意欲梓行,得足下先之,是艺苑中髦孟,不落莫矣。"据此,则王世贞亦藏有《清异录》,并曾有刊刻之意,故引叶恭焕为知己。

俞允文序云:

> 叶伯寅氏有元时孙道明抄写宋陶谷《清异录》六卷,凡十五门,二百三十事,遗缺过半。后复得抄本,不第卷次,凡三十七门,六百四十八事。比道明本为备,而文独简略,讹谬亦多。然道明本虽遗缺,殆为谷书。而简略者,则《说郛》所载陶宗仪删定本也。今参校勘正十有二三,而疑误难正者并复

---

① [清]张于介、顾登等纂修《昆山新阳合志》卷十六叶十,清乾隆十六年刻本。叶昌炽撰,王欣夫补正,徐鹏辑《藏书纪事诗附补正》,上海古籍出版社 1989 年版,第 116—120 页。

存之。

由此可知，叶恭焕本《清异录》所依据的主要是两个本子，即不分卷的《说郛》抄本和孙道明抄六卷残本。《说郛》抄本三十七门，六百四十八条，条数大体完备，但每条内容有删削，很简略。这个《说郛》抄本与前面的明抄《说郛》本应该同出一源。孙氏抄残本只有十五门，二百三十条，条数不到全书一半，但每条内容比较完备，这一点正是孙氏抄残本胜过各个明抄《说郛》本的地方。叶恭焕本正是因为吸收了孙氏抄残本的这个优点，才得以胜过各种明抄《说郛》本。

关于孙氏抄残本的卷数问题，因为涉及《清异录》是否存在六卷本的问题，因此有必要略加讨论。有关孙氏抄本比较重要的著录有：

《读书敏求记校证》卷三之上："陶谷《清异录》四卷补遗二卷。至正二十五年，华亭孙道明借果育斋本手录。二十六年又得常清静斋藏本雠校，正讹易舛，不下三四百字，复补足丧葬、鬼、神、妖四类及天类一则、鱼类三则，始为全书矣。"①果育斋，当即元代松江人孙华之斋号②。常清静斋当为元代松江人曹知白斋号③。

薛福成《天一阁见存书目》卷三："《清异录》四卷，全，钞本，宋

①［清］钱曾撰，［清］管庭芬、章钰校证《读书敏求记校证》卷三之上，上海古籍出版社 2007 年版，第 235—236 页。"补遗二卷"，原作"一卷"，今传世多部清抄本均作"二卷"，如国家图书馆藏五部均是（书号 2805、6322、11046、15050、15577）。清道光五年阮福小琅嬛仙馆刻本亦作二卷（卷三叶十二）。此本失校。

②［元］贡师泰《孙元实墓志铭》，［元］贡奎、贡师泰、贡性之撰，邱居里、赵文友校点《贡氏三家集》，吉林文史出版社 2010 年版，第 395 页。

③《中国大百科全书·美术卷》，中国大百科全书出版社 2003 年版，第 111 页。

陶谷撰。"①

王国维编《传书堂藏书志》:"《清异录》四卷补一卷,宋陶谷撰。明钞本,孙道明跋,至正二十五年,又二十六年。前四卷自'妆饰'至'薰燎'共九门,孙明叔所传果育斋本,又从常清静斋藏补'丧葬'、'鬼'、'神'、'妖'四类及天类一则、鱼类三则,始为全书。然实乃此录下卷也。天一阁藏书。"另有浮签注出分卷:"妆饰、陈设、器具,右[卷]一;文用、武器,右[卷]二;酒浆、茗荈,右[卷]三;馔羞、薰燎,右[卷]四;丧葬、鬼、神、妖,右补[一卷];天、鱼。"②

《读书敏求记校证》著录的钱曾藏本似乎是孙氏所抄原本,《天一阁见存书目》和《传书堂藏书志》著录的应该是同一部明抄本,当是直接或间接从原本抄录,两本内容一致,即前四卷九门,补遗一卷四门,再加上天类、鱼类两门,合计恰为十五门,共二百三十九条,与叶恭焕本俞允文序所云"凡十五门,二百三十事"相合,据此可知钱曾藏本、天一阁藏本与蒉竹堂所据孙氏抄本内容一致。那么叶恭焕本俞允文序所云"叶伯寅氏有元时孙道明抄写宋陶谷《清异录》六卷",其"六卷"应该是正文四卷,补遗二卷,即《传书堂藏书志》所载葬、鬼、神、妖四门为补遗一卷,天类一条、鱼类三条为一卷。因为补遗部分内容较少(所补"丧葬""鬼""神""妖"等四门共仅十三条,加上天类一条、鱼类三条也不过十七

---

① [清]薛福成编《天一阁见存书目》卷三叶十九,清光绪十五年无锡薛氏甬上刻本。

② 王国维《传书堂藏书志》,稿本,中国国家图书馆藏(书号18249),第四册第四十二、五十八叶。浮签与《清异录》不在同一叶,而在本册最后一叶《北伯鼎跋》上,现有两种点校本《传书堂藏书志》均未及此。

条），故有时著录，有时不著录。而著录时，对于所补的天类一条、鱼类三条，有时另计为一卷，有时不计。这样各本著录补遗卷数的差异也就可以理解了。

据此可知，叶恭焕本俞允文序所云"孙道明抄写宋陶谷《清异录》六卷"，是指正文四卷加补遗二卷而言，并不是说《清异录》全书为六卷。有人却误读此序，以为《清异录》原书为六卷。如清汪诚《振绮堂书目》卷三杂记类书云"《清异录》二册，二卷，原书六卷"，清顾櫰三《补五代史艺文志》小说类云"《清异录》六卷"。影响更大的是，涵芬楼本《说郛》本《清异录》下题小字云"六卷"，其所据当为上海图书馆藏傅氏双鉴楼旧藏明抄本，台北"中央图书馆"藏本亦作六卷，与傅氏本同一系统①。而阮氏文选楼旧藏《说郛》本、明钮氏世学楼抄《说郛》本、涵芬楼旧藏明抄《说郛》本均作"二卷"。《说郛》编者陶宗仪在其《南村辍耕录》卷十六"药谱"一条云："《清异录》二卷，乃宋陶翰林谷所撰。"《直斋书录解题》《文献通考·经籍考》均作二卷，则当以二卷为是。昌彼得《说郛考》在论及《清异录》时先说"此（涵芬楼排印《说郛》本）作六卷，系传写之讹"，接着引用了叶恭焕本俞允文序后又说"是元时其书有分六卷者"②，前后歧异，大概也是误解了俞允文序。

此版传本所知有国图两部、河南省图书馆、台北故宫博物院及日本国立公文书馆各一部，今将所见三部简介如下：

（一）瞿氏铁琴铜剑楼旧藏本

此本二册。瞿镛《铁琴铜剑楼藏书目录》卷十七著录。卷首

---

① 沈畅《论明钞本〈说郛〉中的分目录及作者题名——兼论分目录与书册制度的关系》，台北《书目季刊》第五十一卷第四期，2018 年 3 月。

② 昌彼得《说郛考》下篇，第 305—307 页。

有俞允文序、王世贞书札及叶恭焕序。钤"五湖游逸""范潜私印""古里瞿氏记""铁琴铜剑楼"等印。卷首护叶题："乾隆乙未季冬得。武陵记。"此本卷二第二十三页脱去。今藏国家图书馆（书号3528）。

（二）陶氏涉园旧藏本（图19）

此本四册。缺俞允文序、王世贞书札及叶恭焕序。卷二最末两页脱去，配抄本。钤"胡铚羿家藏书""阳湖陶氏涉园所有书籍之记""四明张氏约园藏书之印"等印。此本为胡铁梅、陶湘涉园、张寿镛约园递藏，张氏之书后由其夫人蔡瑛捐给国家，善本入中国国家图书馆，普通本入中国社科院文学所图书馆，此书今藏中国国家图书馆（书号19085）。

（三）朱氏结一庐旧藏本

此本四册。《结一庐书目》旧版类、《增订四库简明目录标注》卷十四、《藏园群书经眼录》卷九、《中国善本书提要》均著录此本①。卷首有俞允文序、王世贞书札，无叶恭焕序。卷二末叶（第七十四叶）失去后半叶。钤"结一庐藏书印""复庐赘姻沪上所得""南陵徐乃昌校勘经籍记""积余秘笈识者宝之""乃昌校读"等印，则此书经朱学勤结一庐、徐乃昌积学斋递藏，后归北平图书馆，为1941年曾转移美国的102箱善本之一，今藏台北故宫博物院，中国国家图书馆有胶卷。

---

① ［清］邵懿辰撰，邵章续录《增订四库简明目录标注》（上海古籍出版社1979年版，第610页）、《中国善本书提要》（上海古籍出版社1983年版，第331页）中均将作序者"俞允文"误作"俞九文"。前引张子才《陶谷的〈清异录〉》一文亦有此误。

三、明陶元柱修群馆刻本

此本二卷。半叶十行，行二十字，白口，单黑鱼尾，左右双边。版心下镌字数。无序跋，有总目。卷端题名作"清异录"，无卷次。卷尾题"卷之一""卷之下"，版心题"卷上""卷下"。卷上卷端题"明松陵陶元柱校"，卷上卷末题"元柱校于白门客舍"，卷下卷末题"元柱校于修群馆中"。中国国家图书馆、台北"中央图书馆"（图 20）各藏一部。

国图藏本钤"春草闲房""红豆书屋""池北书库收藏""惠栋之印""定宇""无悔斋藏""曾居无悔斋中""京江赵氏三愿堂藏书之印章""无悔斋校书记"等印，则此书曾经金俊明春草闲房、王士禛池北书库、惠栋红豆书屋、赵元方无悔斋递藏，赵氏书多捐中国国家图书馆。

据字体风格及"元柱校于白门客舍"判断，此本很可能为万历年间刻于南京，当据叶恭焕本重刻，更正了叶恭焕本个别讹误，如卷上第二叶"圣琉璃"条，叶恭焕本误作"圣琉瑀"，此本不误。有些讹误改正不彻底，如卷上第四叶"麦家地理"条，其中"占丰俭"，叶恭焕本误作"古丰险"，此本作"占丰险"，将"古"改正为"占"，而"险"字仍误。此本还有些新增讹误，如卷上第四叶"隐士泥"条，此本误重"涂其"二字。

四、《宝颜堂秘笈》本（图 21）

明万历绣水沈氏刻本。四卷，半叶九行，行十九字，白口，无鱼尾，四周单边。《清异录》收录于《宝颜堂秘笈》之汇集部分。此本当据叶恭焕本重刻，首卷卷端首行题"陈眉公订正清异录"，次行题"宋陶谷秀实父撰"，三、四行题"明黄承玄与参、岳元声石帆藏"。卷首有俞允文序、王世贞书札,无叶恭焕序。此本四卷,不同于叶恭焕本之二卷,并将俞允文序中之"六卷"改为"四卷",以与其所分卷相应,此明末刻书妄改之弊。《清异录》传世四卷本即沿袭此本之分卷。

《宝颜堂秘笈》又有1922年上海文明书局石印本,半叶十六行,行三十六字,密行小字,阅之费神。1930年代商务印书馆《丛书集成初编》曾影印万历本《宝颜堂秘笈》之《清异录》,流传较广,惟其所据底本不佳,兽名门、酒浆门有数页残缺。

五、百二十卷本《说郛》本

明末杭州刻本①。此本四卷。半叶九行,行二十字,白口,单白鱼尾,左右双边。首卷卷端次行题:"宋陶谷撰,明沈循阅。"此本于内容删削甚多。原书条目661条,此本仅收400条,删去261条。且其所收条目内容亦多有删削。如女行门"黑心符"条,原文1100多字,此本仅30余字。

此本并非出自明抄百卷《说郛》本《清异录》,而是出自《宝颜堂秘笈》本《清异录》。首先,其分卷与《宝颜堂秘笈》本一致。《宝颜堂秘笈》本首次将《清异录》分为四卷,分别以花类、虫类、文用类为卷二、三、四的开端,此前从未有这种卷次,此本相同。而明抄百卷《说郛》本为一卷。其次,文本内容特征与《宝颜堂秘笈》本一致,而与百卷《说郛》本不同。如卷一天文门"奇水"条,百卷《说郛》本作"唐人号为奇水",《宝颜堂秘笈》本无"唐人"二字,此本亦无。卷三陈设门"皇明帐"条,百卷《说郛》本"皇明帐"三字,《宝颜堂秘笈》本作"自知祥传至昶,但称皇明帐,不知所自",多十二字,

---

① 昌彼得《说郛考》上篇,第24页。

此本有此十二字。这些文本特征说明《宝颜堂秘笈》本是从叶恭焕本承袭而来。其中处于全书下半部分的如"皇明帐"之类,文字较多,应该来自孙道明抄本,与明抄百卷《说郛》本系统《清异录》不同。

此本版片曾被收入不同丛书,《说郛》之外,尚有《唐宋丛书》,二者又各有早晚不同印本,现分别简介如下:

(一)《说郛》印本

《清异录》在卷一百二十。卷首有目录,列出三十七类名称,名称下无条数。此本根据刷印早晚又可分为两种印本,一种为前印本,丛书前无顺治四年王应昌序、顺治三年李际期序,"胡""夷"等字未剜改,当为明代印本。有国家图书馆藏本(书号6345)、台北"中央图书馆"藏本(书号15226)。一种为后印本,丛书有顺治四年王应昌序、顺治三年李际期序,内封镌"宛委山堂藏板","胡""夷"等字已剜改,当为清初李际期宛委山堂印本。传世大多数印本均为此后印本,如天一阁博物馆藏本(图22)、美国哈佛大学哈佛燕京图书馆藏本(缺卷一至六)等。就《清异录》而言,如卷二叶十五行六"胡孙"之"胡"字,卷二叶十五倒三行之"肉胡麻"之"胡"字,卷四叶二十一行六"南夷"之"夷"字,前印本均完好,后印本则皆被剜去。

(二)《唐宋丛书》印本

《清异录》在其《载籍》部分。此本分卷、行款、断板情况全同一百二十卷本《说郛》本,故二者所据当为同一板片。清朱学勤云:"明人有书帕本,往往刷印此书(一百二十卷本《说郛》)数十

种，即称某丛书，余尝见《唐宋丛书》即是也。"①昌彼得亦曾指出
这一点②。就《清异录》而言，此本根据所存内容多寡不同、刷印
早晚大体可分为两种印本，一种前印本，四卷皆存，刷印较早，此
种仅见温州图书馆藏本。一种为后印本，仅存卷一、卷二及卷三
前二叶，如天一阁博物馆藏本及哈佛大学哈佛燕京图书馆藏本，
其中后者卷三第三叶以后至卷四为抄配。

六、清康熙四十七年陈世修漱六阁刻本

此本分上下二卷。半叶十一行，行二十一字，黑口，双对黑鱼
尾，左右双边。卷首有陈世修序、总目，目下有每门条数。卷端题
"清异录"，无卷次。卷尾及版心题"卷上""卷下"。

内封镌"漱六阁藏书"。陈世修序云："三伏晒书，捡得宋陶学
士《清异录》，会友人结夏斋头，怂恿重锓。"序末署"古盐官陈世修
勉之氏追凉漱六阁下漫识"。此本与《名句文身表异录》合刻，《表
异录序》末署"康熙戊子冬盐官陈世修"，戊子为康熙四十七年，
《清异录》当亦刊于此时（下称"陈世修本"）。陈世修字勉之，号学

①［清］朱学勤《朱修伯批本四库简明目录》，北京图书馆出版社2001年版，
　　第515页。按，朱氏此语曾为邵懿辰批注《四库简明目录》时所引（见清邵
　　懿辰撰，邵章续录《增订四库简明目录标注》，第547页），邵氏批注后又为
　　莫友芝批注《四库简明目录》时所引（见清莫友芝撰，傅增湘订补《藏园订
　　补邵亭知见传本书目》卷十下，中华书局2009年版，第751页），而三人批
　　注本刊印顺序与引用顺序正相反，莫友芝批本1909年已有田中庆太郎排
　　印本，随后连出适园、藏园两排印本；邵懿辰批本1911年由其孙邵章刊
　　行；朱学勤批本则直至2001年才由黄永年提供底本影印行世。
②昌彼得《说郛考》上篇，第26页。

村,浙江海宁人,康熙五十二年举人,曾任浦江教谕①。与陈世倌同祖,吴之振外孙②。此本写刻甚精。传世本尚多,曾在古籍拍卖市场出现③。此本当出于叶恭焕本④。

陈世修本版片在咸丰十年至十一年之际太平天国军队攻陷浙江时毁于战火⑤,此前一直刷印了一百五十余年,传世印本较多,现依刷印早晚简介如下:

(一)康熙印本

这是目前所见到的最早印本,版面清晰,字体秀丽,刷印精美。内封镌"漱六阁藏书",且内封版面完好无损。总目亦原版前印。"玄"缺末笔,"丘""暦"等字不避讳。如天一阁博物馆藏本(书号善2768,图23)、浙江图书馆藏本(书号G010941)等。还有一种稍晚的康熙印本,版面不如此本清晰,"丘""暦"等字不避讳,如天一阁博物馆藏本(书号善2767)。

(二)乾隆印本

此印本内封镌"漱六阁藏书"。"丘""暦"多被剜改为"邱""歴"(如卷上叶二、叶三十一)。陈世修序首行"三伏曝书捡得宋陶"八字版面破损严重,但尚未重刻。如天一阁博物馆藏本(书号善2767)、

---

① [清]战效曾、高瀛洲纂修《海宁州志》卷八叶五十六,清乾隆四十一年刻道光二十八年朱绪曾补刻本。

② 龚肇智《嘉兴明清望族疏证》,方志出版社2011年版,第99、100、101、105页。

③ 1998年5月8日中国书店古籍拍卖会,此本《清异录》与《表异录》一起,以9350元成交。见姜寻编《中国拍卖古籍文献目录》,上海书店出版社2001年版,第71页。

④ 前引王国维《庚辛之间读书记》云:"吾乡陈世修刊本即从此(叶恭焕本)出。"

⑤ 《陈刻二种(清异录·表异录)》陈其元跋,清光绪元年至二年陈其元庸闲斋刻本。原文见下文所引。

浙江图书馆藏本（书号 HJL1782）。八字中以"暵"字（即"晒"字异体）版面破损最严重，全字几不可见，故天一阁藏本以手写"曝"字填补，浙图藏本则为空白。又天一阁藏本内封失去，合刻之《名句文身表异录》（书号善 3129）内封尚存，作"漱六阁藏书"。

（三）最宜草堂印本

此印本内封镌"最宜草堂藏"，"丘""暦"多被剜改避讳。陈世修序首行"三伏暵书捡得宋陶"八字已重刻。卷首总目亦重刻。此本流传较多，大致可再分为前后两种印本。前印本内封"清异录"三字为原版，陈世修序叶右边栏下方尚无断口。如天一阁博物馆藏本（书号朱续 0325）、杭州图书馆藏本（普 73/1293）等。后印本内封为重刻，"清异录"三字及"最宜草堂藏"五字均与前印本不同。陈世修序叶右边栏下方有较大断口。如天一阁博物馆藏本（书号新 2157）、浙江图书馆藏本（书号普 041.7/7747）等。另外，最宜草堂印本内封常有钤印，亦可作判断刷印早晚之证，以内封左下方"最宜草堂藏"五字上之钤印为准，就目前所见，钤"家传三策"白文方印者为前印本。钤"最宜草堂"朱文方印、白文方印及无钤印者，为后印本。

七、《文渊阁四库全书》本

清乾隆文渊阁写本。二卷。半叶八行，行二十一字，白口，单黑鱼尾，四周双边。《四库全书总目》子部小说家类著录："《清异录》二卷，浙江巡抚采进本。"[①]则其底本乃浙抚采进本。《浙江采集遗书总录》收录："《清异录》六卷。刊本。右陶谷辑，多摘采隽

---

①［清］永瑢等《四库全书总目》卷一百四十三，中华书局 1965 年版，第 1215 页。

语异闻，凡分门三十有九。"①按，此目云"凡分门三十有九"，"九"当为"七"之误。又此目作"六卷"，当为"二卷"之误，证据有三：一、《四库全书总目》所著录及《四库全书》所收均为二卷本，并未提及六卷本。二、此目另收《表异录》二十卷，云"刊本，右明提学昆山王志坚辑，亦陶谷《清异录》之类也，故海宁陈氏于谷书合刻之"②，则此本即康熙陈世修刻本。陈刻本分上下两卷，凡三十七门。陈氏为浙江海宁人，此时《清异录》书版尚存陈家，其书易得，故为浙江巡抚收集进呈。三、现存《清异录》各本均无六卷者，自明以来从未见有六卷本刊刻的记载，至于抄本六卷之情况上文已辨之。

　　四库馆臣对书中的忌讳字有删改。如女行门"黑心符"条"夷狄犬豦"四字被篡改为"残忍刻薄"。

八、《惜阴轩丛书》本

　　此本分上下二卷。半叶十行，行二十二字，黑口，单黑鱼尾，四周单边。卷首有俞允文序（误作"俞九文"），无王世贞书札及叶恭焕序。版心下镌"惜阴轩丛书"。卷上卷端首行题"清异录卷上足本"，次行题"宋陶谷撰号金銮否人三原李锡龄孟熙校刊"。此本当据陈世修本重刻，俞允文序则来自叶恭焕本。证据有三，一是此丛书同时收入《表异录》，陈世修本即《清异录》《表异录》合刻；二是文字特点与陈世修本相近，如鱼门"银丝省赝德郎"条"斑驳"，叶恭焕本作"班■"；鬼门"时运未偶"之"未"，叶恭焕本作

①［清］沈初等撰，杜泽逊、何灿点校《浙江采集遗书总录》己集说家类，上海古籍出版社 2010 年版，第 377 页。
②［清］沈初等撰，杜泽逊、何灿点校《浙江采集遗书总录》己集说家类，第 393 页。

"来"，此本皆与陈世修本同；三是陈世修本比叶恭焕本更易获得①。《惜阴轩丛书》有道光刻本、光绪翻刻本。

　　（一）清道光二十六年三原县宏道书院刻本

　　李锡龄（1794—1844）字梦熙，号星楼，陕西三原县人。嘉庆二十一年举人。饶于赀财。循例捐内阁中书。编刻《惜阴轩丛书》②。李氏编《惜阴轩丛书》始于道光十四年，至二十年刻成十五种，分为六函。后又得二十种，依次付刊，二十四年即将竣工而去世，嘱其表弟张树（字百获）竟其事，至二十六年刻成十九种，分为十函。惟《泾野先生五经说》一书未全，至咸丰六年得全本，咸丰八年刻成，编为续编二函，与正编书版共藏于宏道书院版库③。《清异录》在第十三函，为道光二十六年刻成之十九种之一。关于丛书所收《清异录》，路德在为丛书所撰序中特别提出："所登《清异录》，乃明人俞九〔允〕文据元人孙道明钞本参校勘正，未经删节，与陶九成《说郛》所载者迥别。"④丛书内封镌"宏道书院藏板"。此本用宋体字刊刻，字体较拙，远不如陈世修本写刻之精美。

---

①王重民云："《惜阴轩丛书》本即据此本（叶恭焕本）翻刻。"（《中国善本书目提要》，第 330 页）大约只是根据俞允文序而言。

②咸阳市地方志编纂委员会编《咸阳市志》，三秦出版社 2000 年版，第 360页。〔清〕焦云龙、贺瑞麟编纂《三原县新志》卷六叶五十五、卷七叶九、卷八叶二十八至二十九，清光绪六年刻民国二十六年修补本。

③〔清〕路德《惜阴轩丛书序》，〔清〕王治《惜阴轩丛书续编序》，载《惜阴轩丛书》，清道光二十年刻，道光二十六年、咸丰八年续刻本。宏道书院在今陕西省三原县北城中学西南部，为陕西省重点文物保护单位，见咸阳市文物局编《咸阳文物古迹大观》，三秦出版社 2007 年版，第 259—260 页。

④〔清〕路德《惜阴轩丛书序》，载《惜阴轩丛书》，清道光二十年刻，道光二十六年、咸丰八年续刻本。

（二）清光绪十四年长沙惜阴书局刻本

此本翻刻道光刻本，版式、行款完全一样。惟字体较道光本更差，盖翻刻之故。此本有前印本、后印本之别。前印本牌记作"光绪十四年秋月长沙惜阴书局重刊"，如浙江图书馆藏本（书号HJH081/4082/3）、天一阁博物馆藏本（书号朱9581）等。后印本即光绪二十二年印本，牌记作"光绪丙申七月重刊于长沙"，如天一阁博物馆藏本（书号樵0442，图24）、浙江图书馆藏本（书号HJH081/4082）等。后印本因牌记用语云"重刊"，故常被误定为光绪二十二年刻本①。

九、清同治十二年刻本

此本分为上下二卷。半叶九行，行二十一字，下黑口，单黑鱼尾，四周双边。卷首有《四库全书总目》关于《清异录》之提要、《清异录》总目。内封镌"同治癸酉冬刊　梦蝶轩藏板"。卷下末叶镌"皖城左集文刊"。左集文，又作左集文刻字铺、左集文堂刻字店，为晚清时期安徽省城刻字铺，曾刊刻《蚕桑事宜》《急救应验良方》等书，并为光绪《重修安徽通志》四位承刊人之一。可知此书当刻于安庆。此本有杭州图书馆藏本。

十、清光绪元年至二年陈其元庸闲斋刻本

此本分上下二卷。半叶十一行，行二十一字，黑口，双对黑鱼尾，左右双边。卷首有陈世修序、《清异录》总目。牌记作"光绪乙亥冬十月陈氏庸闲斋重刊"。此本据陈世修本翻刻，分卷、行款、版式

---

① 如《中国丛书综录》（一），上海古籍出版社1982年版，第171页；《中国古籍总目》丛部，中华书局、上海古籍出版社2009年版，第476页。

全同陈世修本。此书与《表异录》合刻,《表异录》卷末有陈其元跋云:

> 五世祖勉之公既于康熙戊子岁校刊《清异》《表异》二《录》行世,晚复勘改,朱墨烂然。顾未就板刊正,岂当时尚欲别求善本,意有待邪? 咸丰庚辛间,粤匪陷浙,板堕劫灰,公手迹亦遽佚。往岁,大儿德浚从沪上购得二书校本……遂就沪本稍加雠勘,付之剞氏,七阅月告竣……光绪二年丙子夏四月海昌陈其元谨识。

"勉之公"即陈世修,为陈其元五世祖。牌记"乙亥"为光绪元年,自光绪元年十月至光绪二年四月,正与"七阅月告竣"之说相合。

此版有民国九年冀县印本,封面印有吴昌绶志语:"冀县刊工刘君恒茂苦心毅力,为其乡里灾民求振,昌绶畀以《清异录》《表异录》书版,俾印行售资为助。庚申八月仁和吴昌绶志。"可知此时书版已归吴昌绶。民国九年八月冀县发生四十年罕见旱灾①,吴氏为冀县刻工刘恒茂救灾之情所感,以此书版交付刘氏刷印成书出售,以售资赈灾。吴氏为清末民国重要刻书家,故与刻工联系较多。

十一、现代点校本

(一)《宋元笔记小说大观》标点本

2001年上海古籍出版社排印出版《宋元笔记小说大观》第一册收《清异录》。此本据四库本标点,云曾以《丛书集成初编》影印《宝颜堂秘笈》本参校,无校勘记,又未参校涵芬楼排印《说郛》本,故讹误处较多。如《女行门·黑心符》,四库本将"夷狄犬彘"篡改

---

① 河北省冀县地方志编纂委员会编《冀县志》,中国科学技术出版社1993年版,第22页。

为"残忍刻薄",标点本未能更正①。《人事门·呷大夫》,四库本"两人"误作"西人",标点本仍作"西人"②。《人事门·不动尊》,四库本"宣武刘"下脱"训"一字,"薄游"上脱"其子"二字,标点本仍脱此三字③。《释族门》中《寒灰道者》与《舍利头》本为两条,四库本误连为一条,且多讹误,标点本一仍其旧,未予更正④。以上四库本之讹误,涵芬楼排印本均不误。2012年上海古籍出版社将此本收入《历代笔记小说大观》重新排印,以上问题一仍其旧。

(二)《全宋笔记》点校本

2003年大象出版社点校出版《全宋笔记》第一编之二收《清异录》。此本以叶恭焕本为底本,校以四库本、涵芬楼本及百二十卷《说郛》本,于各页页眉出校勘记。此本校正了叶恭焕本的不少错误,较善,唯未能充分吸收涵芬楼本及明抄本之长。如《君道门·大昏元年》,涵芬楼本作"王曦绍僭号,跳梁闽越",叶恭焕本脱"跳"字;《君道门·孟蜀吊伐》,涵芬楼本作"昭远仆厮材",叶恭焕本"厮"讹作"廝";《官志门·肉雷》,涵芬楼本作"或有问不承",叶恭焕本"问"讹作"令";《器具门·卢州大中正》,叶恭焕本"炉既深"下脱"火正燃,举其炽者,若"八字,涵芬楼本有此八字;《器具门·漆方士》,此条末叶恭焕本脱"公薨,无效颦者。惜哉"七字,涵芬楼本有此七字。以上诸条叶恭焕本讹脱之处,点校本均未据涵芬楼本补正⑤,似乎稍嫌保守。又如肢体门"针史"条"妇人姓

① [宋]陶谷撰,孔一校点《清异录》,上海古籍出版社2001年版,第21页。
② [宋]陶谷撰,孔一校点《清异录》,第17页。
③ [宋]陶谷撰,孔一校点《清异录》,第19页。
④ [宋]陶谷撰,孔一校点《清异录》,第27页。
⑤ [宋]陶谷撰,郑村声、俞钢整理《清异录》,大象出版社2003年版,第19、20、86、87页。

名年齿",叶恭焕本、涵芬楼本均脱"年"字,明弘治十三年抄本、明世学楼抄本等均不脱,点校本未参校①。

三　结语

《清异录》在宋代大概曾有刻本②。楼钥、陈振孙都曾读过此书,其具体版本不明,可知此书在南宋浙江地区曾有流传。元代主要流传于江浙地区,曹知白(常清静斋)、孙华(果育斋)、孙道明、陶宗仪均曾收藏传抄。陶宗仪所见本上、下二卷大体完整,甚至可能是宋刻原本,但陶氏在抄入《说郛》时有所删减,不过所删可能不到十分之一。但这个比较完整的善本似乎流传不广,孙道明合曹知白、孙华两家藏本,也只凑成不足一半(下卷缺前四门),显然没有看到这个善本。孙氏抄本虽条数残缺过半,但其优点是各条内容较陶氏本完备。此后传世各本均为陶宗仪《说郛》本和孙道明抄本之裔孙。

明代中期以前流传的主要是明抄百卷本《说郛》本,其流传地区,就所知而言,整理、续补《说郛》之郁文博在松江,吴氏丛书堂在苏州,钮氏世学楼在绍兴,大概还是以江浙地区为主。明隆庆六年昆山叶恭焕菉竹堂本付梓印行,其所据即百卷本《说郛》本和元孙道明抄本。这是《清异录》流传史上可以确知的第一个印本(宋刻本尚难完全确定),是此后明清两代所有印本的祖本。此后

---

① [宋]陶谷撰,郑村声、俞钢整理《清异录》,第68页。
② 邵章云:"蒋香生有宋刊残本(《清异录》),叶鞠裳曾见之。"见[清]邵懿辰撰,邵章续录《增订四库简明目录标注》,第610—611页。按,蒋氏《秦汉十印斋书目》未载此本,未知是否可信。

陶元柱本大约刻于南京,《宝颜堂秘笈》本刻于嘉兴沈氏,百二十卷《说郛》本刻于杭州,明代的四个刻本仍不出江浙地区。其中《宝颜堂秘笈》本标新立异,改易卷次,开妄改之先例。百二十卷本《说郛》本与百卷本《说郛》本并无直接关系,乃据《宝颜堂秘笈》本重刻,于妄改一途变本加厉,大肆删削,于明清之际一再刷印,为《清异录》流传史上一股浊流。

清代《清异录》刊刻五次,虽仅较明代多一次,分布地区却大有发展。清康熙四十七年,海宁陈世修漱六阁本印行,写刻精美①,不愧"康版"②,是为清代各本之祖。此版刷印行世一百五十年,直至书版毁于太平天国战争,故流传较广。道光二十六年陕西三原县富绅李锡龄编刻《惜阴轩丛书》,这是《清异录》第一次在北方刊印。同治十二年《清异录》刻于安徽省城安庆,属于传统江浙边缘地区。光绪元年陈其元翻刻其五世祖陈世修刻本,使《清异录》在江浙之刊印得以延续。光绪十四年长沙惜阴书局翻刻《惜阴轩丛书》,第二次在远离江浙的地区刊行,并于光绪二十二年重印。而此时传统雕版印刷行业已经开始逐渐退出历史舞台。

民国时期的主要出版方式是铅印、影印和石印,张宗祥校百卷本《说郛》本由商务印书馆以涵芬楼名义铅印出版,《宝颜堂秘笈》本分别由上海文明书局石印、商务印书馆《丛书集成初编》影印。其中涵芬楼本最重要,第一次越过叶恭焕本,直接以明抄百卷本《说郛》本为底本。对百卷本《说郛》而言,涵芬楼本最接近原

---

① 罗振常遗著,周子美编订《善本书所见录》卷三云:"(《清异录》二卷)盐官陈氏漱六阁刊,小字本,甚精。"商务印书馆 1958 年版,第 126 页。

② "康版"是对清康熙精美写刻本的美称,见[清]金埴《不下带编》,中华书局1982 年版,第 11、65 页。

貌,但对《清异录》而言却不然,因《说郛》原本就有删减。

　　当代印本主要为影印本和重排点校本。影印本主要有中华书局影印《丛书集成初编》本、台北商务印书馆《景印文渊阁四库全书》本(上海古籍出版社缩小影印此本)、中国书店影印涵芬楼本、上海古籍出版社影印《说郛三种》本(包括涵芬楼本和百二十卷本《说郛》本)等。至于近年影印的文津阁、文澜阁《四库全书》本,似流传不广。两种点校本以《全宋笔记》本较优,但仍有提升空间。

　　近年网上数字资源建设发展迅猛,为书籍史千年未有之大变局,以上提到的《清异录》各种版本,包括抄本、刻本、影印本和点校本,大多数都有影像版可供下载查阅,为版本研究、校勘和整理提供了前所未有的条件。

　　今将《清异录》主要版本之源流绘一简图如下(虚线表示未见传世),以便观览,图中个别地方还有待进一步考证。

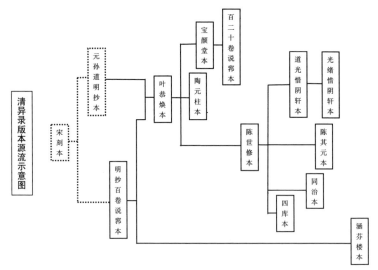

　　　　　　　　(本文初稿为 2005 年下半年硕士第一学期版本校

勘学课程作业,原题《〈清异录〉版本源流考》,发表于《古籍整理研究学刊》2008 年第 4 期。今据新见材料,调整思路,重新改写。)

正德刻本公案小说《包待制》残叶考

目前学界一般认为《百家公案》为明代最早的公案小说①，其存世最早版本为日本蓬左文库藏万历二十二年（1594）书林朱仁斋与畊堂刻本。目前，笔者在一部古籍的封面衬纸中发现了明正德时期（1506—1521）刊刻的公案小说《包待制》残本两叶。它比《百家公案》早了七十多年，这段时间正是明代小说创作、出版由隐到显并迅猛发展的时期，也是明代出版业飞速发展的阶段。通过与《百家公案》的比对可知，它很可能是后者的祖本，对梳理包公故事及明代公案小说的源流具有重要意义。此外，明代似乎尚未见到正德以前的白话小说刻本，即使嘉靖时期刻本亦极罕见。因此，正德刻本《包待制》在版本上具有特别价值。

一

《包待制》残叶包括五个残片，可以拼成两叶（图25、图26）。明代人将其当作废纸使用，撕成小片粘在正德刻本《文献通考》的

①程毅中《〈包龙图判百家公案〉与明代公案小说》，《文学遗产》2001年第1期，第85页。杨绪容《〈百家公案〉研究·绪论》，上海古籍出版社2005年版，第9页。

封面之中，以达到垫厚、加固封面的作用。因年久封面裂开，故残片得见天日。通过将残片拼合，可以大体复原这个本子的两叶内容。其基本情况为：版心题名作"制"字。根据书中称包公为"待制"的情况，很可能题名中有"包待制"，因此为行文方便，暂拟其题名作《包待制》。版心卷次题作"上"字，故当为上下两卷或上中下三卷。所存二叶为卷上第七叶（末缺半行）、第八叶（前半叶缺上半、后半叶缺四个半行）。版框高 16.8 厘米，广 11.8 厘米。粗黑口，双顺黑鱼尾，四周双边。半叶十一行，行十九字。黄色竹纸。有图两幅，占据第八叶前半叶，上、下各一幅。上幅残缺大半。其刊刻年代当在正德末年。刊刻者当为建阳书坊，很可能为刘氏慎独斋或安正堂。理由如下：

　　1. 发现《包待制》残片的《文献通考》为天一阁所藏，此书牌记有"皇明正德丙子慎独斋刊"（图 27）、"皇明正德己卯岁眷独斋刊行"（图 28），丙子为正德十一年，己卯为十四年；其修版牌记为："正德十六年十一月内蒙建宁府知府张、邵武府同知邹同校正过，计改差讹一万一千二百二十一字。书户刘洪改刊。"（图 29）可知是明正德十一年至十四年刘洪慎独斋刻正德十六年重修本①。

①此即《中国古籍善本书目·史部》第 12524 号著录之版本（上海古籍出版社 1993 年版，第 1112 页）。按，此处著录之版本收藏单位中无天一阁，盖因阁藏此本残缺二十八卷，且破损比较严重，故未入目。天一阁藏书中因缺卷等问题未入《中国古籍善本书目》的情况比较常见。此书为范氏天一阁原藏书，在阁中已历四百余年，著录于《新编天一阁书目》之《天一阁遗存书目》（中华书局 1996 年版，第 94 页）。其版本著录作"明正德十四年慎独斋刻本"，不如《中国古籍善本书目》准确。又《中国古籍善本书目·史部》第 12523 号著录此书之未重修本，收藏单位中有浙江图书馆，实则浙图所藏亦为重修本，或许当年编目时未发现修版牌记，故误作未重修本。

该书装帧方式为包背装,是当时的原装。加厚封面所使用的应该是当时随手可得的废纸,其刊刻年代应该在正德十六年稍前不远,当为正德末年(正德共十六年)。

2.《文献通考》现存的封面衬纸中,除了《包待制》外,还有一部科举讲章《重刊京本详增说意四书通旨》。此书的牌记幸运地保存下来,题作"皇明龙集庚辰安正堂重新刊"(图30),庚辰为正德十五年。正德十六年修版刷印的书,用正德十五年刊印本的废纸做封面衬纸,时间相近而略早,完全符合上文对封面用纸刊刻时间的判断。安正堂也是建阳著名书坊,主人亦姓刘。与其一起用作封面衬纸的《包待制》,刊印的时间、地点均当相去不远。准确一点说,其刊印时间应该在正德十五年前后一两年内(下限一般应该不晚于十六年)。刊印地点应该就在建阳。刊印者为建阳书坊,很可能就是刘洪慎独斋或刘氏安正堂。

3. 从此书的版刻风格来讲,无论字体、版式或纸张,均为正德、嘉靖间建阳坊刻之典型特征,与《文献通考》《重刊京本详增说意四书通旨》版刻风格一致。字体方面,三者比较相近,较大程度地延续了明初以来建阳书坊的字体风格,与明代其他地区刻本字体风格差异较大①。版式方面,三者皆为黑口、双顺黑鱼尾、四周双边,也是建阳坊刻的常见特点。纸张方面略有不同,《包待制》与《四书通旨》是黄色竹纸,《文献通考》是较好的白棉纸。这应该与三者不同的地位有关,前两者虽是畅销书,但当时并不受重视,故被用作衬纸。后者则不同,是史部的重要典籍,且据上引修版牌记,其刊印有官方背景,故用较好的纸张。而大多的建阳坊刻

---

① 黄永年《古籍版本学》,江苏教育出版社 2005 年版,第 132 页。

都用黄色竹纸①。

二

　　《包待制》残叶包括四个故事:《劾儿子》《待制出为定州守》（下简称《守定州》）、《瓦盆子叫屈》（下简称《瓦盆子》）和《老犬变作夫主》（下简称《老犬》）。《劾儿子》为笔者拟题，后三者为原书所题。《劾儿子》存后半部分 83 字，前半部分缺。《守定州》完整无缺，共 104 字。《瓦盆子》存前半部分 361 字，后半部分缺，并残存小部分图。《老犬》文字无存，仅存图一幅，上题"老犬变作夫主"。四个故事前后相连，除了《守定州》并非公案故事之外，其他三个故事与《百家公案》第八十二回《劾儿子为官之虐》、第八十七回《瓦盆子叫屈之异》、第八十八回《老犬变作夫主之怪》和第八十九回《刘婆子诉论猛虎》等四个公案故事对应，见下表（《包待制》明显的讹字加圆括号，校正之字用方括号。缺字以□代之，较多者注明所缺字数）。

《包待制》	《百家公案》
	第八十二回公案　劾儿子为官之虐 （前略）拯大怒，奏之朝廷:"臣有小儿为天长县知县，任满已回，检点行李物色，除俸钱犹余一千贯，今贪财虐民，所合
（以上缺，此为第七叶开始）"一	

———————

① 黄永年《古籍版本学》，第 126、133、143 页。黄先生谈得比较概略，说明代中期（正德、嘉靖、隆庆）建本"概用竹纸"，而对建本中的官刻本或书坊承接官府刻书的情况没有给予足够关注。实际上，这类官方的本子不但用纸异于一般建本，字体上也出现了新的特点。

《包待制》	《百家公案》
千贯。贪财虐民，所合自劾。"天子览奏云："卿于子既无隐，可谓刚直。今依旧授卿子以官职，令改过自新。"拯又（秦）[奏]："臣为直谏，子有罪过，父之罪也。 臣自合贬黜，决不敢复为直谏矣。乞别授他职。"真宗乃敕令为定州太守。	自劾。"天子览奏云："卿于子既无隐，可谓刚直，今依旧授卿子以官职，令其改过自新。"拯又奏："臣蒙陛下擢为直谏之职，子有罪过，即父之罪也。臣子罢职则幸矣，朝廷岂宜复与之官哉？况臣自合贬谪，臣决不敢为直谏矣。乞别受他职，容臣报过。"上乃允奏，敕令为定州太守。 拯谢恩，即日辞帝。临任之后，政事条理，民怀其德。后因与朝官不协，遂乃匿其政绩不报。忽日闻谣言朝廷要来提之，拯乃弃了官职，隐居东京修行。且看后来因甚复取用，下回公案便见。
待制出为定州守。拯离了京城，前去赴任。迤逦行到定州城五里头，忽遇巡检军卒百余人，前来迎接新知州上任。拯□知之，佯□不采。诸军卒亦不识之，喝道："巡检军人来，你如何不下马？"拯大笑云："我便是定州知府。"巡检惊骇下马，百拜谢罪。诸行百色闻之，皆来迎接入衙。	无
瓦盆子叫屈 李浩，（杨）[扬]州人。家私巨万，因来定州买卖。去城十余里，酒醉不能行，就路睡去。至黄昏，有贼人丁千、丁万，因见浩身畔赀财稍	**第八十七（原文"七"误作"四"）回公案 瓦盆子叫屈之异** 断云：王老为陈冤枉事，包公判出贼情真。 　　　　从来天理难埋没，洗雪昭然受极刑。 传说包公为定州守日，有李浩，杨州人，家私巨万，因来定州买卖。去城十余里，饮酒醉归不能行，就路中睡去。至黄昏，有贼人丁千、丁万，因见浩身畔

《包待制》	《百家公案》
富,遂同谋乘醉(打)〔扛〕去僻处,夺其财物。点检绵袋中,有百两黄金。二人平分之。归家,遂与妯娌密地藏了。二人又云:"此人醉醒,必去定州论诉,不如打杀这汉子便了。"遂杀了李浩,扛抬乃骨入窑门,将火烧化。夜后,取出灰骨来,捣碎,和为泥土,做成瓦盆。	赀财利害,路上同谋,乘醉扛去僻处,夺其财物。点检搜身中有百两黄金,二人平分之。归家,遂与妯娌家为藏下。二人又相议云:"此人醉醒,不见了财物,何去定州论诉。不如打死这汉子,以绝其根便了。"二人商议已定,即将李浩扛抬尸骨入窑门,将火烧化。夜后,取出灰骨来,捣碎,和为泥土。有诗为证: 　　奸谋窃发理难欺,上有天公不可迷。 　　陷财烧成盆器后,伸明竟雪拯候知。
烧得盆成后,定州有一王老买得这盆子,夜后将盛尿之用。忽一夜,起来小遗,不觉盆子叫屈声云:"我是(杨)〔扬〕州客人,你如何向我〔缺十字〕(以上为第七叶)起灯来,问这盆子:"你果是冤枉,请分明说来。"盆子遂即答云:"我是(杨)〔扬〕州人,姓李名浩。因去定州买卖,醉倒路途,被贼人丁千、丁万夺了黄金百两,并了性命。烧成灰骨,和为泥土,做成这盆子。有此冤枉,望将我去见包知〔缺十一字〕"老遂将这盆子入去〔缺十一字〕老子将得一个瓦盆〔缺十一字〕王老问之。王老具告〔缺十一字〕事。今我将来判府厅前□□告诉。	传说二贼人烧得瓦盆成后,定州有一王老买得这盆子,夜后将盛尿用。忽一夜,起来小遗,不觉盆子叫屈声云:"我是扬州客人,你如何向我口中小遗?"王老大惊,遂点起灯来问这盆子:"你若果是冤枉,请分明说来,我与你伸雪。"盆子遂答云:"我是扬州人,姓李名浩。因去定州买卖,醉倒路途,被贼人丁千、丁万夺了黄金百两,并了性命,烧成灰骨。和为泥土,做成这盆子。有此冤枉,望将我去见包太守,我自在厅前供复此事,久后得报。"王听罢愕然。过了一夜,次日王老遂将这盆子入去府衙首告。祇候人通报:"门外有个老子,将得一个瓦盆儿来告状。"拯闻说,甚怪之,遂即唤王老入厅上问其备细。王老将夜来瓦盆所言诉说一遍。拯随唤手下,将瓦盆抬进阶下问之,瓦盆全不答应。拯怒云:"汝这老子,将此事诬惑官府。"责令而去。王老被责,将瓦盆带回家下,怨恨之而已。夜来瓦盆又叫屈云(下略)。
拯自近前来问这盆子因依,盆子绝不应荅。拯遂怒。王老谁妄当厅便决十三(按,此句疑有讹误)。王老回家后,怒骂盆子。盆子又应声(以下缺。以上为第八叶)。	

续表

《包待制》	《百家公案》
老犬变作夫主（正文缺，存题目及图一幅，图中有犬和虎）	第八十八回公案　老犬变作夫主之怪 第八十九回公案　刘婆子诉论猛虎（正文略）

　　根据上表所列，结合《百家公案》，我们分析一下《包待制》的性质和特点：

　　首先，和《百家公案》类似，《包待制》应该也是一部主要讲述包公断案故事的绣像小说。这里的几则故事全是关于包公的。而且除了出为定州守一则，其余都是公案故事，皆可与《百家公案》中的故事对应。版心书名简称作"制"字，结合书中称包公为"待制"来看，书名里很可能有"包待制"。这种将书名简化为一个字刻于版心的情况，在早期建阳所刻小说中也可以看到。如元前至元三十一年建安书堂刻本《至元新刊全相三分事略》版心书名有题作"三"者①，元至治间建安虞氏刻本《新刊全相平话武王伐纣书》版心有题作"武"者②，元至治间建安虞氏刻本《新刊全相平话乐毅图齐七国春秋后集》版心有题作"乐"者③。

　　《包待制》残叶第八叶右半叶有两幅图，上图残缺大半，仅存一只瓦盆。下图完整，并有故事题目。值得注意的是图像与文字

---

①《至元新刊全相三分事略》卷下，《古本小说集成》影印本，上海古籍出版社1991年版，第91页。

②《新刊全相平话武王伐纣书》卷上、中，《古本小说集成》影印本，第14、28、51页。

③《新刊全相平话乐毅图齐七国春秋后集》卷上、中，《古本小说集成》影印本，第15、17、38页。

的排列方式，右图左文，整个右半叶全部为插图。插图不是每叶
都有（第七叶无图）。不同于《百家公案》上图下文，每叶皆有图。
《包待制》的图、文排列方式，与明成化刻本说唱词话相同。明成
化刻本说唱词话共包含故事十三种，其中关于包公的就有八种，
而且也是建阳书坊刻本①。因此《包待制》很可能受到了词话的
影响。

　　其次，《包待制》很可能是《百家公案》的祖本。二者文字极其
相近，个别段落一字不异，因袭之迹显然。如《劾儿子》，自"一千
贯"至"拯又奏"四十三字，《百家公案》仅于"贪财虐民"前多一
"今"字，其余皆同。再如《瓦盆子》，开头从"李浩扬州人"至"去城
十余里"二十字，一字不异。以下二百多字也多有大段文字相同。
显然，《百家公案》之文是从《包待制》继承而来。不过这种继承不
一定是直接的，也可能是间接的，中间或许还有环节（详见下文）。
这里还有一点需要说明，《包待制》版本早于《百家公案》七十多
年，一般情况下，自然是后者因袭前者。但极个别情况下，翻刻情
况较多的小说也存在另外一种可能，即后者是依据一个较前者更
古老的版本翻刻的。若是这样，后者的版本虽晚，文本却更早。
不过我们通过下文对二者的比对分析可知，确实是《包待制》
在前。

　　第三，《包待制》将各个包公故事连缀成了长篇，而非各短篇
的简单组合。《百家公案》之类的公案小说大多类似短篇小说集，

①贾二强《明成化本说唱词话刊于北京说献疑》，原载台北《古今论衡》第 4
　期，2000 年 6 月；据《陕西师范大学古代文献研究论集》，陕西师范大学出
　版社 2002 年版，第 330 页。俞子林《明成化永顺堂刻本说唱词话的发现与
　研究》，《出版史料》2010 年第 1 期，第 29 页。

大体上每一回为一个独立的公案故事。像《包待制》中《守定州》这样的故事,单独占一节,与公案并无关系,只是叙述包公生平,连接前后情节,在《百家公案》正文一百回中是没有的。《百家公案》中有用来衔接前后故事的简单句子,如上表中第八十二回末句"且看后来因甚复取用,下回公案便见",只能起到最简单的衔接作用,其前后情节并无实质联系,与《包待制》不同。

第四,《包待制》不分回,只是简单分段标目,与《百家公案》不同。《包待制》每一个相对独立的故事分为一段,加一个题目,以阴文大字标出,如"待制出为定州守""瓦盆子叫屈"(见图25)。从建阳小说刊刻的历史来看,这种形式是比较古老的。如元建阳刻本《三分事略》中就有这种阴文标目,如"三战吕布""曹豹献徐州""曹操勘吉平"等①,《三国志平话》亦与此相同。《乐毅图齐七国春秋后集》也有这种标目,如"孟子至齐""齐兵伐燕""孙子诈死"等②。元刻本的阴文标目比较随意,各段内容长短不一,标目置于文中,而非另起一段。这在形式上比《包待制》更初始、粗糙。《包待制》各段内容长短也不相同,但已较整齐;而标目已全部另起一段,更为醒目。《百家公案》则明确标明第几回,已发展为独立成段的回目。从元刻本平话,至《包待制》,再到《百家公案》,有一条明显的自然演变轨迹。

第五,《包待制》开篇和正文中没有插入诗词,也没有使用"话说"这样的起句方式,与《百家公案》不同。从上表可以看出《百家公案》中的诗是直接硬性插入的,几乎没有任何艺术方面的技巧。

---

① 《至元新刊全相三分事略》,第33、39、44页。
② 《新刊全相平话乐毅图齐七国春秋后集》,第3、5、13页。

程毅中先生曾推测《百家公案》祖本"可能还是说公案的话本集"①。但《包待制》显然不像话本集。宋元旧话本包公故事可能并未直接从体裁形式上影响《百家公案》,它只是为后者提供了故事内容。《百家公案》用拟话本方式创作的原因很可能不是受其祖本影响,而是另有来源。或许是当时的风气使然。

　　第六,《包待制》与《百家公案》故事情节的次序安排不同。《包待制》情节连续,从贬定州(《劾儿子》),到定州赴任(《守定州》),再到定州判瓦盆子案(《瓦盆子》),环环相扣。而根据《百家公案》,老犬案和猛虎案是一起判的,也是发生在定州。可知《包待制》的故事都是连续的。但在《百家公案》中,瓦盆子、老犬、猛虎三个故事相连(分别为第八十七、八十八、八十九回),劾儿子故事却远在之前的第八十二回,中间插入了四个完全不相干的故事,打断了情节的连续性,于是不得不在本回最后增入一段去定州后情况的极简单的概括,以免情节显得过于突兀。这应该是《百家公案》为凑足一百回公案而进行加工改造的结果。这种改造比较粗糙。

　　第七,《包待制》与《百家公案》同样的故事在文字内容上有少量差异。整体上看,后者对前者进行了一定的润色加工。比如《劾儿子》中,包拯最后之奏,《包待制》仅云自贬,《百家公案》加了一句"臣子罢职则幸矣,朝廷岂宜复与之官哉",要求将儿子罢职,比较合理。又如《瓦盆子》中,贼人打死李浩之前商量:"此人醉醒,必去定州论诉,不如打杀这汉子便了。"《百家公案》在"此人醉醒"后加"不见了财物",在"便了"前加"以绝其根",使其意思更加完整、通顺。在瓦盆喊冤之后,王老问它:"你若果是冤枉,请分明

①程毅中《〈包龙图判百家公案〉与明代公案小说》,第88页。

说来。"《百家公案》在最后又加了一句"我与你伸雪",也较原文更顺一些。不过也偶有相反的情况,贼人在商量杀人之后、烧尸骨之前应该先有杀李浩的行为,《包待制》有"遂杀了李浩",《百家公案》商量杀人后增补了一句"二人商议已定",本有润色改进之效,却不料漏掉了杀李浩之句,直接开始烧尸骨,以致出了纰漏。这大约也是改造时出现的失误,不足为奇。

三

《包待制》为我们考察包公故事的流传过程和明代公案小说的源流提供了新的材料。关于明代包公故事的流传,学界已经大致梳理出从成化刻本包公说唱词话,到《百家公案》,再到《龙图公案》的发展过程①。《包待制》显然又在说唱词话和《百家公案》之间补上了一环。

《包待制》中的《瓦盆子》与说唱词话《新编说唱包龙图公案断歪乌盆传》(下简称《乌盆传》)故事结构相近,不过二者并非直接相承关系。《乌盆传》卷末有刻书题记"成化壬辰岁季秋书林永顺堂刊行",即刻于成化八年(1472),比《包待制》的刊刻早四十余年。比较《瓦盆子》与《乌盆传》,二者虽故事结构相近,但具体情节差异甚大:

---

① 张海涛《包公系列词话的发现及其意义》,《中国俗文学七十年——纪念北京大学〈歌谣〉周刊创刊七十周年暨俗文学学术研讨会文集》,北京大学出版社 1994 年版,第 119—122 页。前引杨绪容《〈百家公案〉研究》,第 2—3 页。

	包公	被害人	凶手	谋害情况	告状情况
《乌盆传》	豪（毫）①州知府	福州富豪杨百万之子杨宗富去考试	烧窑贼人耿大、耿二兄弟	用毛巾绞死，得黄金白银及绫罗绢	公差潘成从乌盆贩子孙小二处买得歪乌盆，助其告状
《瓦盆子》	定州知府	扬州商人李浩去做买卖	贼人丁千、丁万	杀死，得黄金百两	定州王老买得瓦盆，助其告状

　　案发地点、涉案人员的姓名、身份等都完全不同，因此《瓦盆子》不大可能直接来自《乌盆传》。不过两者间也有一些联系。一是故事结构相近。这个类型的故事在元杂剧《盆儿鬼》里已经出现，故不能仅据此判定《瓦盆子》受了《乌盆传》的影响。二是凶手情况。《乌盆传》里耿大、耿二为两兄弟，《瓦盆子》中的丁千、丁万虽然没有明说为兄弟，但这种命名方式仍显示出两者之间的某种关联。目前所知瓦盆案凶手为两兄弟的最早文本即《乌盆传》。三是盆子第一次见包公的情节。《瓦盆子》叙王老带盆子第一次见包公，盆子不答话，包公斥退王老，王老回家责骂盆子，以下残缺。据《百家公案》本可知，盆子不说话是因为需要衣服掩盖，但并未说明为什么需要，故颇不易理解，孙楷第先生批评它"没有讲出道理来"②。对比《乌盆传》此处情节，我们才发现问题所在。原来杨宗富死后衣服被剥光，觉得赤身裸体难以见包公，故需要

---

① 豪、毫，皆当为"濠"字同音之误。谭正璧、谭寻《明成化刊本说唱词话述考（续）》误作"亳"（《文献》1980年第4辑，第55页）。可参看杨绪容《亳州还是濠州？——兼议〈明成化说唱词话丛书〉的校注》，《上海大学学报（社会科学版）》2001年第3期，第38页。

② 孙楷第《包公案与包公案故事》，《沧州后集》，中华书局1985年版，第99页。

衣服。这个原因不但盆子说得很明确，而且之前被杀时也交待得很清楚①。孙先生撰文时没有看到《乌盆传》②，但他还是敏锐地指出小说的这一破绽。很显然，《瓦盆子》故事的来源中，应该也是有剥光衣服之事的，而在后来的演变中被改掉了。只是改编者比较粗心，留下了破绽。从这一点来看，《瓦盆子》应该与《乌盆传》有一定渊源关系。

《包待制》为《百家公案》的成书提供了新材料。朱氏与畊堂刻本《百家公案》内封题名作"全补包龙图判百家公案"，点明"全补"，且其第一至三十回前皆冠以"增补"二字，程毅中先生据此推测"它应该有一个未经'增补'的祖本"③。但杨绪容教授《〈百家公案〉研究》认为"所谓'未经增补的本子'云云，很可能属子虚乌有"，并云"笔者基本上不认为在《百家公案》成书之前已有一部包公故事集的存在。这是本书讨论《百家公案》成书的前提"④。《包待制》的发现显然支持程先生的观点。既然《百家公案》前三十回明确标为"增补"，题名中又云"全补"，《包待制》的存在又说

────────────

① 朱一玄校点《明成化说唱词话丛刊》，中州古籍出版社 1997 年版，第 166、171 页。

② 孙楷第《包公案与包公案故事》撰于何时，《沧州后集》收入时并未注明。孙氏《我的〈口述自传〉与〈业务自传〉》云："我的小说史研究，除以上所举外，尚有《说话考》……及考论……包公案……等论文十余篇，于 1929 年到 1964 年在国内各期刊发表。"（《学林漫录》第 16 辑，中华书局 2007 年版，第 25 页）又据此书编辑黄克《孙楷第先生其人其事》云，此文可能是孙氏的处女作，可能是其在大学读书时所撰《包公案》小文的基础上扩展而成的（《学林漫录》第 16 辑，第 32 页）。成化本说唱词话出土于 1967 年，孙氏撰文时当不及见。

③ 程毅中《〈包龙图判百家公案〉与明代公案小说》，第 88 页。

④ 杨绪容《〈百家公案〉研究》，第 17、24—25 页。

明在《百家公案》之前确实有包公故事集的编刻,我们应该可以推定《百家公案》编纂的底本应该是一个大致包括其后七十回内容的包公故事集。那么,这个故事集会不会就是《包待制》呢？很可能并不是。首先,《包待制》只有两卷或三卷,从卷数来看只有《百家公案》的五分之一到四分之一强,大概只有二三十回的分量,即使卷之大小稍有参差,恐怕也很难容纳七十回左右的内容。其次,《包待制》刻于1520年前后,《百家公案》刻于1594年,二者相距达七十余年,这段时间又恰是小说创作、出版飞速发展的时期,完全有可能出现二者之间过渡的本子。只是这个本子像之前的《包待制》一样,尚未见有传本存世。关于这个本子的情况还可以稍作分析。韩国首尔大学奎章阁所藏万历二十五年(1597)序万卷楼刻本《包公演义》六卷一百回,据研究,与朱氏与畊堂本有很近的亲缘关系,但并非直接出自与畊堂本①。那么,万卷楼本应该有另外的来源。其卷数为六卷,而非与畊堂本的十卷,可能与这个来源有关系。换句话说,万卷楼本的底本或者参考本中,很可能有一个六卷本的包公故事集。这个较早的六卷本,和与畊堂本所依据的大约七十回的本子,可能会有较为密切的关系。当然,要证实这一点,还需要更多的材料。

四

最后谈一下从古籍封面衬纸中发现的有价值的文献。近二三十年来比较受学界关注的是《水浒传》残叶二叶和《三国演义》残叶一叶,分别于1975年、1989年在上海图书馆所藏古籍封面衬

①杨绪容《〈百家公案〉研究》,第3—12页。

纸中发现①。而早在1933年,郑振铎先生还曾在明本书封面衬纸中发现万历板《西游记》一叶、隆万间福建板《水浒传》一叶②。在1932年山西发现《金瓶梅词话》稍前一些时候,日本图书馆还曾在古书衬纸中发现《金瓶梅词话》八叶③。明代四部最重要的小说都在古籍封面衬纸中发现了其残叶。这说明把小说当作废纸来装裱书籍,对明人来说很平常。同样用作此途的,比较常见的还有科举讲章和公文,这两者甚至更多。这三类文献有两个共同特点,一是它们当时的产量都很大,因为小说、讲章是畅销书,公文是政府日常所用。但这些恰恰今天存世都不太多,这是因为它们的第二个特点,即对大多古代藏书家而言,它们都没有收藏价值。无人收藏,就无法流传下来,自然也就入不了书目,《宝文堂书目》和《百川书志》收录《三国演义》等不过是偶留爪痕。但也正因它们曾大量存在过,所以我们今天总还能见到一些,只是时间越早越少。就明代小说来说,万历以后还比较多,嘉靖以前罕见。至于正德以前的白话小说,甚至连一部也找不出。然而衬纸中发现的残叶给我们带来了希望。上图的《水浒传》《三国演义》残叶不少学者认为是嘉靖前后的刻本,甚至有学者认为《三国演义》为成化、弘治刻本④。当

① 沈津《古书残页——由〈京本忠义传〉说起》,《书城风弦录——沈津读书笔记》,广西师范大学出版社2006年版,第40、41页。
② 郑振铎《记一九三三年间的古籍发现》,《郑振铎文集》第六卷,人民文学出版社1988年版,第436页。
③ 张远芬《谈胡适对〈金瓶梅〉的认识》,《徐州师范学院学报(哲学社会科学版)》1995年第2期,第58页。
④ 周文业《〈京本忠义传〉上海残页的数字化研究》,首都师范大学中国传统文化数字化研究中心《第十届中国古代小说、戏曲文献与数字化研讨会论文集》,2011年8月14日,第200页。

然目前还不能定论。笔者定《包待制》为正德刻本,自然也需要学界检验。但这至少可以说明古籍中确实还存在着比较早的小说刻本。学界常常对考古发掘中出现的史料倍加关注,而对传世古籍中可能存在的不为学界所知的材料却不够重视。因此笔者希望能通过小文提醒大家,地下考古固然重要,"书籍考古"同样值得期待。

(原刊《文献》2018 年第 5 期)

《仪礼注疏》陈凤梧本、汪文盛本补考

　　《文史》二〇一四年第一辑发表的廖明飞先生《〈仪礼〉注疏合刻考》一文，通过深入研究《仪礼注疏》的编纂过程，澄清了不少误说，得出陈凤梧本刻于嘉靖年间、汪文盛本当为翻刻陈本的可信结论。拜读之后，受益良多。惟再三研读之下，发现其说尚有未尽者。故略作考证，以为补充。

　　首先是陈凤梧本当刻于嘉靖元年或二年，而非五年，前人对《南雍志·经籍考》记载的理解不够确切。虽然只差了三四年，但因为还涉及与汪文盛本的翻刻关系，故有必要辨析。《南雍志》卷十八《经籍考》下篇云："新刊《仪礼注疏》十七卷：共计八百六十面，完。《十三经注疏》刻于闽者，独缺《仪礼》，以杨复图说补之。嘉靖五年，巡抚都御史陈凤梧刻于山东，以板送监。"①按，陈凤梧出任都察院右副都御史巡抚山东的时间为正德十六年十一月二十九日②（一

---

① ［明］黄佐《南雍志》卷十八《经籍考》下篇，《四库存目丛书》史部第 257 册影印南京国学图书馆影印明嘉靖刻增修本，第 393 页。

② 《明世宗实录》卷八，正德十六年十一月丁丑："升山东左布政使陈凤梧为都察院右副都御史巡抚山东。"台北"中研院"史语所 1962 年校印本，第 317 页。按，是月己酉朔，丁丑为二十九日。又，廖文云陈凤梧"嘉靖元年进山东左布政使"，不确，陈氏由河南按察使升山东左布政使在正德十六年五月辛未，见《明世宗实录》卷二，第 100 页。盖因《明史稿》陈氏传中此处提到迎接世宗之事，故误以为嘉靖元年。然世宗即位在正德十六年四月，陈氏升迁在世宗即位后，却非嘉靖元年。

个月后即嘉靖元年），离任的时间为嘉靖二年八月二十六日①。嘉靖五年，陈氏时任都察院右都御史总理粮储兼巡抚应天等处，驻地为南京②，不在山东。

因此，陈凤梧本当为嘉靖元年或二年刻于山东。这一点还可以进一步从两个方面来证明。一、从陈本《仪礼注疏》的版刻风格看，此本很显然保留了明前期刻本的风格，字体非方体字，与典型的嘉靖本风格不同。应天巡抚的辖区，尤其是苏州、常州等府，是典型嘉靖本的起源地，其附近地区刻本皆此风格。而嘉靖时期山东刻本有一些则保留了明前期的风格，如陈凤梧嘉靖二年山东巡抚任上所刻《重修政和经史证类备用本草》、嘉靖九年山东布政使司刻本《农书》等即是。而陈凤梧嘉靖六年应天巡抚任上所刻《周礼》即典型嘉靖本风格，与《仪礼注疏》判然有别。因此从版本风格看，以此本刻于山东比较合理。二、从和汪文盛本的翻刻关系看。汪本刻于其福州知府任上，廖文所引缪荃孙说已言之，其说可信。汪氏出任福州知府为嘉靖二年底③，其离任时间史无明确

① 《明世宗实录》卷三十，嘉靖二年八月癸亥："命巡抚山东右副都御史陈凤梧协理南京都察院事。"第 809 页。又见谈迁《国榷》卷五十二，中华书局1958 年版，第 3287 页。按，是月戊戌朔，癸亥为二十六日。
② 《明世宗实录》卷五十二，嘉靖四年六月癸丑："升南京吏部右侍郎陈凤梧为都察院右都御史总理粮储兼巡抚应天等处。"第 1311 页。又卷七十四，嘉靖六年三月壬寅："科道官以考察拾遗劾奏……都御史陈凤梧……上曰……凤梧……令致仕。"第 1671 页。应天巡抚驻地，最初在南京，万历二年移驻句容县，万历三十一年移驻苏州，直至明末。《明史》等书记载不够准确。详见范金民《明代应天巡抚驻地考》，《江海学刊》2012 年第 4 期。
③ ［明］汪文盛《汪白泉先生选稿》卷十一《陈情疏》："嘉靖二年十月一日，只得前来福州府。"明嘉靖刻本，台北故宫博物院藏（中华古籍资源库）。

记载。据（嘉靖）《罗川志》记载，汪氏嘉靖六年尚在任①。又汪氏离任是因为丁忧，他在奔丧时曾遭到上级留难，当时的福建提学副使邵锐不计前嫌为他解了围，使他得以顺利奔丧。邵锐嘉靖六年六月由福建提学副使升任湖广参政，由此可知汪氏丁忧亦当在嘉靖六年六月之前②。综合以上可知，汪氏离任当在嘉靖六年一月至六月间。又嘉靖五年汪氏曾上《陈情疏》，情词恳切，请求致仕，似不宜再有刻书之举（见前引）。则《仪礼注疏》刊刻时间最大可能当在嘉靖三年至四年。如果陈凤梧本刻于嘉靖五年，则汪氏是否有时间翻刻，是很有疑问的。

那么《南雍志·经籍考》所云"嘉靖五年，巡抚都御史陈凤梧刻于山东，以板送监"中的"嘉靖五年"应该如何理解？首先可以理解为嘉靖五年是"以板送监"的时间，而非刻书时间。关于陈凤梧送书板于南京国子监的记载，《南雍志·经籍考》还有一条："诸史会编一百一十二卷：完，计六千面。嘉定金廉撰。嘉靖五年巡抚都御史陈凤梧以板送监。"③恰好也是嘉靖五年，有可能两书的书板是一起送过去的。但这种理解有一个小问题。所谓"诸史会编"，当即《中国古籍善本书目·史部》第1243号著录之明嘉靖四

---

① ［明］高相《罗川志》卷三叶七："至嘉靖丁亥年，郡公汪文盛毁前宇以筑城址。"明嘉靖刻本，台北故宫博物院藏（中华古籍资源库）。此条材料受张学谦、董婧宸二君启示，谨致谢忱。

② ［明］邵子存等《邵端峰先生遗范录》卷中："福州守崇阳汪公，明敏逾人，睥睨当世，于督学文移多相龃龉。比公闻丧而奔，藩、臬长非之，欲以稽核府藏难其行。先生（指邵锐，号端峰）解之曰：'奔丧，至情也，遑恤其他？'由是礼遣而去。"天一阁博物馆藏明嘉靖十九年刻本。《明世宗实录》卷七十七，嘉靖六年六月辛酉："升……福建按察司副使邵锐为湖广布政司左参政。"第1719页。

③ 前引《南雍志》卷十八《经籍考》下篇，第400页。

年金坛县刻本《诸史会编大全》①。金坛县明代属镇江府，正是陈凤梧当时所任应天巡抚的巡视、管辖之地②。此书刻于嘉靖四年，次年由陈氏以板送监，皆在其巡抚任期内，故较合情理。然《仪礼注疏》为三四年前刻于山东，此时再由陈氏送监，不易理解。似书板为陈氏随身携至南京，然后保存了几年才送监。但数百张板片，且当为官刻之书，随身携带、保存，似有不便。若此时送监者非陈氏，则何人所送，史无明文。另一种理解是此处之"五年"本当作"元年"或"二年"，涉下《诸史会编》之文而误。不过判定讹误并无版本依据，似仍以第一种理解为妥。至于送监的具体情形，文献不足，只好存疑俟考。

廖文第二点可以补充的是关于汪文盛本翻刻陈凤梧本的问题。廖文主要根据《仪礼注疏》的文本形成过程立论，以为既然此书为陈凤梧所编，那么陈本就不可能翻刻汪本。廖氏学位论文《〈仪礼〉注疏合刻源流考》对汪本翻刻陈本论述较此文为详，比较了两本之间的六组版面文字情况。不过其论证重点与此文相同，主要反驳长泽规矩也的观点，即陈本为汪本之同版后印本。其第一、二组版面比对旨在证明两本非同版。第三、四、五组版面比对未直接作结论。第六组比对云"汪本写法怪异，似出翻刻之故"。最后结论强调汪本不可能在陈本之前，而是后于陈本，且是翻刻

---

① 《中国古籍善本书目·史部》第 1343 号："诸史会编大全一百十二卷。明金嫌撰。明嘉靖四年金坛县刻本。"收藏单位有北京大学图书馆、镇江博物馆等五家。又第 1344 号著录无锡市图书馆藏明嘉靖四年金坛县刻公文纸印本，为同版之特殊纸张印本。上海古籍出版社 1993 年版，第 131 页。

② 靳润成《明朝总督巡抚辖区研究》，天津古籍出版社 1996 年版，第 77—80 页。

陈本①。汪本后于陈本，其说可信。但却无法由此直接得出汪本翻刻陈本的结论，因为汪本也有可能翻刻自另一个更早的翻刻本。这不仅符合逻辑，而且事实上也存在这种可能，因为陈本仅在嘉靖年间就有至少三个翻刻或再翻刻本（汪本、应槚刻本、李元阳刻本）。因此有必要确定汪本究竟是陈本的直接翻刻本，还是再翻刻本。可能正是意识到了这一点，廖文比较谨慎地说"应当认为汪本覆刻自陈本"。我们现在也使用版面比对的方法，找到了残留在版面上的能够表明直接翻刻关系的痕迹，可以证明汪本确实是直接从陈本翻刻。而且可以得出进一步的结论，即汪本所使用的底本，是陈凤梧刻本中一个比较晚的后印本。我们最主要的证据是陈本②的版面特点在汪本③中留下了明显的痕迹，即，陈本版面文字损坏的地方，汪本中往往是一个墨钉。根据陈本文字残损情况的不同，可以分为以下两类：

（一）陈本文字残损殆尽或全部残缺，汪本为墨钉。如：

图一　卷十三叶四十　　图二　卷三叶十二　　图三　卷十七叶二十五

图一所缺字据李元阳本当作"故"。左图陈本略存两三笔不

---

①廖明飞《〈仪礼〉注疏合刻源流考》，北京大学硕士学位论文，2012年，第76—77页。
②据东京大学东洋文化研究所藏傅增湘旧藏本，见该所网站所收此书影像。
③据京都大学图书馆藏近卫本，见该馆网站所收此书影像。

完整的笔画，上边框和左边框也有残损。而右图汪本同样位置则
为墨钉，说明其底本此字已残缺。图二、图三缺字据李元阳本分
别作"一""女栗"。汪本皆作墨钉，说明其底本恰恰也是此处
缺字。

（二）陈本文字尚存或略有残缺，字旁边栏断版或残缺，汪本
为墨钉。如：

图四　卷八叶四十九　　　图五　卷十一叶三十七

图四左为陈本，左下方边栏残缺，略伤及二"菹"字。左边
"菹"字由于处在版面最边角，因此最容易损伤。右图汪本左边
"菹"字作墨钉，说明其底本此字已缺，应是陈本版面进一步磨损
的结果。图五左为陈本，"妇"字上方断口较大，又处在版面最左
边，也最容易损伤。右图汪本此字作墨钉，也是由于其底本进一
步磨损造成的。

以上陈本版面残损情况与汪本墨钉的对应关系，是汪本翻刻
陈本的直接证据。尤其是第一类情况，很能说明问题。而第二类
情况表明，汪本所依据的底本，比东京大学东洋文化研究所藏本
印刷更晚、版面破损更严重，是一个比较晚的后印本。如果陈本
刻于嘉靖五年，与汪本刊刻时间的下限相同，则汪本很可能刻于
陈本之前，这样就不可能翻刻陈本。退一步说，假设汪本也刻于
嘉靖五年且月份在陈本之后，那么汪氏也不会依据一个刷印很晚

的后印本来翻刻。因此汪本与陈本的翻刻关系也能说明,陈本应该是刻于嘉靖元年或二年的。

（原刊《文史》2015 年第 2 辑）

《万历丙辰科进士同年序齿录》辑考

　　近年随着科举研究的兴盛,科举文献也越来越受重视。科举文献包罗甚广,进士名录是其中很重要的一类。现存进士名录中包括大量的具有档案性质的单科名录,如各科的进士登科录、会试录、同年录等①。其中同年序齿录记载进士资料一般比较详细,史料价值较高,但由于其作用主要是供时人联谊,故易代之后,大多不存。明代进士八十九科,各类同年录仅存三十余种②。万历四十四年(1616)丙辰科之同年序齿录即不见传本,且此科进士之登科、会试录亦皆未见传世。近日,笔者偶然在万历北监本《十三经注疏》的书衣夹层中发现了本科进士序齿录的部分残叶。本文通过对残叶进行缀合、剔重,将其内容全部整理录出,并略加考补,以期稍补此科进士材料缺失之憾。

　　本科进士共三百四十四名,较知名者有洪承畴、阮大铖、侯

---

① 中国第一历史档案馆所藏清代内阁档案中即有乡试录、会试录、殿试登科录等档案文献,参见秦国经《明清档案学》,学苑出版社2005年版,第47页。

② 参见《中国古籍总目·史部》之《传记类·科举录之属》,中华书局、上海古籍出版社2009年版,第1020—1025页。

恂、黄尊素、瞿式耜、袁中道等①。此残叶当为万历刻本,内容分为目录和正文两部分。目录半叶十二行,每行收录进士三人(图31)。正文半叶十六行,半叶收录进士二人(图32)。目录、正文共残存约六千五百字。目录所收进士按地域排列,人名下小字双行注明别号及生年。目录尚存约半数,计一百六十九人。正文残缺严重,仅存三十八人(其中十六人不见于残存目录),按年龄从大到小排序,姓名下依次为籍贯、生员类别、字、号、治经、行第、出生年月日、乡试、会试、廷试名次、观政衙门、初授官职、三代名讳及官职、母姓、祖父母及父母存亡情况、伯叔兄弟名及官职、妻姓、子侄名及官职。

万历丙辰科进士同年序齿录②

目　录③

［南直隶□□□人］④

---

① 参见朱保炯、谢沛霖编《明清进士题名碑录索引》所附《历科进士题名录·明朝之部》万历四十四年丙辰科,上海古籍出版社 1980 年版,第 2593—2595 页。

② 此书残叶版心题"丙辰科序齿录"。本文参考同时期同类文献题名,如上海图书馆藏《万历乙未科进士同年序齿录》《天启壬戌科进士同年序齿录》,定其题名为"万历丙辰科进士同年序齿录"。

③ 此下残叶版心均有"目录"二字,此次整理因版式调整,统一置于此处。

④ "［］"中的文字为根据本书体例或考证所补,下同。南直隶进士总数不存,残叶实存四十二人。

苏州府①

　　彭汝谐：蓼诗，癸未。吴县。**申绍芳**：□□②，丁酉。长洲县。**吴焕**：亦临，甲申；**陆康稷**：衷涵，乙未；**赵鸣阳**：新盘，癸未。俱吴江县。**魏浣初**：龙超，戊子；**孙朝肃**：萱台，辛卯；**瞿式耜**：耘野，丙申。俱常熟县。**顾天宠**：炟吾，辛巳；**许观吉**：阳里，甲申；**李白春**：瑶圃，壬辰。俱昆山县。**殷懋新**：□□，己丑。嘉定县。

松江府

　　张履端：澹若，己丑；许誉卿：震城，庚寅；杜乔林：梅梁，癸未；莫俨皋：赓，戊戌；沈犹龙：云升，乙未。俱华亭县。**徐百朋**：□□，丙申；**王陞**：念生，己丑；**叶有声**：震隐，辛卯。俱上海县。

　〔常州府〕

　　邹嘉生：静长，丁酉；庄应德：谷神，壬辰；陈美道：淡源，丁丑；瞿士达：芝逵，丁亥；徐复阳：怀岵，丁亥。俱武进县。**李应升**：□□，丁酉。江阴县。**曹师稷**：铭石，丁亥；**徐绍沆**：云瞻，庚辰；**储显祚**：文曙，癸未；**蒋允仪**：泽碏，己丑；**蒋如奇**：磐初，壬午。俱宜兴县。

镇江府

　　王政新：暗生，己卯；周良材：叔培，壬辰。俱丹徒县。**汤道衡**：参予，戊子。丹阳县。

庐州府

　　许如兰：芳谷，丙戌；龚萃肃：雍埌，辛卯。俱合肥县。

――――――――

①　自此以下至嘉兴府为目录第七叶，版心镌"目录　　七"。据目录每叶所收进士人数（约五六十人），此前所缺之北直隶及南直隶之应天府进士仅占一叶，则目录之前尚有五叶，当为序文等内容。
②　□表示文字残缺，每个方框代表一个字。此用于仅缺一二字且所缺字数可知者。

凤阳府

胡士奇:浮治,乙酉。天长县。

淮安府

丘可孙:义轩,己丑。淮安卫。

(杨)[扬]州府①

张伯鲸:绳海,庚寅。江都县。姜士望:具伯,丁亥。仪真县。刘万春:忠孕,己丑。泰州。张元芳:□□,甲申。通州。

浙江四十七人②

杭州府

沈维堡:心南,乙酉;许惠一:瑶房,戊子。俱仁和县。朱本吴:□□,癸未;樊时英:大□,壬辰。俱钱塘县。朱一骐:翼明,戊子;董志稷:天醒,戊子。俱海宁县。

嘉兴府

虞廷陛:乾扬,壬辰。嘉兴县。金丽兼:双南,甲午;黄承昊:暗斋,丙戌。俱秀水县。钱继登:龙门,戊戌;周宗文:开鸣,戊寅;(潘)[潘]永澄:默庵,辛巳;钱士升:御冷,丙戌;魏大中:廓园,乙亥。俱嘉善县。朱泰祯:白岳,辛卯;彭期生:观民,癸巳。俱海盐县。吕浚:槐长,庚寅。平湖县。

湖州府③

许复:约疏,壬午;潘曾纮:昭度,乙未。俱乌程县。严自完:心蕙,丙戌。归安县。臧照如:醒涵,己丑;蒋友筠:菉淇,丙戌;臧

---

①圆括号中为原文,方括号中为校改之文。下同。
②浙江进士,残叶实存四十五人,其中绍兴府有残缺。
③自此以下至吉安府之"泰和县"为目录第八叶,版心镌"目录 八"。

炅如:存涵,乙酉。俱长兴县。**蔡奕琛**:韫先,庚子。德清县。

　　宁波府

　　陈朝辅:平若,戊戌。鄞县。**董允升**:二醇,甲午;**胡亮工**:鸿柱,己丑。俱慈溪县。**孙际可**:见行,庚寅。奉化县。**林继祖**:水公,丁亥。定海县。

　　绍兴府

　　刘永基:止庵,(己)[乙]酉①;**周洪谟**:赓俞,乙亥;**陈尔翼**:襄范,壬辰。俱山阴县。**范绍序**:鉴曲,丁酉;**姜一洪**:光阳,戊戌。俱会稽县。**黄可师**:大年,□□。肖山县。**黄尊素**:白安,甲午;**卢承钦**:二惟,乙未。俱余姚县。[缺]②。**潘灼**:中柱,辛卯;**徐宗孺**:□□,乙酉。俱上虞县。

　　台州府

　　陈学章:太涵,丁亥。临海县。**王如春**:澹胜,壬辰。黄岩县。

　　金华府

　　朱大典:未孩,壬辰。金华县。

　　衢州府

　　方应祥:青峒,辛巳;**徐应秋**:云林,甲午。俱西安县。

　　温州府

　　李光春:□□,己亥。乐清县。

---

① 据正文,此当作"乙酉"。"己酉"为万历三十七年,至四十四年登第仅八岁,不合情理。

② [缺]表示此处内容残缺,所缺字数不详。下同。

江西二十八人

南昌府

杨弘备：蓬初，壬午；胡良机：念麓，辛卯；涂世叶：岱麓，庚辰；刘斯埭：秦望，甲午；章允儒：鲁斋，辛卯。俱南昌县。万爌：元白，己丑。新建县。袁霈臣：赤亭，庚寅。丰城县。樊尚爀：钟阳，丁亥。进贤县。帅众：五实，癸未。奉新县。

饶州府

郑履祥：麟野，□□。浮梁县。

广信府

徐应雷：□□，丁亥。上饶县。詹以晋：□□，乙未。永丰县。

南康府

徐大相：明衡，丁酉。安义县。

抚州府

曾应瑞：龙图，甲午①；曾国祯：有庵，庚寅；曾栋：铭西，庚寅；李芬：颖玉，庚辰；游王廷：泰来，己丑。俱临川县。邓来鸾：鸣和，壬午。宜黄县。

临江府

钱应华：坚白，戊子。清江县。曾樱：二云，辛卯。峡江县。

吉安府

刘铎：洞初，丁亥；黄宪卿：海茹，己巳。俱庐陵县。杨嘉祚：寨云，庚辰。泰和县。王惟光②：曙东，辛卯。安福县。刘廷佐：

---

① 正文作"戊戌"，较此晚四年。按，在目录、正文皆有生年的十一例中，除此例外，其余十例目录、正文生年皆一致。
② 自此以下之目录为第九叶，版心镌"目录　九"。

含白，甲申。万安县。**萧士玮**：□石，癸巳。泰和县。

　赣州府

　温国奇：澄虚，己丑。宁都县。

福建三十七人①

　福州府

　林闻诏：钦之，壬午。长乐县。**薛耀**：侗孺，乙酉；**何玉成**：福庐，戊寅。俱福清县。

　泉州府

　王际达：参汉，己卯。**林肇开**：景实，丙戌。**张翰冲**：凌九，戊子。**郑毓麒**：□□，乙未。**陈大对**：白意，壬辰。**洪赞宇**：性庵，丙申。［缺］。**林道推**：孝蔺，甲戌。**林宗载**：［缺］。同安县。

　建宁府

　江士英：弢颖，辛卯。建安县。

　兴化府

　林赟：澹生，丙戌；**林鸣璠**：朋石，壬辰；**彭汝楠**：让木，乙未；**叶天陞**：翼堂，壬辰；**宋光兰**：绮石，辛巳；**游云鸿**：羽仪，壬辰；**宋祯汉**：荆璞，庚寅。俱莆田县。

　邵武府

　李春烨：二白，戊子。泰宁县。

　漳州府

　刘其忠：玄如，庚寅。龙溪县。**卢化鳌**：云际，戊子；**林应聚**：祉文，甲午。俱漳浦县。**俞日都**：怀阳，戊子。南靖县。**林日烺**：浴元，甲午。诏安县。**谢宗泽**：二兑，丙戌。海澄县。**戴埙**：叔鶊，

―――――――

①福建进士，残叶实存二十八人，其中泉州府有残缺。

乙未。长泰县。吴国华:爱日,辛卯。宁德县。

湖广二十六人①

武昌府

贺逢圣:时扬,甲申。江夏县。阳正奇:问亭,□□。武昌县。赵嗣芳:存孩,壬午。咸宁县。熊(列)[则]祯:太崃,癸酉。崇阳县。刘之待:碧山,辛巳。兴国州。

汉阳府

吴极:士华,壬午。汉阳县。

承天府

许都:赞皇,庚寅。潜江县。卢楚杰:信雍,甲午。钟祥县。

襄阳府

王维周:绣岭,乙未。襄阳县。

[河南□□□人]②

[归德府]贾凌云[缺]练国事[缺]。

卫辉府赵日中[缺]。

怀庆府李政修[缺]。

河南府郭兴言[缺]李作乂[缺]。

汝宁府

李胤华[缺]熊奋渭[缺]。张琳:成弋,丁亥。光山县。周汝弼:二咸,戊子[缺]。洪胤衡:荆河,癸巳;周汝玑:柱瀛,己丑。俱商[城县]。

---

① 湖广进士,残叶实存九人。
② 河南进士总数残缺,残叶实存十三人。

南阳府

曹文衡：薇垣，癸巳。唐县。

山东二十四人①

济南府

韩光先：庭瑞，辛卯。章丘县。　毕自肃：冲阳，癸巳。［缺］。
朱舜年：石云，癸酉。武定州。　王琨：十城，壬辰。

正　文②

［魏大中］③　浙江嘉兴府［缺］籍，增广生，原名廷鲠，字孔时，号廓园。治《诗经》。行一，乙亥年（1575）［缺］酉乡试二十二名，会试二百九名［缺］大理寺观政，授行［缺］。兄：国宾［缺］辰进士，考［缺］御史。弟：廷弼［缺］。娶钱氏。子：学洢，庠生［缺］；学洙。

［许观］吉④　直隶苏州府昆山县民籍，增生，字叔颙，号阳里。治《易》。行三，甲申年（1584）八月四日生。己酉乡试九名，会试六十一名，［廷试三甲］一百十二名。礼部观政。［缺］。［父］：□周，戊辰进士，萧山县知县，戴名宦传。兄：旋吉，生员。献吉，附例国子生。弟：慕吉，生员。娶孙氏。子：士翀，生员。士翱。

［张］绍先⑤　直隶顺德府巨鹿县民籍，县学生，字善述，号重

---

①山东进士，残叶仅存济南府四人。
②此二字为整理者所加。
③据目录，魏大中，号廓园，故据补。
④据目录，许观吉，号阳里，故据补。
⑤张绍先、刘永基二人为正文第二十二叶，版心镌"丙辰科序齿录 二十二"。

光，治《春秋》，行二，乙酉年（1585）十一月初六日生。乡试九十八名，会试二百八十三名，[廷试三甲五]十名，礼部观政，授陕西西安府泾阳县知县。曾祖：宏业，巡检。祖：汶，生员。父：尔德，寿官。母：刘氏。严侍下。兄：绍祖。弟：绍庆，绍芳。娶李氏。子：卯科，应科，随科。

[刘]永基　浙江绍兴府山阴县军籍，附学生，字特倩，号止庵，治《易》，行二，乙酉年十一月二十三日生，庚子乡试十三名，会试二十一名，[廷试三甲]四十名，工部观政[缺]。兄：亚，封刑部主事，赠福建参议。坡，赠行人。至，应天教授。佳，郴州知州。造，庠生。德昌，廪生。华封，庠生[缺]。

周思兼　福建泉州府晋江县籍，南安县人，民籍[缺]字以施，号海石，治《易经》，行一，乙酉年[十]一月二十六日生，己酉乡试二名，会试[缺]二甲十一名，工部观政[缺]。

[吴道]昌①　湖广荆州府江陵县民籍，附学生，字全父，号旭如，治《易经》，行一，丙戌年（1586）四月二十四日生，己酉乡试五十八名，会试一百[缺]。[廷试三甲一]百十一名，吏部观政[缺]。兄[缺]。弟：道广，道正，道泰，道谦，道济。娶符氏。子：綦化，綦治，綦噪。

[林肇]开　福建泉州府晋江县军籍，增广生，字国先，号景实，治《书经》，行三，丙戌年四月二十五日生，乙卯乡试四十名，会试四十五名，[廷试二甲四]十三名，工部观政。[祖]：[缺]教谕。[父]：[缺]丑进士，汝宁知府。母：苏氏。严侍下。兄：欲厦，丙戌进士，见任广西巡抚；肇彩；肇彬；欲楖，丁酉举人，见任程乡知县；肇京；肇彭；肇符，生员；欲栋。娶赖氏，继娶叶氏。子：璠英，屿

①自吴道昌至李玄为正文第二十五叶，版心镌"丙辰科序齿录 二十五"。

英，珪英。

[林枝]桥　广东广州府新会县民籍，廪膳生，字阳仲，号存
菣，治《诗经》，行一，丙戌年五月二十二日生，己酉乡试五十一名，
会试一百五十一名，[廷试三甲七]十名，刑部观政[缺]。母：梁
氏。兄[缺]。弟：枝荣，枝茂。娶陈氏。子：尧世，尧徽。

[李玄]①　陕西西安府同州军籍[缺]。号含真，治《春秋》
[缺]。

严自完　[缺]②廷试三甲二百五十[缺]。曾祖：凤，贵州镇
远府[缺]致仕，祀名宦[缺]。祖：大节，廪生。父：范，丁卯举人。
前母：沈氏。母：吕[缺]。

洪如钟　陕西汉中府南郑县民籍，四川内江[缺]春秋，行二，丁
亥年（1587）四月初七日生，壬子乡试第[缺]，廷试三甲二十五名，工
部观政，授湖广襄阳府推官。曾祖：谘，县丞。祖：仕杰。父：珠，府
学廪生。母：黄氏。慈侍下。兄：如宇。弟[缺]。子：[缺]麟，石麟，
绂麟。

胡一龙　河南归德府永城县民籍，监[缺]。丁亥年四月十六
[缺]，廷试三甲二百四十九名，工部观政[缺]。

杨正[奇]③　[缺]廷试二甲[缺]。曾祖：旺[缺]。祖：时中
[缺]。父：燧，岁[缺]。母卫[缺]严侍下[缺]。

张[缺]　廷试三甲[缺]。曾祖：如[缺]。祖：应，甲[缺]。

----

①缺姓名，据明天启五年刻本《同州志》卷十四叶五："三十四年丙午李玄：字
　惟默，通津里，丙辰进士，任广东道御史。"知此当为李玄，为万历三十四年
　丙午科举人。
②缺出生年月日，据目录严自完生年为丙戌（1586），故置于此处。
③杨正奇以下至樊尚燦三人在同一叶，樊尚燦据目录可知生于丁亥（1587），
　故置三人于本年之末。

父：正堂[缺]。母：李氏[缺]。永感下[缺]。

樊尚[爆]　[缺]廷试三甲[缺]。曾祖：以[缺]。祖：一复[缺]。父：应乾[缺]。母：万氏[缺]。具庆下[缺]。

[吴弘]业　云南（徵）[澂]江府河阳县军籍，廪膳生。字富有，号玉麓。治《书经》。行一。戊子年（1588）六月二十四日生。乙卯乡试二十二名，会试二百六十九名。[廷试三甲五十]四名，刑部观政。兄[缺]。弟[缺]。娶张氏。[子]：[缺]振英，振芳，振秀。

[曾国祯]①　[缺]廷试三甲七十一名。[缺]部观政。曾祖：宜，山东盐运司知事。祖：伸，庠生。父：如式。母：傅氏。具庆下。兄：廷采，国子生；廷宾，庠生；宇琦，宁国知县；善元；琨元，国子生。泰元，官生。弟：国祚，府庠生；梲元，县庠生；国祐；国裕；录元，庠生；国祺；国禧；鑛元；国禄；国福；廷宣，国子生；廷宴；震元；霖元；梿元。娶徐氏。子：应晖，应曜，应晓，应时，应曙。侄：应瑞，同年进士。

杨方盛　云南鹤庆府〇〇②县民籍。附学生。字戒夫，号大豫。治《春秋》。行一。庚寅年（1590）二月二十一日生。丙午乡试第十九名，会试第十一名，廷试三甲二百四十五名，兵部观政。曾祖：从宜，庠生。祖：廷梧，贡生。父：提，举人，署凤阳县教谕。母：李氏。继母：高氏。重庆下。兄[缺]。弟：方明，方升，方亨。娶李氏，继娶阳氏。子：胤祯，胤祥，胤祐，胤祚。

孙际可　浙江宁波府奉化县民籍。附生，字仲孺，号见行，治《诗经》，行二，庚寅年二月初一日生，丙午乡试五十四名，会[缺]，

---

① 自曾国祯至孙际可为正文第五十三叶，版心镌"丙辰科序齿录 五十三"。
② 原文如此。

[廷]试三甲二百七十三名,吏部观政[缺]。

[阎可陛]① [缺]廷试三甲二百七十一名,吏部观政。曾祖:子英。祖:礼。父:有光,儒官,乡饮耆宾。母:王氏。具庆下。兄[缺]。弟:可阶,庠生。娶郝氏。子:和羹,和鼎,和梅。

曾栋 江西抚州府临川县民□生。字隆[缺],号铭西,治《易》[缺],[庚]寅年九月初四日生,己酉乡试九十一名,会试二百[缺],廷试三甲七十三名,工部观政,授广东广州府香山县知县。曾祖:元祯。祖:文通,尚义冠带。父:世杰,乡饮大宾。母:高氏。具庆下。兄:选;遴,府学庠生;彬,府学增广。弟:益,府学廪生;枛,府学庠生;士和、梧、槽,俱业儒。娶吴氏。子:兆应,声应,先元,先诏,先癸。

陈奇瑜 山西太原府保德州军籍,廪生,字[缺],号玉铉,[缺]庚寅年九月初九日生,壬子乡[缺],[廷试三甲]一百九名,大理寺观政[缺]。

[刘其忠]② [缺]泰县人。附生。字长琯,号玄如。治《书》[缺]生。壬子乡试二十三名,会试六十七名[缺]推官[缺]。[兄]:[缺]戌进士,□授[缺]浦知县;正中,癸丑进士,刑部主事。胤华,监生;鼎炎、胤秀,俱庠生;炳大,副总兵。[弟]:[缺]宗绚;宗绶;宗缥;宗□;宗组;宗绖;宗绒;鈐,监生;鉴;尚忠。

----

① 自阎可陛至陈奇瑜为正文第五十六叶,版心镌"丙辰科序齿录 五十六"。阎可陛姓名以下至会试名次皆缺,据《明清进士题名碑录索引》本科三甲二百七十一名为阎可陛。又据明天启五年刻本《同州志》卷十四叶二十四"韩城"下:"壬子阎可陛:字以达,丙辰进士,任行人。"可知阎可陛为陕西同州韩城县人,万历壬子(四十年)举人。

② 缺姓名、出生年月日,据目录,刘其忠号玄如,生于庚寅年(1590),福建龙溪县人,故知此当为刘其忠。因出生月日不明,故置于本年之末。

［张伯鲸］① 　［缺］州人，府学生，字瀚伯，号绳海，治《易》［缺］壬子乡试三十三名，会试一百二十九名［缺］。

熊师旦　四川叙州府富顺县人，浙江籍廪生［缺］。行二，壬辰年（1592）正月初十日生，己酉乡［缺］廷试三甲二百五十八名，吏部观政。曾祖：佐，庠生。祖：登山。父：士美，庠生。母：石氏。永感下。兄：天胤，庠生。弟：甡，己酉举人；江，乙卯举人；天民、天赐，俱庠生。［缺］娶余氏，继娶王氏。子：孟能，庠生；仲能，庠生；季能；元能［缺］。

陈尔翼　浙江绍兴府山阴县民籍，监生，字君［缺］。壬辰年正月二十九日生，乙卯应天乡试［缺］。廷试三甲一百五十三名，工部观政［缺］。

［游云鸿］② 　［缺］附学生，字渐甫，号羽仪，治《书经》，行［缺］。壬子乡试六十名，会试二百九十六名［缺］。［兄］：［缺］丁未进士，见任兵部主事。云沧，经历；克厚；重光；云京；云骛；鼎佐［缺］。弟：云鹏；云鹄；永肩；永勉；凤翥，庠生；永恺；永慧；永谔；永持［缺］。［子］：［缺］选，宗述。

［朱大典］③ 　［缺］籍，增广生，字延之，号未孩，治《诗经》，行［缺］。日生，乙卯乡试四十一名，会试二百四十五名［缺］。家臣，监生，沭阳主簿。家玉，监生，候选主簿。家贤，监生，候选京卫经历

①缺姓名、出生年月日，据目录，张伯鲸号绳海，生于庚寅年，江都县人，故知此为张伯鲸，置于庚寅年之末。

②缺姓名、出生年月日，据目录，游云鸿号羽仪，生于壬辰年，莆田县人，故知此为游云鸿，置于壬辰年之末。又此残片与前一残片粘于同一处，且生年相同，或原为同一叶。

③缺姓名以下至籍贯，据目录，朱大典号未孩，生于壬辰年，金华县人，故知此为朱大典，置于壬辰年之末。

[缺]。侄:如晖,监生,候选京卫经历;如晔,监生,鸿胪寺鸣赞;万年[缺]。

李胤华① 河南汝宁府汝阳县民籍,县学生,治《诗经》,字符镇,号□□,行一,癸巳年(1593)九月二十日生,壬子乡试四十四名,会试一百二十八名,廷试三甲一百九十二名,户部观政。曾祖:资。祖:武,封知县。父:宗延,丙戌进士,浙江道御史。母:黄氏,封孺人。前母:张氏,赠孺人。具庆下。兄[缺]。弟:胤岱,生员;胤豫。娶刘氏。子[缺]。

刘余祐 顺天府宛平县民籍,山东滨州人,府学生,字申征,号玉孺,治《春秋》,行十,癸巳年十月十六日生,丙午乡试八十二名,会试三十三名,廷试三甲一百二十名,工部观政。曾祖:通。祖:寓,官生,未仕,赠户部主事。父:继祖,开封府知事。母:李氏。继母:李氏,董氏[缺]。兄:余福,儒官;余泽,乙未进士,山西布政;余光,□昌府推官;余祯;余祉,生员。余馨,生员。弟[缺]。娶冯氏[缺]。

[徐应]秋 浙江衢州府西安县民籍,学生,字君义,号云林,治《易经》,行二,甲午年(1594)六月二十八日生。[缺]试二十六名,会试七十七名[缺]政,授福建泉州府同安县知县[缺]。

陈暗然 河南[缺]。号晖[缺]。乙卯[缺]。廷试三甲二百三十三名[缺]。

范绍序② 浙江绍兴府会稽县民籍,府学生,字幼次,号鉴曲,治《易经》,行三,丁酉年(1597)八月初四日生,乙卯乡试九十四名,会试二百七十八名,廷试三甲二百五十七名,吏部观政。曾

---

① 李胤华、刘余祐为正文第七十三叶,版心镌"丙辰科序齿录 七十三"。
② 自范绍序至曾应瑞为正文第八十四叶,版心镌"丙辰科序齿录 八十四"。

祖：佶。祖：允中，累赠中宪大夫，湖广黄州府知府。父：可奇，甲戌进士，广西按察司副使。母：王氏，累封恭人。永感下。兄：绍箕、绍尧、绍中，俱庠生；维达，癸卯亚魁；继仁，癸卯举人；绍裘，庠生；绍素，府知事；绍元、继纯，俱经历；继让。弟：继俊，太学生；绍芳；绍华；绍恂。娶来氏。子：禧，禶。

曾应瑞　江西抚州临川县民籍，附学生，字征伯，号龙图，治《诗经》，行七，戊戌年（1598）二月初九日生，壬子乡试六十一名，会试八十一名，廷试三甲二百二十九名，兵部观政。曾祖：伟，乡饮宾。祖：世凤，乡饮宾。本生祖：季凤，府学增生［缺］。伯：宇琦，甲午乡贡，见任宁国县知县。叔：国祯，同榜进士［缺］。

李［应期］　［缺］廷试三［缺］。曾祖［缺］具庆下［缺］。

钱［继登］①　［缺］廷试［二甲］三［名］［缺］。曾祖：□，医［缺］。祖：坚［缺］。父：吾德［缺］宁［缺］。嫡母：魏氏［缺］具庆下［缺］。

［姜］一洪　浙江绍兴府会稽县民籍，附学生，字季捷，号光阳，治《易经》，行六，戊戌年四月初十日生，乙卯乡试三十一名，会试三百八名。廷试［三］甲二百十名，礼部观政。曾祖：应期，生员，授陕西按察司副使。祖：子羔，嘉靖癸丑进士，太仆寺卿，进阶资治□。父：镜，壬午解元，癸未进士，礼部郎中，建言升江西赣州府知府。母：胡氏，封安人。具庆下。叔：陞，乙卯举人。兄：效乾，廪例生；逢元，见任翰林院检讨；一涵、一澄、一治，俱庠生；一湘，儒士；一润、一灏，俱庠生；应望，廪生。弟：迎元、进元，俱儒士。娶王氏。子：天植。天机。

---

①名字缺，据下文其父名钱吾德。查清康熙十六年刻本《嘉善县志》卷八叶十九《钱吾德传》、叶二十八《钱继登传》，知此为钱继登。

李淑世① 　直隶保定府安肃县民籍,附学生［缺］。

简单谈一下整理的情况。这些残叶是被当作废纸使用的,每叶大多被纵向撕为三份,再横向撕一次,然后粘在各册的书衣内。这些残片次序凌乱,破损严重,故缀合时颇费功夫。这或许可以看作一种特殊的辑佚方式。一般辑佚主要是文本的辑佚,而这种辑佚首先是实物的辑佚,要先找到隐藏在书衣中的纸张残片,并将其缀合、复原,然后才能进行文本辑佚。传世的明代同年录,体例与本书相同的有《万历丙戌科(十四年)进士同年总录》②《万历乙未科(二十三年)进士同年序齿录》③《天启壬戌科(二年)进士同年序齿录》④等,目录皆按省、府、县排列,每人下注别号和生年,正文则皆按年龄从大到小排列。

最后谈一下同年序齿录史料价值的有关问题。本书正文部分关于进士个人情况的详细资料具有重要史料价值,这一点前人已多有论述。值得一提的是进士的生年,有学者认为序齿录等同年录中的生年可以弥补登科录的"缺憾",即没有登科录的官年现象⑤。其实不然。如本科状元浙江嘉兴府海盐县人钱士升,序齿录所载生年为丙戌(万历十四年),而其实际生年为乙亥(万历三年)⑥,相

---

①李淑世生年缺,位置无法确定,故附于最末。

②《明代登科录汇编》第二十册影印本,台湾学生书局 1969 年版。

③明万历刻本,上海图书馆藏。

④明天启刻本,上海图书馆藏。

⑤陈长文《简评明代进士同年录》,载《延安大学学报》(社会科学版)2007 年第 4 期。

⑥［明］钱士升《赐余堂稿》卷首《年谱》,《四库禁毁书丛刊》集部第 10 册影印清乾隆四年钱佳刻本,第 407 页。

差达十一年。又如本科江西吉安府泰和县人萧士玮,序齿录所载生年为癸巳(万历二十一年),而其实际生年为乙酉(万历十三年)①,相差达八年。因此序齿录中同样存在官年现象,其可信度不一定比登科录高。其次值得注意的是在目录有限的版面中,双行夹注了生年和别号,说明这两条信息特别重要。生年表示年龄大小,是"序齿"的本意,自然最为重要。而别号被特别注出,说明了其特殊的重要性,应该是当时同辈士人之间互称主要用别号。可见别号的使用在此时已经达到了人人有别号、人人用别号的程度,由此可窥当时社会习俗之一斑。

（原刊《历史档案》2014 年第 3 期,题作《明万历丙辰科进士同年序齿录》)

---

① [明]陈家祯《明太常寺卿萧伯玉先生行状》云:"先生以万历乙酉九月初三日子时生。"(萧士玮《春浮园文集》附录,《四库禁毁书丛刊》集部第 108 册第 518 页)又据此行状,萧氏因病未参加本科殿试,后又因丁忧,至天启二年始补殿试。名录中与萧氏一样补殿试的还有邓来鸾、叶有声和樊时英。另外赵鸣阳因替本科会元沈同和代笔而与沈氏一起被除名。林继祖亦不见于进士名录,可能既未参加本科殿试,亦未补殿试。

万斯同《明史稿》研究述论

　　研究万斯同与《明史》，最基本的材料应该是万斯同编纂的《明史稿》（以下简称万稿），但恰恰是万稿踪迹难觅，既无刻本，若干稿抄本亦真伪难定；然即此真伪难定之本，常人亦罕有见者。故所谓万稿竟长期处于若存若亡之间，堪称万斯同与《明史》研究第一大难题。不梳理此问题，研究将无从深入。本文将万稿的发现与研究合在一起，先将相关文章按年编排，以见其轨迹；次将万稿各本一一综论，以清其眉目。

一

　　近代新史学兴起以来，较早研究万斯同且影响较大的是梁启超。1924 年，梁氏在论文中大力称赞万斯同编纂《明史》的功绩，同时惋惜地说"最不幸是《明史稿》不传"①。可见梁氏并未见过万稿。虽然如此，却并不影响以宏观论述见长的梁氏得出万斯同

――――――――――

①梁启超《清代学者整理旧学之总成绩》（三），《东方杂志》1924 年第 21 卷第 15 号。此文后收入梁氏《中国近三百年学术史》。此处引自《中国近三百年学术史》，朱维铮校注《梁启超论清学史二种》本，复旦大学出版社 1985 版，第 411 页。

"手创《明史》"的结论。同年,正在柳诒徵指导下撰写《浙东之史学》的慈溪学者陈训慈①致函宁波藏书家冯贞群,咨询万斯同等浙东学人著述存佚情况。冯氏在信中详述所知万斯同著作之存佚,提到了万稿的四个本子:一是冯氏所藏《明史地理志稿》,二是刘氏嘉业堂所藏《明史列传稿》,三是松江图书馆馆长雷君彦所藏得自王鸿绪后人的《明史残稿》,四是镇江知府王可庄所藏"季野原稿"。冯氏多是叙述,无所考证,仅于所藏《地理志稿》云"取校横云《史稿》,无所异同"。②

　　1927年,梁启超的学生陈守实发表近两万字的长篇论文《〈明史稿〉考证》③,堪称万斯同与《明史》研究史上第一篇有分量的论文。此文名义上虽是考证王鸿绪《明史稿》(下称王稿),实际上乃是为证成其师梁氏之说:"《明史》之有相当价值,万氏(斯同)力也。"④从而批判王鸿绪的"盗窃"和"窜乱"。然而,和其师梁氏一样,陈守实也没有见到万斯同的《明史稿》。这样就导致论文在逻辑上的一个重大问题:没有万稿作证,何以能说明王稿为"盗窃"而非王氏本人所作? 同样没有万稿对比,何以能说明为王氏"窜乱"而非万稿本来如此? 更成问题的是,"盗窃"和"窜乱"本身就是有一定矛盾的,"窜乱"无非是增删改动,既已删改,就不能简单

①陈训慈(1901——1991),字叔谅,浙江慈溪人,1924年毕业于东南大学史学系,曾任浙江省立图书馆馆长,浙江大学史地系教授。

②见冯贞群致陈训慈书,作者手稿本,藏方祖猷先生处。此信整理本见《万斯同与〈明史〉——百年来万斯同与〈明史〉编纂研究文选》,宁波出版社2008年版,第7—12页。

③载《国学论丛》第1卷第1号,1927年6月。

④见《〈明史稿〉考证·结论》。梁氏此语见前引《清代学者整理旧学之总成绩》(三),陈氏此句乃节引。

称为"盗窃"。从论文整体来看,陈氏的意思是王鸿绪将万斯同原本比较好的《明史稿》拿来加以增删改动,使《明史稿》出现了很多质量问题。很明显,这正是其师梁启超"《明史》长处,季野实尸其功;《明史》短处,季野不任其咎"①这一观点的表现。或者也可以用梁氏的另外一句话来表达:"最可恨者,他(王鸿绪)偷了季野的书,却把他改头换面,颠倒是非,叫我们摸不清那(哪)部分是真的,那(哪)部分是假的。"②梁氏此语立场观点虽然明确,却仍有逻辑问题:既不知何为真(万斯同所作)、何为假(王鸿绪所作),如何定说是王鸿绪颠倒是非? 此皆因不见万稿,才使梁氏师弟二人的研究都出了问题。虽然如此,梁氏的倡导之功、陈氏的探索之力,都是不可埋没的。

1931 年,学术界发现了一种新的《明史稿》。这部书原为河南人周维屏③所藏,大约在 1931 年或稍前一两年,周氏呈此书于行政院,请政府购藏,以抚恤革命遗族。行政院发文教育部处理。当时中央图书馆尚未成立,此事遂悬置。沙孟海时任职教育部,认定此为季野真迹,乃介之归甬上藏书家朱鼎煦别宥斋④。此书

---

① 见前引梁启超《清代学者整理旧学之总成绩》(三)。
② 梁启超《中国近三百年学术史》,第 193 页。
③ 周维屏,一名周凌卓,1911 年 12 月被推为河南副都督,在河南革命军进攻开封行动中任副总司令,后行动失败。参见吴沧洲《河南的两次军事行动》(载政协全国委员会文史资料研究委员会编《辛亥革命回忆录》五,中华书局 1963 年版,第 367 页)、王茂林《短暂的人生　光辉的历程——忆辛亥革命河南 11 烈士》(《协商论坛》2008 年第 2 期)。周氏 1961 年尚在世,见吴沧洲文。
④ 沙孟海《万季野明史稿题记》,《宁波大学学报》1990 年第 1 期。邢秀平《沙孟海先生谈万斯同〈明史稿〉还乡经过》,《宁波日报》1990 年 5 月 8 日第四版。天一阁博物馆藏《明史稿》朱鼎煦《跋》。

即今日天一阁博物馆所藏入选《国家珍贵古籍名录》之《明史稿》。

1931年，在教育部任职的郑鹤声将此书拿给柳诒徵鉴定。柳氏乃作《〈明史稿〉校录》，认为此书"信为康熙中明史馆纂修诸公手毕，不敢遽定为万先生书"。①

1933年，李晋华撰《明史纂修考》，讨论了北平图书馆所藏两种《明史稿》：一为416卷本，纪、传、志、表皆全；一为313卷本，仅有纪、传。李氏将后者定为万稿，将前者定在万稿与王稿之间，其核定者则未能断定。② 李氏此文为研究《明史》纂修之重要作品，第一次将万稿及相关稿本与《明实录》、王稿、殿本《明史》综合比勘，观其异同分合，定其前后因袭之迹。

1934年，冯贞群得到万斯同之子万世标关于其父《明史稿》流散情况的一段说明文字，将其以《万季野明史稿流散目录》之名发表。③ 此文极为关键，为研究万稿流传的第一手资料。

1936年，张须撰《万季野与明史》一文④，论及万稿的卷数及归属问题。张氏首次综合刘坊等各家所撰万氏传记之记载，结合万世标《万季野明史稿流散目录》，论定方苞所说万稿卷数为纪传460卷之说最可信，而此原稿皆在王鸿绪家。

1939年，侯仁之著《王鸿绪〈明史列传〉残稿》一文，对六册《明史列传》残稿（即上文冯贞群提到的雷君彦所藏得自王鸿绪后人

---

① 柳诒徵《〈明史稿〉校录》，《江苏省立国学图书馆第四年刊》，南京龙蟠里国学图书馆1931年编印。

② 李晋华《明史纂修考》七《明史因袭成文之例证》，哈佛燕京学社1933年版。

③ 万世标撰，冯贞群辑《万季野明史稿流散目录》，《国风》半月刊1934年第4卷第6期。又见《建修万季野先生祠墓捐册》，宁波钧和公司1936年印。

④ 张须《万斯同与明史》，《东方杂志》第33卷第14号，1936年。

的《明史残稿》八册中的六册）做了详细考证，断定此稿为王鸿绪亲笔删订之稿。① 至此，前人所传为万稿之诸种《明史稿》，其中一种之核定者首次有了明确结论。

1930 年代，朱希祖作《旧抄本万斯同明史稿跋》，所跋为上文提到的北平图书馆藏 313 卷本。朱氏考证此本即福建王仁堪藏本，为乾隆时抄本，并与朱氏本人所藏康熙抄本《明史稿》列传 179 卷残本相校，以为此本多有改窜，可能不是完全依照万稿抄出。只是此二抄本差别较小，所异者不及十分之一，比起与王鸿绪二稿的差异就小多了。② 朱氏此论十分重要，惜至今尚未被人关注，下文将详论。朱氏另外将此本和拜经楼旧藏 267 卷本《明史列传稿》（此本后归刘氏嘉业堂，即上文冯贞群提及的嘉业堂藏本）做了比较，以为二者卷数相同，故拜经楼本亦为万斯同之稿。③ 朱氏此说有问题，详后文。

另外，谢国桢还曾提到海盐朱氏（当即朱希祖）所藏另一种《明史列传稿》残本八册，乃朱氏据旧本移录。此本均为南明人士传记。④ 查朱希祖《抄校本〈明末忠烈纪实〉跋》云温睿临《南疆逸史》于"万氏《史稿》明末诸传，甄采转少"⑤，或可证朱氏确有此万

---

① 侯仁之《王鸿绪〈明史列传〉残稿——明史刊成二百年纪念》，《燕京学报》第 25 期，1939 年 6 月。又见《侯仁之文集》，北京大学出版社 1998 年版。

② 朱希祖《旧抄本万斯同明史稿跋》，载《明季史料题跋》，辽宁教育出版社1998 年版。按，此文约作于 1930 年代。

③ 朱希祖《旧抄本万斯同明史稿跋》后附《有关万斯同明史稿笔记》。

④ 谢国桢《增订晚明史籍考》卷一《明史稿列传残本存八册海盐朱氏旧藏钞本》，中华书局上海编辑所 1964 年版。谢氏此书有北平图书馆 1932 年铅印本，题《晚明史籍考》。

⑤ 朱希祖《明季史料题跋》，第 71 页。

氏南明诸臣传记。

至此,曾被称作万稿的《明史稿》的八个本子——冯贞群藏《地理志稿》、拜经楼藏 267 卷本、雷君彦藏本、王仁堪藏 313 卷本、416 卷本、天一阁藏本、朱希祖藏 179 卷本、南明列传本——都被论及。此后论万稿者,多不出此八本。

1942 年、1944 年,张寿镛分别作《明史稿跋一》《明史稿跋二》,对拜经楼旧藏 267 卷本做了进一步的考证,认为此本乃万斯同之作,并与上文提到的天一阁藏本(张氏跋中称郑本)对比,认为拜经楼本已改本,而天一阁本乃未改本。① 张氏这一重要结论至今未被人关注。

1983 年,黄爱平撰《明史稿本考略》一文,论及上文提到的所谓万稿四种:北图藏 313 卷本、416 卷本、原国民党中央教育部藏本(即天一阁藏本,也即朱鼎煦藏本)、北大图书馆藏本(即雷君彦得自王鸿绪后人的八册中的四册)。其中天一阁藏本因当时作者尚未见到,故仅引柳诒徵之说而未加论断。北大藏本,则继承侯仁之观点,进一步考证其为王鸿绪手稿。惟于 313 卷本及 416 卷本,则一反李晋华之说,断 416 卷本为万斯同核定之稿,并认为徐(元文、乾学)稿即是万稿、熊赐履进呈稿与万稿基本相同,而推测 313 卷本为万氏核定前流传出去之纪传部分。②

1984 年,黄爱平撰《万斯同与〈明史〉纂修》一文,论文第三部分重提五十年前张须的话题,再次更加全面地综合刘坊等各家所作万氏传记关于万稿卷数的记载,一一评定其是非,认为全祖望

---

① 张寿镛《明史稿跋一》《明史稿跋二》,载《约园杂著三编》卷二,1945 年冬铅印本。
② 黄爱平《明史稿本考略》,《文献》第 18 辑,1983 年 12 月。

的"《明史稿》五百卷"、方苞的"《明史纪传》四百六十卷"是不可信的,刘坊的"《明史列传》二百卷"、全祖望的"《明史纪传》三百卷"之说则比较接近事实。①

1985年,阎清、葛增福撰《王鸿绪》传记,文中论及北图所藏313卷本和416卷本《明史稿》,认为416卷本"胤"字避讳缺末笔,故为雍正间或以后抄本;313卷无此避讳,故为康熙间抄本,即万斯同手定《明史稿》的残本。② 其论证的前提是雍正以后的抄本不可能是万斯同核定之稿。先不论此鉴定本身是否正确,其论证前提就有不妥之处,因为雍正以后的抄本抄写年代虽然晚,但其底本完全可以是更早的本子。

1986年,牟小东撰《〈明史稿〉旧案重提》一文,其中"万斯同自有手稿"一段当是主要参考了五十年前张须《万季野与明史》中的相关论述,认为万斯同逝世前完成的只是纪、传两类,方苞所说四百六十卷比较可靠,全祖望所说五百卷只是举其大数而言。③

1989年4月,方祖猷致函沙孟海,请其鉴定天一阁藏《明史稿》的真伪,乃促成沙氏《万季野明史稿题记》一文。④ 沙氏将天一阁所藏十二册《明史稿》定为:万斯同手稿六册、誊本经万氏笔削者三册、誊本无万氏手笔者二册、署名徐潮具稿者一册。⑤

① 黄爱平《万斯同与〈明史〉纂修》,《史学集刊》1984年3期。
② 阎清、葛增福《王鸿绪》,载《中国史学家评传》,中州古籍出版社1985年版,第894页。
③ 牟小东《〈明史稿〉旧案重提》,《文史知识》1986年第11期。
④ 方祖猷《沙孟海先生关于天一阁藏明史稿的信件》,《鄞州文史》第6辑,2008年8月。
⑤ 沙孟海《万季野明史稿题记》;邢秀平《沙孟海先生谈万斯同〈明史稿〉还乡经过》。

　　1993 年，方祖猷撰《天一阁藏万斯同明史稿考述》一文，对万稿的流散与存亡作了探讨，重点对柳诒徵《〈明史稿〉校录》做分析驳正，并在沙孟海《万季野明史稿题记》的基础上进一步深入考证，认为天一阁藏《明史稿》十二册中六册为万氏手稿，六册为他人所撰或为万氏所撰经过誊清，而经万氏亲笔修改之稿。另外，还将此稿与王稿、殿本《明史》作了初步比较。①

　　同年，台湾高雄师范大学研究生林舜华的硕士论文《万季野及其史学》通过答辩，此文长达 352 页约 20 万字，实为专著，堪称万斯同研究的一部力作。其中第四章第三节第二部分第二小节《万稿追踪》先是综合各家传记论万稿卷数，然受材料限制，较之张须、黄爱平并未提出新说。接着讨论了万稿的现存情况，然亦未深考，仅罗列五种本子，稍辑各家之说，甚至将侯仁之《王鸿绪〈明史列传〉残稿》中所论之稿误作北京图书馆藏 313 卷本。故其结论为"季野之手稿，归藏何处，亦分歧不一，莫衷一是"。②

　　2004 年，朱端强对 416 卷本提出了一个很有价值的推测，疑其为熊赐履进呈稿，然苦于"熊氏所言史稿总卷数与分卷数不符"，故云"有待考订"。③ 2006 年，他进一步指出 416 卷本"很可能就是经熊赐履改过的《明史》万稿"。④ 与黄爱平不同的是，他两次都将熊稿与万稿作了区分，并认为熊稿对万稿改动较大。

────────────

①方祖猷《天一阁藏万斯同明史稿考述》，《清史研究》1993 年第 2 期。
②林舜华《万季野及其史学》，高雄师范大学国文研究所硕士论文，指导教授
　周虎林，1993 年 6 月。
③朱端强《万斯同与〈明史〉修纂纪年》，中华书局 2004 年版，第 285 页，《前
　言》第 13—14 页。
④朱端强《布衣史官——万斯同传》，浙江人民出版社 2006 年版，第 284 页。

二

万稿被发现和研究的情况，大致如上所述。为使论述眉目更加清楚，这里将上文提到的八个本子一一列举综论如下。

（一）天一阁藏本（图33）。存列传，不分卷，十二册，稿本。朱鼎煦、吴泽、李晋华、张宗祥跋（图34），陈夔士题诗，葛旸题诗并跋①，绘万斯同小像（图35）。今藏天一阁博物馆。各册所钤有"季野"朱文长方印、"孙澂印"白文方印、"孙澂读过"白文长方印、"陈樾"白文方印、"芷台"朱文方印、"周维屏印"白文方印、"凌卓"朱文方印、"右任"朱文方印、"朱别宥收藏记"等印（图36）。其中可考者，万斯同藏印之外，有周维屏（一名凌卓）收藏印，周氏后售予朱鼎煦别宥斋，朱氏藏书1979年捐与天一阁。于右任可能在行政院或教育部看过此书。其中《汪应蛟》册目录页有题记云"此乃从稿本中誊清者，吾父又仔细看过。抄时当以稿本编次为据，此不过汇钉成帙耳，无次序也"，无署名。此本还曾有翁方纲题诗及题跋、丁杰（小疋）题跋及另一无名氏跋，后被撤去。②

关于此本的编撰者问题，柳诒徵最先对此做了考证，认为此本确为康熙中《明史稿》纂修诸公手迹，但不敢断为万斯同之笔。柳氏考证此本曾有翁方纲、丁杰（小疋）及另一无名氏之跋为伪作，但又说"翁、丁之跋虽伪，无损于万书之为真也"。对于其中署

---

① 各家题跋及题诗详见朱鼎煦等《天一阁藏〈明史稿〉跋文》，《万斯同与〈明史〉——百年来万斯同与〈明史〉编纂研究文选》，宁波出版社2008年版，第1—6页。
② 柳诒徵《〈明史稿〉校录》；方祖猷《天一阁藏万斯同明史稿考述》。

名"徐潮具稿　　监生叶沅录"的一册,柳氏认为:"纵使朱批出万手,其笔墨原稿,必系史馆他人之作,非万氏所为也。"很明显,柳氏并不否认未署名的数册可能为万氏手笔,也不否认徐潮所作此册朱批可能为万氏手笔。但或许由于柳氏考证伪跋及徐潮具稿之册原稿非万氏作的缘故,其观点常常为别人误解为否定此本为万稿。如陈训慈认为此书"柳(诒徵)先生考定非为万稿",因此"先生(万斯同)原稿是否犹存残编,则殊难言"。① 冯贞群则直接告诉黄云眉说:"中州某(周维屏)所献《明史稿》,陈叔谅(训慈)曾经见告,决非万氏原本也。"②黄云眉亦引柳诒徵之说,以为此书非万氏原本。③ 如上节所述,书法家沙孟海认为此为万氏真迹。1934 年,同为书法家的吴泽在朱鼎煦处看到此书,也认为此为季野真迹:"别宥(朱鼎煦)见示万季野先生《明史稿》,改窜涂乙,颇有义法,非深造于史学者弗能为。泽复以先生当年与人手札,再三细校,字字结撰,又不爽累黍,审为真迹无疑。"④不过此问题在当时并未进行深入探讨。⑤ 至 1990 年代,沙孟海、方祖猷再次通

---

① 陈训慈《题万季野先生〈与范笔山书〉后》,《浙江省立图书馆馆刊》4 卷 5
　期,1935 年 10 月。又见《陈训慈百年诞辰纪念文集》,北京图书馆出版社
　2006 年版。
② 冯贞群《一九三一年慈溪冯孟颛先生来书》,黄云眉《明史编纂考略》附录
　一,载《史学杂稿订存》,齐鲁书社 1980 年版,第 174 页。
③ 黄云眉《明史编纂考略》,《史学杂稿订存》,齐鲁书社 1980 年版,第 148—
　149 页。此文首发《金陵学报》第 1 卷第 2 期,1931 年 11 月。
④ 天一阁博物馆藏《明史稿》吴泽《跋》。
⑤ 沈昌佑《万季野先生遗著目录汇志》(载《建修万季野先生祠墓捐册》,宁波
　钧和公司 1936 年印),于《明史稿》亦仅列所闻诸本及诸家之说而无所
　考证。

过笔迹鉴定,并综合其他方面,断定此十二册为万斯同之稿。①
惟沙氏云此书六册为手稿、三册经万氏修改、二册无万笔、一册署
名徐潮,方先生则以为六册为手稿、六册经万氏修改,有三册二人
看法不同。今细观非万氏手稿之六册,其修改笔迹皆出一手,与
前六册手稿一致,则以方先生说为是。

　　笔者曾以此本《汪应蛟》册《赵彦传》《陈嘉猷传》与416卷本
《赵彦传》《陈嘉猷传》相比勘,发现前者原稿用字与后者不同者,
朱笔或墨笔修改后之字往往与后者相同,如《赵彦传》,此本原稿
"以竹签、飞筹传报音问",朱笔将"音问"改为"机事",416卷本正
作"机事"。又如此本原稿"自称中兴福烈帝,用红巾为号",朱笔
改作"自号中兴福烈帝,改称大成兴胜元年,用红巾为识",416卷
本正与改过之文同。《陈嘉猷传》,原稿"令两京塌房、菜园、蔬圃
及大小铺廛月输钞,民间情汹汹",墨笔改"菜园"为"果园"、改"民
间"为"于是人",416卷本正与改本同。再如列传的分合方面,《魏
时亮》册目录中"徐学谟"下有朱批云:"改入王国光卷。"416卷本
徐学谟与魏时亮已不在一卷内,而与王国光同卷。如此,则此本
当在416卷本之前,或可称为416卷本之底稿(不一定是直接的
底稿,也可以是经过几次修改的)。当然,更可靠的结论还有待更
全面的比勘研究。

　　(二)朱希祖旧藏179卷本。存列传,康熙间抄本。此本尚未
引起学术界的注意。最初提到此本者可能是柳诒徵。1931年,柳
氏云:"朱君逷先(希祖字逷先)在厂甸购得数十册,无题识,诧为
季野原本,余未之见。"②所指当为此本。大概稍后不久,朱氏以

①沙孟海《万季野明史稿题记》;方祖猷《天一阁藏万斯同明史稿考述》。
②柳诒徵《〈明史稿〉校录》。

此本与 313 卷本对勘,云:"余旧购得康熙抄本万季野先生《明史稿列传》一百七十九卷残本,与此本(313 卷本)尚多异同,两本对校,馆本改窜之迹甚多,恐尚非全由万氏原稿出也。惟所异者不及十之一,较之王鸿绪二稿,则所改甚微耳。"①朱氏认为,此本产生当在 313 卷本之前,二者虽颇有异同之处,但与王鸿绪的两稿(《明史列传稿》和《明史稿》)差异更大。显然,二者与王稿为两个系统。关于此本的下落,则颇可注意。朱氏藏书中一部分南明史料于 1950 年捐给北京图书馆,其他的则捐给了南京图书馆。②《中国古籍善本书目》史部第 950 号著录南京图书馆藏《明史》一部:"明史□□卷 清抄本 存列传",南京图书馆官网目录检索系统著录:"明史□□□卷,清抄本,四十八册,存一百七十七卷,书号 GJ/KB0527。"即此本,惟卷数稍有参差。

(三)王仁堪旧藏 313 卷本。今藏国家图书馆。《北京图书馆古籍善本书目》著录:"明史纪传三百十三卷 清万斯同撰 清抄本(卷十七下至十九、二百九十二至三百三、三百八至三百九据《钦定明史》抄补) 六十八册 十行二十字无格 (索书号)02198 存三百九卷(一至三百九)。"③此本目录包括本纪 19 卷,列传 294 卷,《西域》四卷有目无文。④

关于此本之来历,朱希祖云"北平图书馆购得福建王仁堪可

① 朱希祖《旧抄本万斯同明史稿跋》。

② 纪维周《民国藏书大家朱希祖》,《世纪》2007 年第 4 期。

③ 北京图书馆编《北京图书馆古籍善本书目》,书目文献出版社 1987 年版,第 258—259 页。

④ 美国国会图书馆亦藏《明史纪传》313 卷,存 309 卷,传抄本,当据此本传抄。见台北"中央图书馆"官网古籍影像检索系统。

庄所藏万季野先生《明史稿》三百十三卷”，并证以萧穆之语①，以为此本确系王氏旧藏。② 侯仁之云“国立北平图书馆于书肆中购得写本《明史稿》一部，本纪十九卷，列传二百九十四卷”③，只云购于书肆④。李晋华云“询之袁守和馆长（即北平图书馆馆长袁同礼），此稿（313 卷本）得之闽中，相传为季野史稿原本”⑤。则此书确得自福建，当即王仁堪藏本。王仁堪得此书在光绪十六年（1890）。⑥

关于此本的抄写年代，先是朱希祖认为“系乾隆时抄本，由《明史》补抄之三十卷与原有之二百八十三卷，墨色纸片之新旧多系一律，其为乾隆时传抄之本，而非原本无疑”⑦。黄爱平与朱氏看法相同。⑧ 阎清等以此本堵胤锡、申嘉胤等传“胤”字不避讳，

---

① 萧穆《敬孚类稿》卷九《记永乐大典坿记王万二家明史稿》，《续修四库全书》第 1561 册，第 57 页。

② 朱希祖《旧抄本万斯同明史稿跋》。

③ 侯仁之《王鸿绪〈明史列传〉残稿》。

④ 惟黄爱平先生《明史稿本考略》引侯仁之《明史列传校录》云购自“旧北平市书肆”，不知何故。

⑤ 天一阁博物馆藏《明史稿》李晋华《跋》。

⑥ 黄濬《花随人圣庵摭忆·王仁堪与张南皮书》，上海古籍出版社 1983 年版，第 74—75 页。黄濬考证此文作于光绪十六年。王仁堪（？—1893），字可庄，福建闽县（今福州市）人，光绪三年（1877）状元，光绪十七年任镇江知府，有善政，入《循吏传》（《清史稿》卷 479，《清史列传》卷 77）。

⑦ 朱希祖《旧抄本万斯同明史稿跋》。惟辽宁教育出版社 1998 年版“墨色”误作“黑色”，谢国桢《增订晚明史籍考》（中华书局 1961 年版）卷一所引朱氏此跋均不误。

⑧ 黄爱平《明史稿本考略》。

断定此本为康熙间抄本。① 今检此本目录中"丘""真""弘"等字
多避讳,而正文中皆不避讳,仅讳"胤"字,或所避为康熙时太子之
讳,疑此本正文为康熙时旧抄,目录则乾隆时所编,俟考。

　　关于此本的编撰者问题,李晋华据方苞《万季野墓表》"季野
所撰《本纪》《列传》凡四百六十卷,惟诸志未就",与此本无志、表
相合,定此本为万稿。黄爱平将此本与416卷本及王稿相校,亦
定此本为万稿。但黄先生是以416卷为万稿,然后以此为标准,
定此本为万稿的。这一点显然与李氏不同。李氏以此本为标准
万稿,显然有志、表之416卷本必非万稿。关于此本与416卷本
的先后,李晋华定此本在416卷本之前。黄爱平从其体例由不统
一到统一、行文由繁删简、由精至粗的趋势,亦断定此本在416卷
本之前,并推测此本可能是416卷本编定之前流出去的纪传
部分。②

　　(四)416卷本。今藏国家图书馆。《北京图书馆古籍善本书
目》著录作"明史四百十六卷目录三卷　清万斯同撰　清抄本
一百册　十行二十字无格　(索书号)02199"③《中国古籍善本书
目》史部第937号著录。正文包括本纪26卷、志111卷、表12卷、
列传267卷。卷416末缺一页。另有目录3卷。目录卷一首页钤
"叶朝采印""方泉""洗心书屋"等印。目录卷三末页有题记一行:
"嘉庆乙亥(1815)人日购于都门书肆之西文盛堂。小轫识。"下钤
"小轫"印。按叶朝采(1798—?)字方泉,号小轫,浙江钱塘人。道

---

①阎清、葛增福《王鸿绪》。
②李晋华《明史纂修考》;黄爱平《明史稿本考略》。
③《北京图书馆古籍善本书目》,第258页。

光十五年进士①。曾任四川巴县知县②。

　　关于此本抄写年代,阎清等据其"胤"字缺末笔,定为雍正年间或以后抄本。③ 细检此稿,于"弘""历"二字皆不避,则抄当在乾隆以前。虽"胤"字皆缺末笔,然于"慎"字、"缜"字、"丘"字皆显然不避,可知"胤"字非避雍正之讳,当为避康熙太子胤礽之讳。胤礽于康熙五十一年(1712)被废,则此本似当为此前之抄本。

　　关于此本的编撰者问题,李晋华未能断定。因李氏已认定万稿无志、表,故李氏虽明知杨椿曾云徐元文历十二年而粗成史稿"四百十六卷",亦不仅因二者卷数相同而定此本为万稿。④ 谢国桢为此书作解题云:"此书说者谓为万季野原作,其是否固不可知,或者康熙时初修四百一十六卷本也。"⑤因别无他证,故谢氏亦不敢仅据卷数定二者为同一书。黄爱平则从卷数、内容、传目三个方面论证此本为万斯同修改稿,并认为徐(元文、乾学)稿即是万稿,熊赐履进呈稿与万稿基本相同。朱端强怀疑此为熊稿,但认为熊稿对万稿改动较大,并证以汪景祺《读书堂西征随笔·熊文端明史》:"命熊相国赐履重为编定之,熊携归江宁,自比于涑水之开局,然任意以为曲直。又延致目不识一丁字者妄加删补,性复嗜利,故明臣子孙有以兼金馈者,则加其祖父之官,增以易名

① 江庆柏《清代人物生卒年表》,人民文学出版社 2005 年版,第 111 页。按清嘉庆十年进士、钱塘人叶以偫字雨辀,室名洗心书屋(杨廷福、杨同甫《清人室名别称字号索引》,上海古籍出版社 2001 年版,第 776 页),疑与叶朝采有关。
② [清]霍为棻、熊家彦等纂修《巴县志》卷二叶四十六,清同治六年刻本。
③ 阎清、葛增福《王鸿绪》。
④ 李晋华《明史纂修考》,第 84 页。
⑤ 谢国桢《增订晚明史籍考》卷一,第 17 页。

之典；其有与相国不协，则于其先世之官阶降黜之、事迹诋毁之，真魏收之秽史也！"①汪氏此书多诋毁当时名臣②，其语不无夸饰，未必完全可信。但万斯同之子万世标亦曾云："熊中堂进呈之史又倩人改过，另是一册，进呈在壬午年二月初二。"③显然熊赐履曾专门请人修改万稿，故万世标将熊稿当作另外一本，以与万稿区别。考熊氏进呈史稿时，史稿全稿尚分在三处，陈廷敬负责本纪、张玉书负责志书、王鸿绪负责列传，王氏之列传尚多待补待校之处，熊氏乃征三人之书进呈，并未经三人参阅，尚多舛误，缺而不全。④ 熊氏当不致以残缺不完之本进呈，则其请人修改完善，势所必然。修改之本，当然应该是一新本。

如此，则此本与熊稿关系如何？熊赐履《进呈明史札》云："计本纪十七、志十四、表五、传二百四十一，总共四百十六卷。"⑤朱端强先生以二者总卷数相同，怀疑此即熊稿，然对其分卷数之和与总卷数不等，则云"有待考订"。笔者读至此处，亦颇疑惑。既思分卷数相加仅得二百七十七，与四百十六相去甚远，即熊氏偶疏，亦不至如此之甚。乃反复研读此段文字及 416 卷本之目录，忽悟熊氏所谓"本纪十七"云云，非指卷数，乃指篇数，如"本纪十

---

① 朱端强《万斯同与〈明史〉修纂纪年》，第 284—285 页；《布衣史官——万斯同传》，第 283—284 页。

② 参见王进驹《一份清代失意文人病态心理的标本——谈汪景祺的〈读书堂西征随笔〉》，《广西师院学报》（哲学社会科学版）第 21 卷第 4 期，2000 年 4 月。

③ 万世标撰，冯贞群辑《万季野明史稿流散目录》。

④《王横云进呈明史列传稿疏》《王横云进呈明史稿疏》，见刘承干纂《明史例案》卷九，《明史订补文献汇编》本，北京图书馆出版社 2004 年版。

⑤ 熊赐履《澡修堂集》卷二，《四库全书存目丛书》集部第 230 册，第 503 页。

七",自《太祖》以至《庄烈帝》适为十六帝十七篇(其中英宗分《前纪》《后纪》两篇),若以卷数计,则为二十六卷。[1]"志十四",自《历法》至《艺文》适为十四篇,一百十一卷。"表五",自《诸王世表》至《大臣年表》共五篇十二卷。"传二百四十一",自《忠义传》以前皆曰"列传一""列传二",以至"列传二百二十六",共二百二十六篇二百二十六卷。自《忠义传》至《外蕃传》共十五篇四十一卷,二者相加为二百四十一篇二百六十七卷。纪、传、志、表合计二百七十七篇四百十六卷。如此,则二者总卷、分卷若合符节,当可据此定此本为熊稿。

既知此本为熊稿,则可进一步分析熊稿与万稿的差异何在。目前可信为万稿者,唯有天一阁本。二者相校,其不同者,一是卷次。如《汪应蛟》册目录页上,"周朝瑞、袁化中、顾大章"三人旁墨笔注"以上三传是在一百九十六",而熊稿此三人之传在列传卷二百二。"周起元"旁墨笔注"一百九十七",熊稿在列传二百三。朱燮元等五人之传,万稿在列传卷一百九十二,熊稿在列传卷一百九十七。王宪等七人万稿在列传卷一百十七,熊稿在列传卷一百二十三。二是人物分合不同。如徐大化,万稿附列传卷一百九十六周朝瑞传之后,熊稿则附列传卷二百六杨维垣传后。又如万稿《魏时亮》册同卷内诸人,魏时亮、孙应鳌、毕锵、王廷瞻四人在熊稿卷三百十八,刘斯洁、赵贤、徐学谟三人则在熊稿卷三百十二。郝杰则在熊稿卷三百三十一。三是文字繁简上,熊稿有删减之处。如《陈嘉猷》,万稿述其父陈贽之履历,有"为杭州府学训导"

---

[1]《中国古籍善本书目》史部第 923 号著录上海图书馆藏《明史本纪》二十六卷,题"清熊赐履撰,稿本",可知熊稿本纪为二十六卷,其所云本纪十七确非卷数。

一句,熊稿已删去。万稿述工部对陈冕的处置云:"请送山东巡抚所,责其成功,否则械赴京惩治。"熊稿简化作:"将罪之。"

(五)**拜经楼**旧藏 267 卷本。存列传,旧抄本,今藏复旦大学图书馆。《中国古籍善本书目》史部 939 号著录复旦馆藏此书:"明史列传稿二百六十七卷 清万斯同撰 清抄本 清邵晋涵校 清吴骞跋"。

此本的信息似最早出现在乾隆四十六年(1781),此年由邵晋涵编纂的《余姚县志》告成,其所收《胡东皋》《宋冕》《黄尊素》等传篇末皆注明出自万斯同《明史稿》。① 道光二十七年(1847),吴骞撰、吴寿旸辑《拜经楼藏书题跋记》由海宁蒋氏刻板行世,其卷二著录《明史列传稿》六十一册,并有吴骞之跋云:"万季野先生所撰史稿,方望溪侍郎(苞)以为四百六十卷,诸志未成。全谢山庶常(祖望)以为五百卷。今此仅列传二百六十七卷,虽似未全,盖华亭开雕时亦尚有删并焉。"又云:"此书予藏之数十年,姚江邵予桐编修(晋涵)见而极爱之,以为此《旧唐书》也,在西湖书局中借阅累年,后竟携以入都,屡索不还,属武林友人往取之,酬以二十金始得。"②此书后归刘承干嘉业堂,缪荃孙为其所撰书志解题云:"《明史稿》二百六十七卷,稿本。此万季野《明史稿》清本,吴兔床(骞号兔床)旧藏,载于《拜经楼藏书题跋记》。列传自《后妃》起,至《忠义传》止,与《横云山人史稿》大半相同。惟分卷略有改动,

---

① 此点由朱希祖先生发现,见其《旧抄本万斯同明史稿跋》后附《有关万斯同明史稿笔记》。惟朱氏所列此志引万稿之传有《孙继有》,然查此志《孙继有》传篇末注"明史稿",按此志引书体例,此当为王鸿绪之稿,朱氏一时偶疏。

② 《拜经楼藏书题跋记》卷二,上海古籍出版社 2007 年版,第 50 页。

想出华亭（王鸿绪）之意。惟《史稿》尚有《孝义》等篇，此想失去，然兔床所收止此矣。"①1930年代，朱希祖将此本与313卷本稍做比较，313卷本含列传294卷，除去以殿本《明史》所补之27卷，为267卷，与此本恰同，故朱氏以为此本为万季野之稿。其实此本列传仅至《忠义》，以下皆缺，而313卷本不计抄补者尚有《孝义》《儒林》《文苑》等传，二者存卷之不同甚明。然存卷不同并不足以否定此本为万稿，313卷本亦不足成为衡定此稿是否为万稿的标准。1940年代，张寿镛曾向刘承干借此本传抄一部②，并作考证。张氏云："王俨斋之《明史稿》取以与此（拜经楼本）互勘，一详一略（原注：此书列传后有论者，俨斋往往删削），又不相谋，则非俨斋之所删改亦明矣。"又云："往年尝就刘氏所藏之吴槎客本《史稿》与王鸿绪《横云山人史稿》略校数篇，去取已大不相同。"可见此本与王稿差异较大，与王稿为两个系统。张氏又将此稿与天一阁藏本（张文中称郑本）相校，以为"原本（天一阁）均不如吴本之整齐，则吴本为已改本，而郑本则为未改本，已可断定矣"。则张氏以为此本在天一阁本之后。

（六）朱氏藏南明列传本。民国间海盐朱氏抄本，八册。谢国桢云海盐朱氏旧藏抄本《明史稿列传残本》存八册："不著撰人名氏。是书为海盐朱氏据旧本移录，均为南明诸臣传记，不分前后次序，如史可法传下，题旧钞本万斯同《明史稿》卷二百五十一。而张慎言、李长庚，则题卷二百二十三及卷二百二十四；前后次序，颇为紊乱。南明人士传记，即有八册之多，其为明人著述可

①《嘉业堂藏书志》卷二，复旦大学出版社1997年版，第199页。
②张氏传抄本今藏国家图书馆文津街普通古籍库，国图书目检索系统著录为："《明史列传》二百六十七卷，清万斯同撰，民国四明张氏约园抄本，64册。"

知,然确否为季野原稿,则未敢定耳。"①此海盐朱氏所指当为朱希祖。此后未见人讨论过此本,其下落亦不明。上文提到朱氏藏书中南明史料部分捐给了国家图书馆。今检国图官网书目检索系统,得一本:"明史稿列传　清万斯同撰　民国间抄本　八册",抄写年代及册数与此本相合,或为同一本。

　　杨宾《万季野小传》云:"又私撰宏光、监国、隆武、永历四朝纪传,未成而病作,遂殁。"②杨无咎《万季野先生墓志铭》亦云:"惟国史列传有以直笔,恐触时讳,乃别构一书,凡崇祯后监国功臣咸削不书。"③据此,则万氏所作南明纪传似为另一书,但此本题作"万斯同明史稿",则又非另一书。然万氏曾撰有南明诸臣传记,则似可确定。此本似为万稿之一部分。谢氏云此书"前后次序,颇为凌乱",此种情况似与天一阁本比较接近,其他各本多较整齐。以此推断,此本撰成时间亦当较早。

　　(七)冯贞群旧藏《明史地理志稿》。四册,今藏浙江图书馆。《中国古籍善本书目》史部第 951 号著录:"明史地理志稿不分卷　清万斯同撰　清抄本　冯贞群跋"。

　　冯贞群云此本取校王稿"无所异同"④,其实是异同不大。1925 年,冯氏跋此书云:"鄞万季野斯同《明史地理志稿》四册,其

<hr />

① 谢国桢《增订晚明史籍考》卷一《明史稿列传残本存八册海盐朱氏旧藏钞本》。

② 朱端强《清杨宾〈万季野小传〉抄跋》,《云南民族学院学报》第 18 卷第 5 期,2001 年 9 月。

③ 杨无咎《万季野先生墓志铭》,《石园文集》卷首,《续修四库全书》第 1415 册影印《四明丛书》本。

④ 冯贞群致陈训慈书。

文与横云山人《明史稿》微有异同。"又云有万言印章两方。①
1931年,正在撰写《明史编纂考略》的余姚学者黄云眉致函冯贞群
咨询《明史稿》之事,冯氏覆书中再次提及此《地理志稿》,云其"为
季野写定本,取斠横云稿,异者极少(惟每布政司多天文数语耳),
且无序跋"。② 据此,则冯氏认为此本为万斯同之稿而经万言收
藏者。万言为万斯同长兄斯年之子,尚长斯同一岁,卒于康熙四
十四年(1705)③,则此稿抄写似当在此年之前。若以冯氏之见,
定此本为万稿,则万氏于史稿之志至少已有部分成稿,其为王稿
所承之迹,亦甚明显。唯此本尚待深入研究。

(八)雷君彦藏本。存列传,原有八册,今存四册,稿本,五色
笔删改,今藏北京大学图书馆。④《北京大学图书馆藏古籍善本
书目》著录:"明史(列传残稿) 原稿本 四册。"⑤

关于此本删改之人,经侯仁之、黄爱平先后考证,已可定为王
鸿绪。侯仁之最先证此本为王稿,用的也是笔迹鉴定法,与沙孟
海、吴泽等证天一阁本为万稿方法相同。

关于此本流散中之册数及此四册之来历,尚有一些问题。此
本最早见于前引冯贞群致陈训慈之书:"松江图书馆馆长雷君彦
藏有残本四册,云得自横云后人(原注:本有八册,半赠缪艺风矣。
艺风云亡,藏书流出,不知归谁氏),有五色笔修改,句勒涂抹,损
益甚众。贞群于曩年客游松江,曾寓目焉。大体本之《实录》,兼

①见浙江图书馆藏《明史地理志稿》卷末冯贞群《跋》。
②冯贞群《一九三一年慈溪冯孟颛先生来书》。
③万承勋《千之草堂编年文抄·先府君墓志》,《四明丛书》本。
④另外台北"中研院"傅斯年图书馆藏有六册,详见下文注。
⑤《北京大学图书馆藏古籍善本书目》,北京大学出版社1999年版,第67页。

采野史。”后来冯贞群致黄云眉之书中再次提到此本：“丙寅三月，贞群过松江图书馆，向其馆长雷君彦假读《明史稿》二册，为《靖难功臣》及《文苑传》，云自王横云家散出者，凡八册，半赠艺风老人矣（闻艺风藏书又散出）。”①两书于雷君彦所剩之本，一云“四册”，一云“二册”，从“半赠艺风”之语来看，当以四册为是。或者第二书所云亦为四册，只是冯氏仅借读其中二册。但侯仁之1930年代从邓之诚处看到北平东方文化事业总委员会图书馆所藏的传为缪荃孙（艺风）旧藏之本，却为六册而非四册。致使侯氏以为“则所谓半赠艺风老人者，实六册也”。② 但“六册”于“八册”何以称“半”，恐侯氏亦无解。③ 1944年，叶景葵看到了松江图书馆所藏王鸿绪《明史稿》真迹第十四册，乃跋其书云：“侯仁之结论云：‘鸿绪不尽采万传，但残稿中必有本诸万稿者。’今观此卷，杨廷和、杨一清、徐阶三传，前列新稿，后列旧稿，而于《徐阶传》旧稿加注‘此卷未妥，万季老亦云非定本，至其旧本则陶紫司所为，全然不同’等语，侯氏之说，允矣！”④此第十四册，很明显应该在侯氏所见六册之外。而黄爱平云北京大学图书馆所藏四册中有一册题“第十四本”字样，又云侯仁之提到的于谦、郑辰等传不见于北大所藏四册。⑤ 笔者推测，此第十四册即北大所藏之第十四本，

①冯贞群《一九三一年慈溪冯孟颛先生来书》。

②侯仁之《王鸿绪〈明史列传〉残稿》注。

③以笔者之臆测，在侯氏所说之外，至少还可以有两种可能，一则此六册之书未必皆为雷氏所赠；二则即使此六册皆为雷氏所赠，四册之书亦可重装为六册。

④叶景葵《卷盦书跋·王俨斋明史稿真迹第十四册》，上海古籍出版社2006年版，第23页。

⑤黄爱平《明史稿本考略》。

今北大所藏四册非侯氏当年所见六册中之四册，而是松江图书馆所藏之四册。然此推测是否可信，尚待来日目验。①

以上八本，(一)可定为万稿，(四)可定为熊稿，(八)可定为王稿，其余五本，皆有待进一步的深入研究。

除此八本之外，查检各家图书馆书目过程中，尚见有题作万斯同著《明史稿》三种：一、国家图书馆普通古籍库藏清抄《野史十种》本《明史稿》，为吴引孙测海楼旧藏；二、上海图书馆藏抄本《明史列传稿》；三、南京图书馆藏民国抄本《明史稿海盐人传》一卷一册，此本疑为海盐朱氏从其所藏《明史稿》中摘抄。此三种皆见之各馆书目检索数据库中，著录项很简单，亦未见前人提及，录此俟考。

（原刊《万斯同与〈明史〉——纪念万斯同诞辰 370
周年国际学术研讨会论文集》，宁波出版社 2008 年版，
此次略有修改）

---

① 此文写成后，又读到黄彰健《〈明外史〉考》一文（载《"中研院"历史语言研究所集刊》第二十四本，1953 年 6 月台北出版），文中提及侯仁之所论《明史列传》残稿六册"原藏北京人文科学研究所，今藏本所善本书室"。复检"傅斯年图书馆珍藏善本图籍书目资料库"（网络数据库），果著录此书："明史稿　残存列传　有侯仁之手题记　朱墨笔圈点批校　6 册　28 公分。"可见，今北大所藏四册乃松江图书馆所剩之四册。傅斯年图书馆所藏六册即雷君彦赠予缪荃孙之四册（缪氏或将四册重装为六册，或另藏二册），后归北京人文科学研究所（即侯仁之文中所云东方文化事业总委员会图书馆），又归傅斯年图书馆。

《古今图书集成》铜活字校样本考述

《古今图书集成》一万卷《目录》四十卷(下文简称《集成》),为中国现存规模最大的古代类书,同时也是规模最大的铜活字印本,在活字印刷史上具有重要地位。校样本,一般指书籍正式出版之前用来校正讹误的本子,在一书的版本系统中占有特殊地位,对了解其出版过程具有重要价值。校样本不是正式出版的本子,故存世极少。对于《集成》这种重要的铜活字本,如果能找到其校样本,无疑是一件令人惊喜的事。笔者有幸看到了这样一部珍贵的版本,故不揣简陋,特撰此文以供方家批评指正。

一 前人对《集成》铜活字校样本的讨论

最早提到《集成》铜活字校样本的可能是乾隆四十一年(1776)四月十八日内务府大臣永瑢等《内务府奏清查武英殿修书处余书请将监造司库等官员议处折》:"又有不全《古今图书集成》一部,内每典缺欠不一,共少六百八十一本。查此一书于雍正六年刷印六十四部之后,并未重印,今已将各处陈设并颁赏、现存《古今图书集成》数目按册逐一详查,与原刷六十四部之数相符。

是此一部或系当时初刷样本,历年久远,遂至散佚不全。"①这里的"初刷样本"(或叫试印本),是书版做好之后最先刷印的一部用来校对的本子,一般情况下就是校样本。不过奏折中用"或系",说明这仅是猜测,似无确实证据。也有学者直接将这部残本当作"初刷试印的样书"②。不过这部残本恐怕早已佚失,可能永远也无法确证了。1999 年,辛德勇先生发表《书林剩话》一文,提到自己收了一册铜活字《集成》零本,颇有挖去重补字迹,"推测此当为校样用试印本"③。但存世铜活字本《集成》多部均有挖补痕迹,如天一阁藏本、浙江图书馆藏本均是,这并不是校样本的独有特征。裴芹先生《〈古今图书集成〉研究》据辛先生提供的材料与徐州图书馆藏本比对,已有辨正④。

　　关于永瑢等奏折中提到的"初刷样本",曹红军先生《〈古今图书集成〉版本研究》一文则认为根本不存在⑤。对于《集成》这样大部头的铜活字本,不可能先刷印一部样本,校改后,再正式刷印,这样不太现实。因此不大会有"初刷"的本子。这个观点我们原则上是同意的,不过有一点需要指出,整部书不大可能重排,故没有整部的"初刷样本",但完全有可能重排少部分卷叶,这一部分是可以有"初刷样本"的。下文将会涉及这个问题。另外,曹先

①《史料旬刊》第 14 期,故宫博物院民国十九年版(1930),第 515 页。
②杨玉良《〈古今图书集成〉考证拾零》,《故宫博物院院刊》1985 年第 1 期,第 34 页。
③辛德勇《书林剩话》,原载《书品》1999 年第 5 期,后收入其《未亥斋读书记》,华东师范大学出版社 2001 年版,第 18 页。
④裴芹《〈古今图书集成〉研究》,北京图书馆出版社 2001 年版,第 155 页。
⑤曹红军《〈古今图书集成〉版本研究》,《故宫博物院院刊》2007 年第 3 期,第 62 页。

生论文中提到了"工作底本"的概念："因此陈梦雷所印 66 部中，应当有一部已经成为蒋廷锡的工作底本。在底本上进行文字校改后，其余 65 部再照此挖补后，用铜活字钤盖改定。"①我们认为这里的"工作底本"作为其他各本校正的样本，实际上就是校样本的意思。很幸运的是，这个校样本保存了下来，即天一阁藏本。

二　天一阁藏铜活字本《集成》概况及流传

　　天一阁藏铜活字本《古今图书集成》，半叶九行，行二十字，小字双行二十字。白口，四周双边，单白鱼尾（图 37）。版框高 21.3 厘米，宽 14.8 厘米。开本高 29.8 厘米，宽 19.8 厘米。纸张为黄色。装帧为毛装，四眼，用两根纸捻固定，书首、书根、书背皆未裁齐（图 38）。无正式封面，只在前后各加两张与内叶相同的空白纸以为保护。目录四十卷，现存二十二卷（三至四、二十一至四十）。正文一万卷，现存八千二百二十一卷。共四千一百二十五册。

　　阁藏本为乾隆三十九年（1774）御赐，本年五月十四日上谕云："鲍士恭、范懋柱、汪启淑、马裕四家，着赏《古今图书集成》各一部，以为好古之劝。"②范懋柱为天一阁创始人范钦八世嫡孙，纂修《四库全书》时，天一阁藏书即以懋柱名义进呈。在嘉庆十三年（1808）阮元所刻《天一阁书目》卷一之一中，详细著录了阁藏本

---

① 曹红军《〈古今图书集成〉版本研究》，第 62 页。关于铜活字本《古今图书集成》的印数问题，史料记载有不同说法，蒋廷锡等雍正元年（1713）的清点为六十六部，雍正三年又说六十四部，乾隆四十一年（1776）永瑢等的清点为六十四部加一部残本，详见曹红军《〈古今图书集成〉版本研究》，第 61 页。本文采用最早的清点数据六十六部。

② ［清］范邦甸等《天一阁书目》卷首《圣谕》，清嘉庆十三年阮元刻本。

三十二典每一典的部数及卷数，末云"以上六汇编三十二典六千
一百九部共一万卷"，不云有残缺。时距赐书仅三十余年，社会相
对稳定，保存完整亦在情理之中。道光末年，刘喜海所编《天一阁
见存书目》卷首《例言》中云："御赐《图书集成》一万卷，见缺一千
余卷。"①此时距嘉庆书目亦仅三十年，缺失却达一千多卷，很可
能跟鸦片战争时遭英军掠夺有关②。至光绪十五年（1889），薛福
成刊行《天一阁见存书目》，卷首《御赐书》中详细著录了阁藏本的
存卷情况。据统计，实存八千四百六十二卷、目录十卷。此外，值
得注意的是，薛福成还配补了五十一册一百零二卷，其配补本来
自"文澜阁购存复本"③。可惜这些配补本后皆佚失。民国二十
九年（1940），冯贞群所编《鄞范氏天一阁书目内编》印行，也详细
著录了《集成》的存卷，实存八千三百二十卷、目录二十二卷。目
录较薛福成时增加十二卷，可能是之前统计有遗漏。冯贞群后来
访归的几卷都有标识，这几卷并无标识，可能不是访归的。此后
至今七十余年，又有近百卷佚失。从这些书目著录来看，此书流
传有绪，二百余年来一直归天一阁所有④。

---

① 民国间抄本，天一阁博物馆藏。
② 参见缪荃孙《天一阁始末记》，《艺风堂文漫存·乙丁藁》卷三，台北文海出
　　版社影印 1973 年版，第 433 页。
③ 原文记作"福成敬准配送卷某、卷某，计几册几卷，文澜阁购存复本"，钱恂
　　等《天一阁见存书目》卷首，清光绪十五年薛福成刻本，第九叶。
④ ［清］谭献《复堂日记》云："见杨蕉隐《与冯子明书》云：'《图书集成》天一阁
　　残书归宗湘文太守，缺一千五百卷，方谋抄补。'此盛业也！"河北教育出版
　　社 2001 年版，第 87—88 页。按，此当为误传，盖宗氏任宁波知府时曾至天
　　一阁观《古今图书集成》，又曾得天一阁藏书若干，故有此误传。

三　天一阁藏本所见之《集成》编校人员

　　在陈梦雷主持《集成》编纂的最后阶段,《集成》馆共有编校人员八十人。雍正元年(1713),陈氏被再次流放后,蒋廷锡受命继续《集成》校印工作,首先整顿《集成》编校队伍,肃清陈梦雷亲信等十六人,剩余六十四人①。此后编校人员大概又略有调整,至雍正三年底《集成》竣工时,馆中存留人员为六十人②。在随后吏部为六十人议叙的题本中提供了详细的名单,这大概是目前看到的记载《集成》馆编校人员最详尽的一份文件③:

　　　　今查满洲贡生禅他海行走四年六个月,监生候选州同莫之鹨、生员捐知州即用孟尚麟、生员韩绣英、监生捐州同金试,俱行走三年二个月,皆与六年期满议叙之例不符,相应照例分派别馆效力,俟六年期满照例议叙外,进士徐宁、郭如岐系应用知县之员,以知县即用再加一级;举人赵之枢、刘国杰、刘克一、张绍懿、金筠、李锡秦俱系考选拣选知[县],相应以知县即用,沈青崖系考选教习,相应俟教习期满以知县即用;满洲举人舒德,以应用七品京职之缺即用;贡生、候选州

----

①《内阁学士蒋廷锡等奏陈办理〈古今图书集成〉情形并编校人员去留情形折》,张书才主编《雍正朝汉文朱批奏折汇编》第33册,江苏古籍出版社1989年版,第563页。该折并无六十四人具体名氏。

②《户部左侍郎蒋廷锡等奏请照修书各馆之例议叙〈古今图书集成〉编纂校对人员折》,前引《雍正朝汉文朱批奏折汇编》第33册,第569页。

③雍正四年六月初一日吏部尚书孙柱《请准议叙〈古今图书集成〉馆纂校人员》,《清代吏治史料》之《官员管理史料》第十八册,线装书局2004年版,第10707—10712页。

同陈经合相应以知县用;候选州判邓杰相应以州判即用;监生、候选州同王中铭、王颖、梁锡琯、刘庶、鲁一佐、钱松、曹钰、章文礼、朱文昭、章文乐相应照例以知县用;候选县丞梁廷椿、李映晥、朱文玑、候选主簿孔庆云,相应以应用之职即用;监生许元基、曹廷基,俟其考职后以所考之职即用;廪生许弘健、方正志、杨尚琮相应以训导用;生员俞养直、汪百川、李灼、邹弘业、续缙、胡淦、鲁玙,俟其考职后以所考之职即用;满洲生员麦拉素、法可进、富岱,相应照应用无品笔帖式即用;童生钱志修、叶钧、张复祖、马璞、方世清、黄锺,相应准为监生;现任刑部主事图麒、现任都察院笔帖式关寿、现任州判高儁飞、现任训导冯士弘、现任工部笔帖式鋗钥,相应于现任内各[加]二级;原任满洲检讨车松,康熙五十四年御试翰林等官,考在三等,奉旨原品休致在案,应降一等以各部主事用;革黜举人程可式、徐曰模,因科场代作文字,革黜举人,应无庸议。

阁藏本上出现了二十一位编校人员的钤印和题名(图 39),是《集成》编纂、校印的重要实物证据,与此文件记载皆可一一印证。这二十一人分别为(依图 39 中顺序):"韩绣英"(朱文长方印,以下不出注者同)、"金试"("金试校")、"赵之枢""刘国杰"(又有"刘国杰恭校"墨笔题名)、"张绍懿""李锡秦""沈艮思"(墨笔题名,即沈青崖)、"王中铭""钱松""文礼"(朱文联珠印,当即章文礼)、"章文乐"(墨文长方印,又有"文乐"朱文方印)、"朱文玑校"(墨笔题名)、"许元基""方正志"(较淡,原书可辨)、"续缙""胡淦""方世清"(墨笔题名)、"图麒"(较模糊,原书可辨)、"高儁飞""陶补"(当即鋗钥,详下文)、"马扑"(即马璞)。

以上二十一位编校人员,其中钤印者十八人,共二十方印(其中金试、章文乐各两方），除"金试校"一印钤于每册后封叶、"章文乐"一印钤于每册前封叶背面之外，其他均钤于前封叶右下角部位。墨笔题名者四人（其中刘国杰既有钤印又有题名），"刘国杰恭校"题于签条上，另外三人"沈艮思""方世清""朱文玑校"均题于各册前封叶右下方。合计重复钤印及题名之册，共计三十九册，占阁藏本总册数的百分之一弱。需要指出的是，从理论上讲，应该每一册都有钤印或题名的，为什么现存本只有百分之一？通过仔细观察现存本各册的实物形态，我们认为，现存本上的这些钤印、题名以及下文将要提到的各种校记等印记，是经过了有意的清除之后残留下来的。这些印记都是在最靠边的位置，而现存本大多数纸边（靠近书背处）都经过了裁剪、切割。因古籍每一叶是对折的，形成两个边，而这些印记一般都只出现在一个边上，因此裁剪的结果出现了大量同一叶两边不齐的情况，当然也有索性两边一起裁齐的。最重要的证据是，由于裁剪得比较随意，留下了一些裁去一半的痕迹，还有很多并未裁到两端、只是把有印记的一端裁去的情况。清除这些印记的原因大概是，首先校样本的功能完成之后，这些印记已经不必要了。其次，一般的书，校样本不会用来出售或送人，书不够用时，多刷一部即可。但像《集成》这样的大部头，仅印了六十六部，校样本难免也要利用起来，不管是用来在宫廷陈设还是颁赐臣下，留着这些印记都不太好看，因此要去掉。最终，这部书确实用上了，被颁赐给天一阁范氏。

　　二十一人姓名大多数与吏部档案完全一致，只有三人需要稍做辨析。钤印中的"马圤"，档案中作"马墣"，二者为异体字，问题不大。题名中的"沈艮思"，即档案中的"沈青崖"。沈德潜《国朝诗别裁集》卷二十七云："沈青崖，字艮思，浙江秀水人，雍正癸卯进士,官至开归道。"①即此人。钤印中的"陶补",其"陶"当对应档案中的"鋾钥","鋾"字疑为"陶"之讹。此本档案多有讹脱之处(如上文所引即有两处脱字,其下文又将"曹廷基"误作"曹廷曹"等),此类讹误似属平常。其"补"字当是"校对补改"之意,"陶补"意即此册由陶钥负责校对补改。按蒋廷锡等奏折中云"俞养直等十人为收查卷页号数、校对补改之员"②,盖陶钥即此十人之一。又,诸钤印者多为一人一册,惟"陶补"之印出现四次,皆与他人联署(与他印同钤或同时有他人题名),如刘国杰、续缙、许元基、沈青崖。这说明在整个编校工作中,"陶补"与此四人的分工是不同的。尤其是与续缙联署者最能说明问题。该册为《氏族典》卷五百二十五至五百二十六,封面墨笔大字上题"续",其下小字双行题"二卷发补共十签",下钤"续缙"朱印,又下钤"陶补"朱印(图42),显然此册两卷由续缙负责校对文字讹误,以签条标出,共有十签,然后发给负责补改的陶钥进行补改,并各自题名、钤印,以示负责。这是《集成》校对工作的基本流程。同时可以证明"陶补"当为陶钥所补之意。

编校人员的分工,目前看到比较全面的叙述即上文所引蒋廷锡等奏折:"臣等随令车松、图麒总任分书、收书登记之事,令李锡秦等二十人为校阅兼续纂之员,高儒飞等十二人为专任校阅之员,金筼等十四人为磨对刷印之员,俞养直等十人为收查卷页号数、校对补改之员,徐宁、关寿二人为查理一应校对书籍之员,共

---

① [清]沈德潜《国朝诗别裁集》卷二十七,《四库禁毁书丛刊》集部第158册影印本,第614页。

② 《户部左侍郎蒋廷锡等奏请照修书各馆之例议叙〈古今图书集成〉编纂校对人员折》,第568页。

六十人。"①整个编校工作共分六类，前后两类登记、检查书籍工作量较小，故各安排二人。所谓"磨对刷印"，即专门负责检查印刷工作，主要应该是对印刷质量等问题把关。"收查卷页号数"当指检查每卷叶数（即号数）是否遗漏等问题。"校对补改"即上文所说根据校对人员校正的结果进行修改。而工作量最大的应该是校对讹误。蒋廷锡接手时《集成》已刷印九千六百二十一卷，未刷者仅剩三百七十九卷②。因此所谓"续纂"，主要应该指的是对未刷三百多卷的文字修改和对其他已刷者文字的较大改动，这种修改更主要是一种审查、校对工作，并非真正的重新编纂。因此对基本已经全部刷印好的《集成》的校对才是最重要的工作。第二、第三两类基本上都是负责校对的，共三十二人，占全部人力的一半以上。阁藏本上出现的二十一位编校人员，陶钥负责补改工作（据"陶补"之印及联署情况）。根据吏部档案，图麒是负责登记工作的，李锡秦为校阅兼续纂之员，高儁飞为专任校阅之员。据钤印和题名，朱文玑、金试、刘国杰皆校阅之员，不清楚是否兼续纂。据上文引校对题记可知，续缙也是校阅之员。与续缙同样有校对题记的方世清也是如此。这七人是负责校对的。其他十二人具体的分工则不清楚。

　　阁藏本上保留的二十一位编校人员的钤印、题名，尤其是其中包括了七位负责校对者及一位负责补改者，可以说明阁藏本就是一部校样本。

①《户部左侍郎蒋廷锡等奏请照修书各馆之例议叙〈古今图书集成〉编纂校对人员折》，第568页。
②《内阁学士蒋廷锡等奏陈办理〈古今图书集成〉情形并编校人员去留情形折》，第562页。

四　天一阁藏本所见《集成》之校对印刷实情

阁藏本不仅保留了部分编校人员的钤印、题名，还保存了不少校对者的题记、校记，可以反映出《集成》的一些校对印刷实情。这些题记、校记可以分为两大类，第一类是夹在书中的签条，这类存留得非常少，只发现了五条。这五条从内容上又可以分为两种，即题记和校记。题记有两条："闺媛典第二百七八卷　刘国杰恭校"（图40）"选举典第六十三四卷　刘国杰恭校"。这两条分别夹在相应该册（一册含两卷）中，其中《闺媛典》之册封面钤"刘国杰"朱印。这两条题记很容易让人想起《四库全书》书前提要每篇结尾必有某年某月"恭校"的字样，用"恭校"二字，当是官修书校对的通例。另外三张签条是校记，一张在《乾象典》卷五十九叶十五："'属魏与属魏'：二'魏'字疑一作'卫'，请裁定（冒号后为双行小字）。"（图41）"属魏与属魏"在本叶末行，此签条原粘于末行之上叶眉处，不知何时被扯掉，撕扯导致文字笔划破损处尚可拼合。值得注意的是签条的用语，其"裁定"二字抬行，是校对者对其上级（如总裁）的尊敬用法。蒋廷锡等奏折云："臣蒋廷锡奉旨……'派尔为正总裁，陈邦彦为副总裁'……臣等一面将未刷之书令在馆人员详细校对刷印，一面将已刷之书令在馆人员分卷重校，臣廷锡、臣邦彦再加总阅，务期改正无误。"①所谓"分卷重校"，正是上文"刘国杰恭校"两张签条所反映的内容。而两位总裁"再加总阅"，正与这张签条"请裁定"相合。这说明奏折中所言校对程序，

①《内阁学士蒋廷锡等奏陈办理〈古今图书集成〉情形并编校人员去留情形折》，第 562 页。

"在馆人员分卷重校"和两总裁"再加审阅",与实际校对工作程序一致。文献记载与实物正相呼应。不过就此条而言,总裁似乎并未再加审阅,校对者校出的讹误并未改正。这并非总裁对此校有不同意见,因为这个讹误比较明显。《集成》所收此文为明代娄枢《河内星野魏分与卫分考》,原句作"吾尝详考河内之域属魏与属魏之制",从文意来看,二"魏"字明显应有一个作"卫"。故此误不仅《集成》校对者发现了,《古今图书集成考证》也表示了怀疑:"案两魏字疑一作卫。"①今按,娄枢《娄子静文集》卷四收此文,上一"魏"字正作"卫"②。因此这个讹误未加改正,很可能是总裁审阅时漏掉了。

　　第二张签条在职方典卷一千七十四《汀州府部汇考》四《汀州府风俗考》第一叶:"风俗之一'成集':未补('未补'二字为小字)。""风俗考之一"当指《风俗考》第一叶,本叶版心即作"汀州府风俗考之一"。"成集"二字本叶并未出现,但是本叶版心的"古今图书集成"中的"集成"二字为挖补,是用铜活字钤盖的。我们推测"集成"二字可能原来误倒作"成集",校对者检查时发现了,遂用签条签出,注明"未补"。值得注意的是,《风俗考》第二、四叶版心"集成"二字也是挖补的,但是三叶的"集成"二字字形各不相同,查浙江图书馆藏白纸本铜活字《集成》此三叶版心"集成"也是钤盖挖补的,各叶之字形也不相同,而其第一叶"集成"之字形与

---

①《古今图书集成考证》卷一上,中华民国二十三年(1934)中华书局影印本,第一册,第五叶。

②［明］娄枢《娄子静文集》卷四《河内星野魏分与卫分考》,《四库全书存目丛书》集部第 85 册影印明王元登刻递修本,第 555 页。

阁藏本相同①。这说明挖补时是以单叶为单位（即同一叶的六十六个复本为一个单位），而不是以一部一卷为单位。可知当时六十六部《集成》的存在状态也是以单叶为单位的。蒋廷锡等奏折所云"今雍正三年十二月纂校已竣，除进呈本已装潢外，尚有六十三部现在折配"②，表明此前包括进呈本都未折配，与此一致。

　　第三张签条在官常典卷五百四十四叶二十五："后四行：'抵'改'坻'。"此条为朱笔，当即方世清题记所云"红签外增添六签"（《职方典》卷四十七至四十八封面所题）中之"红签"。这条所校误字也未改正。此为唐杨巨源《上刘侍中》五言排律之句"京抵溢万箱"，"抵"当作"坻"，典出《诗·小雅·甫田》"如坻如京"，《全唐诗》所收此诗即作"坻"③。可见这条校对也是遗漏未改的。

　　第二类题记、校记题写在书上，按内容即可分为题记和校记，题记是对本册校对情况进行总结说明的文字。校记即校对具体内容讹误的文字。从形式上看，题记都是题写在封面或首叶上，校记则皆题于有讹误之叶上。题记存留很少，只有四条，一条为上文所引续缮题于《氏族典》卷五百二十五至五百二十六封面者："续：二卷发补共十签（此七字为小字双行）。"（图 42）另一条也是上文引过的，即方世清题于《职方典》卷四十七至四十八封面者："红签外增添六签。方世清。"（图 43）另外两条为，《官常典》卷一

---

① 查阅浙图藏本得到了张群老师的热情帮助，谨致谢忱。

② 《户部左侍郎蒋廷锡等奏请照修书各馆之例议叙〈古今图书集成〉编纂校对人员折》，第 569 页。

③ 《全唐诗》卷三百三十三，中华书局 1960 年版，第 10 册，第 3732 页。按，《古今图书集成考证》卷十一校此卷即用《全唐诗》，然遗漏此条，见前引本第四册，第二十七叶。

百五十一首叶即目录叶背面左边："十月廿日方校共签二十……"
《文学典》卷一百十三至一百十四封面："方正月二十八日发：刷四
号、补五号（此六字为小字双行）。"（图 44）这两条署"方"的很可能
也是方世清所校。

　　上文已揭示续缉题记揭示的校对工作流程是，由校对者签出
讹误，然后发给补改者修改。其他三条题记也能说明这一点，只
不过补改者的钤印或题名可能缺失了。"红签外增添六签"一条
表明可能至少经过了两次校对，前一次用红签，后一次可能就是
墨签了（这条题记是墨笔）。

　　比较值得注意的是最后一条，所谓"补五号"，即有五叶需要
补改，这个问题不大。最关键的"刷四号"，即有四叶需要重新刷
印①，说明校对工作中有重新排版印刷的情况。目前学界似尚未
有人指出这一点。相反，学者根据清世宗在蒋廷锡等雍正元年奏
折上"改印不必"的批示②，得出了没有重新排印的结论③。现在，
我们从阁藏本上发现，至少部分卷叶是经过了重新排印的。除了

---

①"刷四号""补五号"从字面上还可以理解为第四号、第五号，即第四叶、第
　五叶。不过这种理解有两个方面不好解释：（一）本册包含两卷，有两个第
　四、第五叶，如此指称有些不够清楚。而且对于整个《集成》而言，很多卷
　内会包含两个以上的部分，每部分叶码都自为起讫，更不便于如此指称。
　（二）本册前一卷六叶有挖补，后一卷七叶有挖补。前一卷第五叶恰好有
　一处挖补，看起来似乎正好对应这种解释，但此挖补之误字在标题中，而
　卷前目录中有此标题，同样有误，同样挖补，如此似乎只标出补第五叶就
　不太合适了。至于按文中的理解，为何本册挖补十三叶，却只标出补五
　叶，则可能十三叶非一次所校。
②《内阁学士蒋廷锡等奏陈办理〈古今图书集成〉情形并编校人员去留情形
　折》，第 562 页。
③曹红军《〈古今图书集成〉版本研究》，第 58—59 页。

"刷四号"外，还有更重要的两条证据，一是《宫闱典》卷二十七叶二十六、卷二十八叶六、叶九，三叶的右上角都钤有"改刷篇"朱文长方印（图45），说明这三叶曾经重新排印。二是发现了两叶重新排印之前的印张。一叶为《官常典》卷九十五《宗藩部列传三十九》叶十八，此叶改刷前之印张误装于《官常典》卷九十二叶十七之后，而改刷后之印张在其正确位置。改刷前之叶正面左边有校记云："七行'慜'换'敏'。"此叶第七行作"楚威敏王宗雄"，其中"敏"字为挖补，但不是用铜活字钤盖，而是手写。而改刷后之叶此字作"敏"，无任何挖补痕迹，显然按校记做了修改并重新排印。此外，两叶文字内容完全一样，但仔细比对，每个字的字形皆不相同，为重新排印之确证。另外值得注意的是，后印叶第十四行第十二字"赒"为挖补，以铜活字钤盖，而前印叶此字不误。这说明重新排印又出现了新的讹误，而这个问题很可能是当时不主张改印的技术方面的原因。与浙江图书馆藏白纸本铜活字《集成》比对，浙图本与后印叶相同。另一叶是《边裔典》卷八十《西夏部汇考二》叶三十，阁藏本背面左边有校记："四行'除'补'殊'。"此叶第四行第四字作"殊"，为挖补，亦为手写。浙图藏本作"殊"，无挖补痕迹，显然也是按照校记做了修改并重新排印。又阁藏本第二行第十六字作"藏"，浙图本作"臧"。此叶其他文字皆内容相同而字形不同，亦重印之确证。如果仅从这两叶来看，称阁藏本为"初刷样本"或"试印本"，也是可以的。只是阁藏本《官常典》中改刷之叶显然是打算去掉的，故误装于他处，正确位置处此叶已经和他本一样属于后印了。这个也容易理解，既然已经重新排版，那么多印一叶不过多费一张纸而已，将校样本中的前印之叶换掉也不过举手之劳。如上文提到的钤有"改刷篇"印的三叶，与浙图本同版，也是将前印叶换掉了。所以真正的试印本（确切地说应该叫试印叶）可能大多已被换掉了。至于在校样本中保留了前印叶的另一叶，大概是因为并未一律要求换掉，才留了下来。

第二类中的校记数量较多，有五十一条，全部题写在叶面左右两边上，有的题在正面，有的题在背面。校记的格式大概有："某行某字换某字"（二十五条）、"某行某字改某字"（十条）、"某行某字错某字"（六条）、"某行某字误某字"（两条）、"某行某某字倒"（两条）、"某行增写某字"（两条）、"某行某字（已改正之字）"（两条）、"某行某字补某字"一条、"某行落某字"一条。其中校而未改者十条，挖补修改者四十一条，其中以铜活字钤盖者五条，手写者三十六条。凡言"换""改""错""误""补"等者，皆是校正讹字，共四十六条，占了绝大多数。如《官常典》卷九十二叶三十九纸背题"二行'理院'换'礼院'"，此叶第二行"三年太常礼院"之"礼"字为手写挖补，最初当是误作"理"（图46）。言"倒"者两条，一条是互倒，即《艺术典》卷四百二十七叶一："八行'巅疾'，倒。"文中挖补作"疾巅"，以铜活字钤盖。另一条有些奇特，即《闺媛典》卷五十九叶八："三行'一'字倒。"文中"一"字无挖补痕迹。再三仔细观察才发现，此"一"字确实上下颠倒了，右边向上突出的部分变成了左边向下突出，所谓"倒"指的是铜活字排版时排颠倒了。这条校记显示出校对者特别细致认真的一面。不过也许是觉得影响不大，此误并未修改。言"增写"者两条，即原文有脱字，《草木典》卷三百十七《目录》叶二："十五行题下增写'二首'两字。"叶三："十二行题下增写'烧香'二字。"此二处原文皆为空白，故不需挖去误字，直接手写补上。

言"落"者一条，也是原文有脱字，《山川典》卷九十六叶六："首行落'为'字。"（图47左）此处之文为明王鏊《洞庭两山赋》"非是湖／之尾闾"（斜线以下为叶六首行之文），与下文"非是山为之砥柱"对应,"之尾闾"前显然脱一"为"字,四库本王鏊《震泽集》卷一所收此赋此处即有"为"字。但此处没有任何改正。在这条校记的下面还题有三个字:"不必添。"(图47左)笔迹与校记不同,很可能是总裁审阅之语,意思是不必补上这个字。显然不是总裁认为此处无误,而很可能是基于很现实的原因:增加字比较困难。改正讹字可以用挖补的方法,去掉一个讹字,补上一个正字,不需要大的改动。互倒情况也是这样。上文"增写"者原阙处为空白,更容易处理。而此处如要补字只有两个办法,一是改易行款,增加本行字数,因为铜活字不能改变大小,如果用钤盖法,字就要突出边框;如果用手写,就要挖去几个字,然后加上一个字,写得扁一些补上,这样版面就会比较难看,很不适合御览。另一个办法就是重新排印,这个更麻烦,成本比较大,还有产生新讹误的风险。上文提到的重新排印即有产生新讹误的情况,主事者很可能也意识到了这些问题。在书中几乎随处可见的挖补中,也从来没有看到过因补字而改易行款的情况,当是此书校改的通例。这是活字印刷技术上的困难,雕版印刷在这方面有一定优势,可以剜去数字乃至整行,补上脱字,这样字间距稍小而不至于版面太难看,更不用挖补纸张。这说明,很可能由于活字印刷的技术问题,导致主事者在内容的正确和形式的美观之间选择了后者。

言"换"者二十五条,其中二十三条集中在《官常典》卷九十一至九十二、一百十七至一百十八,其中二十二条都是手写挖补,只有一条是钤盖挖补。经与浙图藏本比对,浙图本有十条未改,钤盖挖补者八条,手写挖补者五条。如卷九十一叶一:"九行上'余'字换'前'字。"阁藏本手写挖补作"前",浙图本仍作"余",未挖补。卷九十一叶十五:"十七行'永'换'允'。"阁藏本手写挖补作"允",浙图本钤盖挖补作"允"。卷一百十七叶一:"十六行'擅'换

'檀'。"阁藏本手写挖补作"檀",浙图本同。两本的差异如何解释？比如浙图本未改的,是否属于遗漏？还需要更进一步研究。

上文据方世清"红签外增添六签"的题记推测至少校对过两次,这两次都是用签条出校的。而这种将校记题写在叶边的,显然又是一次,而且可能是最早的。因为这些校记的题写位置已在装订线以内(按线装来说),如果是线装,根本看不到;即便阁藏本是毛装,也仅仅可以翻看,题写也是非常困难的,所以只能在装订成册以前校,而签条则是装订后所校。这表明至少有三次校对,还不包括总裁的审定。

关于挖补方法,尚有可说。《交谊典》卷五十七叶三十四第十四行第二字"容"为手写挖补,用来补字之纸系从本叶左边下端所裁,用剩裁下的余纸尚夹在书中,与左边裁去之缺口处相拼,完全吻合。类似的情况还有不少,且似以手写挖补者为主,带有一定规律性,甚至可以用来反查手写挖补之字,即先翻查书角(阁藏本为毛装,便于翻查书角,线装者书角则已锁牢),发现某叶有剪裁的缺口,再去细查此叶文字,往往就有手写挖补之字。这似乎表明,就这些手写挖补者而言,阁藏本的挖补与其他本可能不是同时进行的,或许与其是校样本有关。至于挖补的具体方法,曹红军先生认为是这样的:"其挖补手法是将原字从字的边缘小心裁去,再将用铜活字钤盖好的正字从印样的背面小心补上。"①这种先钤后补的方法,从情理推测是可以有的,但从阁藏本上却看到了先补后钤的方法。《职方典》卷一百五十七叶二十一第十四行第九字"壤",为钤盖挖补,其笔画有一部分盖在了新补纸之外的原纸上,这显然是先补空白纸,后钤盖导致的。

---

① 曹红军《〈古今图书集成〉版本研究》,第 59 页。

　　另外颇值得一提的是,《集成》印刷错误是非常多的。可以这么说,几乎随手翻开一卷,都能找到几个挖补之字。笔者在快速翻阅时曾尝试一册中仅记一个挖补字,后积至近五百字,因过于费时而暂停。于是随机抽取一册做了细查,即《坤舆典》卷三十五至三十六,结果是,卷三十五共四十九叶,有挖补者十一叶,计补十七字;卷三十六共五十八叶,有挖补者十四叶,计补二十五字。按其行款计算,两卷字数共 $9 \times 2 \times 20 \times (49 + 58) = 38520$ 字,挖补错字为 $17 + 25 = 42$ 字,$42/38520 = 0.00109$,错字率达到万分之十一,是相当高的,这还不包括未改正的错误(从上文来看可能性是不小的)。蒋廷锡等奏折说"一卷之中必有十余页错误"①,看来并未夸张。

五　天一阁藏本所见《集成》之排印工

　　阁藏本不仅是一部校样本,还是当时排印工人的工作底本,保留了大量的排印工题署。这些题署主要由日期(月、日)和人名组成,个别情况下只有人名或日期,绝大多数题写在每叶背面的左边上,少数题在右边上。据初步的粗略统计,阁藏本大约有二百五十多册上保留了排印工题署,每册多寡不一,多者近百条,少者仅一条,总量当不下千条。不过相对于《集成》全部四十余万叶来说,仍不足百分之一。其中不重复的排印工,据目前不完全统计,已达一百七十多人。从阁藏本的实物形态看,像上文分析钤印、题名时所说一样,排印工的题署也是经过了有意的清除,即被

①《内阁学士蒋廷锡等奏陈办理〈古今图书集成〉情形并编校人员去留情形折》,第 562 页。

剪裁掉了。在许多册中，每叶应有题署的一边明显较另一边短了半厘米到一厘米，即是剪裁的结果。更直接的证据是，有些剪裁未尽的，留下了残缺的字迹，如《职方典》卷一千一百八《艺文一》叶四、《山川典》卷二百九《巨洋水部纪事》叶一等等。从理论上讲，每一叶都应该有排印工的题署。有一条材料可以证明这一点，《学行典》卷二十叶五相应位置无排印工题署，而是题写了这样一句话："无月日名姓。"这句话暗示出题写月日名姓应该是常规，这条不合常规，故特意注明。

排印工题署的大体形式是这样的，如"正月初九日罗六""弍月十六日杨保住""十二初二史永福""八月刀（即初）二王敏""六廿三丫头（或作罗丫头、罗四丫头）""六月廿八丫头"（图47）等等。其姓名体现出普通民众的特点，如"丫头""孙三""罗六"等，另外还有"刘大""灵官宝""黑达子""七十儿""小李四""坡儿""三哥""魏大""方小五""小五十八""二黑"等等。这是判断其为排印工的证据之一。另外署名还常常同音通用，如"干生"与"赶生"、"魏大"与"未大"、"秀芝"与"秀之"、"乌什哈"与"五十哈"等。这与雕版中的刻工署名很相近，也是定其为排印工的证据。月日也经常署得比较简单，从最完整的"正月初九日"到最简单的"六廿三"两个数字，甚至把"初"简写为"刀"。署名中如"乌什哈""西登库""巴查"似非汉族。另外值得注意的是，还有几个人是直接署作满文的。正如编校人员中有好几位满族人一样，排印工也是由多民族组成的。

此外，还有同时署两个人名的，大多形式为"罗四月初一日满长""罗四月初五日老哥""谢七月初三日刘洪勋"，也有署作"二月十九罗祥如贤（即程如贤）"者。这种或许是两个人合作排印的，或者一个排一个印，尚难确定。还有一部分题署后面署了"某月某日交",如"罗六月卅日坡儿七月初二交""罗七月初四日陈国玉刀六交"等,大概是排印工移交印好之叶的时间。

在题署下面,还时常有排印工随手记下备忘的一些工作记录,主要是印刷中的一些问题,最多的是印数短缺,如"白少一页"即指白纸缺了一页。稍有些奇怪的是还有"少黑纸一页",黑色的印书纸是没有的,《集成》更没有黑纸本,这里应该是指黄纸,即铜活字本《集成》的白纸本和黄纸本。在补刷了缺叶之后,常常将此记录涂掉,再写上"补完"。有时补的人跟原来刷印者不同的,也要注明,如有一条作"……(月日残缺)孙三。黑纸一页,坡补完"。另外还有一些其他的情况,如"白一页字不全",大概是没刷好,有些文字没印出来。补刷了之后,这六个字就被涂去了。又"白污一页",可能是被墨弄脏了,补刷之后也被涂去。有时纸张破损了,也要补刷,如"黑页边破一张。补完"。此外还有印张放置错误问题,如《学行典》卷十七叶四十背面题:"此号内白页有四张《戎政》的。"意思大概是,有四张《戎政典》某叶的白纸本印张误置于《学行典》此叶白纸本印张中。缺叶需要记录,补刷后要将缺叶记录涂掉并再次记录,甚至会有不同的人来补刷并记录的情况,这说明补刷不是当场完成的,应该有相当长的时间间隔,否则是用不着这么麻烦的。上文引排印工题署有隔两天移交印张的内容,这个间隔很可能是两天左右。这表明排好的版两天内是不拆的,否则补刷一叶还要重新排版,不大可能。这个问题还需要对排印工题署的时间及其姓名出现规律做进一步研究。

六　结论

通过以上对天一阁藏铜活字本《古今图书集成》进行的实物

考察,并结合相关档案记载,关于天一阁藏本及《集成》的出版过程,我们可以得出以下结论:

(一)天一阁藏本是铜活字本《古今图书集成》的校样本,同时也是排印工人的工作底本,保留了不少《集成》的校对刷印信息,是考察《集成》出版过程的重要实物证据。

(二)阁藏本上保留的编校人员钤印、题名及其校对题记、校记,真实地展现了《集成》校对工作的流程:登记人员登记时钤印;校对人员以一册两卷为单位校对,用签条将讹误签出,必要时呈请总裁审定,然后将本册共有几张签条(或有几叶需要补或刷)记在书前封面或首叶上,发给补改人员,并钤印或题名;然后补改人员将讹误改正,亦钤印以示负责。

(三)《集成》至少经过了三次校对人员的校对以及一次总裁的审定。有的校记显示出校对者比较认真细致。但这不能说明校对是完全认真负责的,明知有误而不改正的情况是存在的。这与活字印刷的技术可能也有一定关系。

(四)《集成》印刷出错率较高,阁藏本个别卷叶经过了重新排印,有的排印后又产生了新的讹误(改正一错字,新增一错字),重排的效果被抵消。从逻辑上分析,新增讹误应该出在排版阶段,而非底本之误。因此很可能无法通过重新排版降低出错率,而且重排成本很高。只有在初步排版完成时准备足够的校对力量,争取在正式大量印刷并拆版之前把讹误在原版上校正过来,才能保证不产生新的讹误。但这样又会大大增加校对的成本。而雕版印刷直接在原版上剜改,这方面成本要低很多。这可能也是中国古代活字印刷不够发达的原因之一。

(五)阁藏本《集成》保留的近两百名排印工的逾千条题署是研究印刷史的重要资料,它使我们看到了一个由多民族成员构成的普通排印工群体以及他们朴实的名字和稚拙的笔迹。同时还可以从中发现若干印刷细节,值得进一步深入研究。

（原刊《中国典籍与文化》2014 年第 4 期）

天一阁藏越南阮述《每怀吟草》稿本初探

　　《每怀吟草》二卷①，越南阮朝阮述撰，为其在光绪六年至八年(1880年至1882年，阮朝嗣德三十三年至三十五年)以岁贡正使出使中国旅途吟咏及赠答诗之结集。阮述为阮朝嗣德朝后期名臣，此次使清返国后，旋即奉命与刑部尚书范慎遹赴天津与清廷商议抗击法国侵略之事。关于天津之行，阮述有《往津日记》②及与范慎遹共同署名的《建福元年如清日程》③。阮述光绪六年之行，为越南最后一次以藩属国身份向中国朝贡，《每怀吟草》是此行全程的最详细、最真实的记录，对研究阮述及中越关系史具有比较重要的史料价值。《每怀吟草》最近始有《越南汉文燕行文献集成》影印本问世，为学界研究提供了极大方便。其底本为越南汉喃研究院藏抄本，分为二卷，卷一之前有光绪七年黄见元序、陈启泰序。影印本前有华蕾所撰《提要》一篇，介绍了此书的有关情况(下称此本为抄本)。

---

①《每怀吟草》二卷，复旦大学文史研究院、越南汉喃研究院合编《越南汉文燕行文献集成》(越南所藏编)第二十三册影印越南汉喃研究院藏抄本，复旦大学出版社2010年版。

②此据陈荆和整理本，题作《阮述〈往津日记〉》，香港中文大学1980年版。

③前引《越南汉文燕行文献集成》第二十三册影印本。

宁波市天一阁博物馆藏有稿本《每怀吟草》二册（下称阁本），学者已有提及。越南史、中国印刷史专家张秀民先生1973年应邀至天一阁整理善本，曾目验此书，其所撰《张秀民自传》云：

> 《每怀吟草》二册，为越南人阮述光绪初奉使来华贺万寿，旅途吟咏与华人唱和之作，颜体大字，避越讳"时"，而不避"历"，疑即阮氏手稿。①

1998年张氏又撰《我与宁波天一阁》一文，对此书有较详介绍：

> 《每怀吟草》两册，原题"阮述荷亭孝生"，颜体楷书，不避清讳"历"，而避越南阮朝讳，"宗"作"尊"，"时"作"辰"，疑为作者稿本。首页两藏章被挖去。光绪七年（1881）阮述奉使来北京，书中记有"6月26日大皇帝万寿庆节，于午门拜贺……"内多旅途吟咏，与内地人唱和之作，如《赤壁怀古》、《重登岳阳楼》、《赠祭酒王益吾先生》等，末有光绪八年知临县事张秉铨跋。此为越南最后一次朝贡，再过三年，越南即为法帝国主义吞灭矣。②

刘玉珺《越南汉喃古籍的文献学研究》云"宁波天一阁藏有此书光绪本二部"③，"二部"当作"二册"。因其未见原书，故表述不如张秀民准确。

天一阁博物馆编《清防阁　蜗寄庐　樵斋藏书目录》之《蜗寄庐

---

① 张秀民《张秀民自传》，载《中国当代社会科学家》第9辑，书目文献出版社 1986年版，第70页。

② 张秀民《我与宁波天一阁》，载骆兆平编《天一阁藏书史志》，上海古籍出版社 2005年版，第400页。

③ 刘玉珺《越南汉喃古籍的文献学研究》，中华书局2007年版，第59页。

藏书目录》集部著录为：

> 每怀吟草不分卷
>
> 越南阮述撰。稿本，清光绪八年张秉铨跋，二册。①

以上大致是目前对阁本的基本认识。本文打算从阁本的流传、版本情况及其文献价值三个方面做初步探索。

关于阁本的流传。此书并非天一阁原藏书（即非范氏原藏书），而是宁波藏书家孙家溎（1879—1946）蜗寄庐藏书，新中国成立后捐赠天一阁收藏②。此书第一册卷端（图48）首行下方钤白文方印一方"高邑之"，此印下方另有一印被挖去，前引张秀民文云"首页两藏章被挖去"，其中一章当即此。另一章当指紧接首行题名"每怀吟草"之下的一处挖痕，残留有红色印记，但我怀疑此处挖去的主要不是藏章，而是卷次，是书贾以残本充全本的故伎，详见下文。第二册正文卷末（图49）末行后下方有白文方印两方："高邑之印""高邑之印"。按，高邕（1850—1921）为清末民初著名海派书画家、篆刻家，字邕之，号李盦，又号苦李，杭州人③。然不闻其名有作"高邑""高邑之"者。且二印"邑"皆较右边"高"字低一截，似乎上方有所残缺，亦颇不可解。又高邕本人为篆刻名家，且其至交吴昌硕更为近代印坛一代宗师，观吴氏为高邕所刻十五方印④，与此不但印文无一相同，高下亦迥乎不侔。吴昌硕治印虽有残缺美之称，但其所谓残缺乃指印面及文字线条而言，并非

---

① 天一阁博物馆编《清防阁 蜗寄庐 樵斋藏书目录》，上海辞书出版社2010年版，第120页。

② 详见前引《清防阁 蜗寄庐 樵斋藏书目录》之《序》。

③ 详见俞剑华编《中国美术家人名辞典》，上海人民美术出版社1981年版，第783页。

④ 见《吴昌硕印谱》，上海书画出版社1980年版，第95、160—161页。

有笔画残缺。此三印印文模糊不清，"高"下部右竖笔近乎残缺，若说为篆刻名家之印，实在不好理解。然上海、宁波晚清以来关系甚密，加之孙家淮亦爱好艺术者①，孙、高二人时代亦可相接，则蜗寄庐收藏高邕藏书，从事理看，颇有可能。不过三印如此面貌，此书是否曾经篆刻家高邕之收藏，似仍不无疑问。

　　关于阁本的版本情况。阁本分二册而不分卷，线装，但可能不是最初的装订，详见下文。纸张纹理较清代常用纸张为粗，与越南本用纸接近②。开本为高28.5厘米，宽18.6厘米，文字部分高21.5厘米。无边框，无行格，无叶码。半叶七行，行十六字。字体为手写颜体大字，如前引张秀民先生所言。卷端首行题"每怀吟草"，次行题"荷亭阮述孝生"。无序，末有光绪八年张秉铨跋。第一册二十叶，自《六月二十六日恭值大皇帝万寿庆节，奉于午门拜贺，礼成恭纪》一诗至《访卧龙冈拜武侯像有感率成四首》之第二首结束。第二册正文二十叶，跋一叶，正文接第一册末第三首始，至《将至关上隔山望见接护官兵喜占》三首结束。天头有评点（有一条评点在行间，见图50），评至第二册《泛洞庭》一诗为止。

　　关于阁本的卷数问题。阁本第一册首叶第一首诗《六月二十六日恭值大皇帝万寿庆节，奉于午门拜贺，礼成恭纪》已是阮述在北京的记录，从越南燕行诗集的常规看，前面应该还有来程之诗。经与抄本对比，可知阁本相当于抄本之卷二。而上文提到阁本第一册首叶紧接卷端题名"每怀吟草"下方一片纸被挖去（图48），经

①见前引《清防阁　蜗寄庐　樵斋藏书目录》之《序》。
②纸张问题参见陈正宏《域外汉籍及其版本鉴定概说》，《中国典籍与文化》
　2005年第1期。

与抄本对比,这里挖去的很可能就是"卷之二"或"卷二"等字,乃书贾以残本充全本之故伎。这里有一个旁证。阁本分两册可能不是最初的装订,所分两册不太合理,将《访卧龙冈拜武侯像有感率成四首》一分为二,前两首在第一册,后两首在第二册,当非最初之分册状态。而旧时书贾故伎,常将书之册数改装增多,以图高价。就阁本而言,挖去"卷二"与改一册为二册,很可能就是书贾为以次充好而配合使用的两个步骤。

关于阁本为稿本的问题。前引张秀民两文分别说"疑即阮氏手稿""疑为作者稿本",但其理由似乎只有避讳一事。按,阁本避越南讳非常明显,第一册首叶即有"华"字缺笔和以"辰"为"时"的情况(见图51首行),此后亦多次出现各种越南阮朝讳字。但避越南讳并不能证明其为稿本,因为越南人抄的本子亦避越南讳。如越南国家图书馆藏成泰十五年抄本《御制越史总咏》,亦避"时"为"辰"、避"宗"为"尊"。当然张先生的根据未必仅此一事,也可能只是未及详论而已。《蜗寄庐藏书目录》定其为稿本,依据的当是张秀民的意见。现在通过阁本面貌的分析及与抄本的对比,我认为张秀民的结论应该是可信的,更具体来说,阁本应该是早期稿本的誊清校订并加评点稿。首先是稿本的认定问题。全书内容可分三部分,正文(图48、图49、图51)、评点(图50)和题跋(图52),三者作者不同(题跋为张秉铨作,评点不知撰者,当为同行越南人,详见下文),字体亦皆完全不同,这是稿本的特征。

评点应该是出自评点者之手,而非誊抄。因其有修改痕迹,如第一册第十叶《留别翰林陈伯平二首》之二《客久思归苦》,首句"客久思归苦"天头上评"一字十金"四字,其右边行间评"情至■语",第三字涂去,当是评点者误写而涂去(图50)。又此处行间评语为全书仅见,按此书评点之例,评语皆置于天头。此"情至语"

乃评"客久思归苦"一句，依例当置于此句之天头，然此句天头已有"一字十金"评语，若置于其右，则为上首诗；若置于其左，则已属下叶；故权置于此，遂成特例。第一册第十一叶《出京》评语"有指挥如意天花落之妙"之"天"字亦经涂改，与"情至■语"之涂改同。此评语当出自越南人之手，因为首先，评语避阮朝讳，如第二册第五叶《蓝洲陈大令招饮晴川，追忆少邨都转，感成二绝》第一首评语"如读'落花辰节又逢君'之句"，避"时"为"辰"。其次，评语中有越南特有的异体字，如"如读'落花辰节又逢君'之句"中之"读"字，无右边下方之"贝"，而中间之"四"中之两笔向下作八字（凟）。第一册第二十叶《过光武庙和子联观察韵》评语"如读'禹庙空山里'名作"之"读"字亦如此。而这个越南评点者很可能是阮述此次出使同事之一，如曾与其联句的张仲习之类。这里有一个旁证。抄本卷一《船中遇雪》诗末云："此篇后始补写，致无平迹。"①。卷一《邯郸集咏五首》诗末云："此五首后始补，致无平迹。"②这应该是作者的自注，但"致无平迹"一句颇不易解。我以为"平迹"当即"评迹"，即"评点笔迹"亦即"评点"之意。这两句话的意思是说，因为诗是后来补写的，所以导致没有评点。这就表明评点是在诗的第一次创作结集时作的，是在补写之前作的。一般来讲，游历之类的诗，不大可能过很久之后补写，应该是过了一个游历点之后补写，最迟也是行程结束之时补写。据此可以推测评点是在行程中进行的，行程结束或结束之前，评点就结束了。

---

① 《每怀吟草》卷一，前引《越南汉文燕行文献集成》第二十三册影印本，第47页。

② 《每怀吟草》卷一，前引《越南汉文燕行文献集成》第二十三册影印本，第67页。

而阁本第二册《泛洞庭》之下至行程结束二十余首诗皆无评点,这表明评点很可能在行程中就结束了。这一方面可以说明评点人是阮述的同行者,因为其他人都不具备全程陪同评点的资格。另一方面还证明阁本的结集开始于行程中,随着行程的结束而完成。这也可以说明阁本是稿本。

另外,从张秉铨题跋也可以看出阁本应该是稿本。张秉铨题跋署为"光绪八年春王正月知临县事张秉铨识"。按,抄本卷一《赠宣化前令三山张幼亦》诗前云:"讳秉铨,围(引者按:当作'闽')省人。现调临桂县,回省俟旨。前莅灵川,与前属裴珠江兄相识,委人慰问,并赠所著《于役诗集》与《拟立宣化常平禀册》。幼亦癸酉科进士(引者按:当作'辛未')。"①此诗为《辛巳(引者按:光绪七年)元旦日》诗之前三首,则其时间当在光绪六年底。裴珠江即裴文禩,其北使诗集《万里行吟》有《赠灵川大尹张进士并以留别》一诗,诗末注有"张名秉铨,字幼亦,福建人,辛未进士,入夜设宴招饮"云云②。此外裴文禩编《中州酬应集》亦收张秉铨夫妇诗及书信多篇③。(民国)《闽侯县志》卷八十四《循吏》云:"张秉铨,号幼亦,同治辛未进士。出宰广西昭平、灵川、宣化、天保、临桂等县。"④(光绪)《临桂县志》卷二《职官表》云:"张秉铨,福建侯官县进士,光绪七年任。任玉森,浙江萧山县监生,光绪八

---

① 《每怀吟草》卷一,前引《越南汉文燕行文献集成》第二十三册影印本,第40页。

② 裴文禩《万里行吟》,前引《越南汉文燕行文献集成》第二十一册影印越南汉喃研究院藏抄本,第234页。

③ 裴文禩编《中州酬应集》,前引《越南汉文燕行文献集成》第二十二册影印越南汉喃研究院藏抄本,第80—97页。

④ (民国)《闽侯县志》卷八十四第二十叶,民国二十二年刻本。

年任。"①据此可知，张秉铨于光绪六年底已得调任临桂知县之
令，而正式上任则在七年，至八年离任。光绪八年正月，张氏正当
临桂县知县之任。其署名中之"临县"即临桂县，然是张氏误脱
"桂"字或是当时本有此简称，尚待考证。阮述返程回国已在光绪
八年二月以后（阁本倒数第三首诗《清明》注为二月十八日），则张
秉铨题跋之时，此书尚未全部完成。张跋当为全书完稿后附于卷
末，此亦可作阁本为稿本之一证。

　　关于阁本为早期稿本的问题。这里早期稿本是从文本上说
的，即此书内容后来又有修改。与抄本的对比发现，抄本中有一
个重要的改动，即诗题中所称中国士大夫之尊称（如字号等）全部
改称名字，同时将题下注中之名改为字。如赠王先谦之诗题，阁
本云"赠祭酒益吾王先生"，题下注云"益吾讳先谦"，抄本诗题则
云"赠国子监祭酒王先谦"，题下云"字益吾"。这个改动不应该是
抄者所为，应该是作者本人的修改，是内容体例的改变。因此抄
本并非直接出自阁本，而应该出自另外一个修改后的本子，这个
本子为修改稿。

　　关于阁本为誊清校订稿的问题。阁本正文眉目清朗，偶有修
改，皆属字形相近导致的讹误，如"斑"误作"班"、"谖"误作"缓"、
"沙"误作"妙"之类，无一属于字句、文辞、结构等方面的润色修
改。这说明阁本不是润色修改稿，这种笔误当是在誊抄过程中产
生的。

　　阁本作为早期稿本，具有重要价值。首先它是一件珍贵的文
物，为我们提供了一部十九世纪末越南燕行诗集的真实面貌，为

---

①（光绪）《临桂县志》卷二《职官表》，1963 年桂林市档案馆翻印本，第 69—
　　70 页。

研究越南汉籍版本学、中越关系史提供了最直接的物证。其装帧、行款、字体、墨色等，以及由这些综合而成的面貌，可以使我们感受到那个时代的气息。这种价值是其他各种抄本所不能替代的。其次，从其文本内容上来看，阁本对《每怀吟草》的校勘、研究等具有重要的文献价值。这可以从以下几点来看。

（一）可以直接发现抄本误掺入的他人之诗。影印本书前《提要》已经指出两处共九十九首明显不属于阮述之诗，即卷一《明江登舟因纪》至卷末七十首诗和卷二《黄河旱泛》至《济湘喜赋》二十九首诗。通过与阁本对比，可以发现抄本卷二中还有八首诗非阮述之作，即《到清江浦舟泊闸口下作》一首（紧挨《黄河旱泛》之前）、《经衡山润（闰）七月作》至《归到昭平县再经三百三十六滩有梧江纪事》五首、《驻藤县时系九月感时仍赋》至《新宁道中作》二首。这八首诗，加上前面的二十九首，共三十七首诗，皆不见于阁本。因阁本缺卷一，故卷一的七十首诗无法比对。经过查对，这一百零七首诗均为越南后黎朝燕行使者阮辉僜《奉使燕台总歌》中的诗，而且几乎占了此书的绝大部分。除《题合江亭》一首外，另外一百六首皆见于《越南汉文燕行文献集成》第五册影印抄本阮辉僜《奉使燕台总歌并日记》本。而《题合江亭》则见于越南国家图书馆藏红蓼阮辉旺督刻本《奉使燕台总歌》，抄本误脱此首。凡是不见于阁本的诗，全部非阮述之作，于此可见其文本之可靠及稿本之价值。

（二）可以增补抄本所脱之诗。如《赠栾城前令寿伴梅》（在抄本《次韵酬栾城前令寿硕》之前）："薰风何日送皇华，秋雨栾城又驻车。祈佛民留前令尹，望洋人羡大方家。三山佳气依琼岛，万丈文光照海涯（承赠大书联句）。别后丰神最堪忆，小春岭外雪中花（以其号伴梅）。"《和子联观察襄城途中再赠元韵》："家家丛菊傍篱开，不断寒香送客来。颍水旧传遗老号，蓬山今见谪仙才（子联籍山左登州）。秋怀白草斜阳外，诗境青山夹路陪。佳节逢君豪更甚，何妨糕字写千回。”《过叶县忆子高好龙事感作》：“玩龙台上莫云封（叶城有玩龙台，相传叶公好画龙，神龙降此），神物人间未易逢。错好如公应不少，更操斤斧学屠龙。”（此二首在抄本《旧县途中次子联韵》之前）《子联观察录示晤南阳李子铮太令诗并疏其平日居官取士大概，阅之心慕，爰和元韵以赠太令并呈观察》（在抄本《新店笔谈次子联韵》之前）：“逢人说项岂徒然，不忝清才出木天。作吏头衔仍墨绶，论文旧价是青钱。朋情风笛离亭晚（子铮将别观察往莅淮宁），客梦星槎绝域年（是夜同宿博望坡）。识得鸾凤皆世瑞，上林终借一枝迁。”《留别长沙秀士张元芾（讳广朱，工古篆，曾刻图章相赠）》（在抄本《湘阴舟次寄胡庸斋》之后）：“湘江归棹又残年，迟我君犹旧榻悬。介寿堂中无限乐（元芾严翁尚健，所居曰乐寿堂），论交海外有前缘（元芾多与前届诸使臣相识）。奇文金石摩秦篆，妙句池塘梦惠连（诸令弟均有学）。雅意令人惜分手，香萦兰室入春先。”此五首抄本皆脱去，阁本可以补充完整。

（三）可以校正抄本的大量讹误，尤其是误字。阁本亦偶有误字，如《赠祭酒益吾王先生》“各擅场”误作“各坛场”，抄本不误。但抄本误字远远多于阁本。如抄本卷二《出京》诗，“佳气”误作“住气”，“词伯”误作“问伯”。《易水怀古》诗，“匕首”误作“气首”，“虹销”误作“虹绡”。《八月十八日早发新了县城，是为先考讳日也，感作示弟进二首》，诗题误脱“考”字，诗中“瓣香”误作“辨香”，“梦侍”误作“梦待”。等等，如此者甚多，有非对校不易发现者。故阁本文字校勘价值极大。

（四）抄本将诗中注释删削殆尽，即使未删者，也多移之诗后，与诗句脱节,不易理解,甚至会带来误解。如卷二第一首《六月二十六日恭值大皇帝万寿庆节,奉于午门拜贺,礼成恭纪》颈联下注云:"辰(时)以后丧,臣工均停宴赉,惟使臣特蒙颁给彩缎、笔砚纸等项。"抄本全部删去,不但使诗句不易理解,且此注对了解当时的外交礼仪制度的价值亦随之失去。又如卷二《重登晴川阁有感》一诗,抄本诗后注语两行,本来分别注释汉阳小别山、汉口洋商舶及晴川阁被毁三事,阁本分别在各句之下,清楚易解,而抄本全部抄在诗后不加分别,不便理解。

（五）抄本天头评点全部置于诗后,不但形式上很容易与其注释混淆,而且评点文字内容亦有遗漏。如《次韵赠翰林太史陈伯平》一诗评点"刚健婀娜"、《侍御萧杞山宅上赠工部主事刘良生》诗评点"慨然情深"、《王信孚郎中宅上题海客琴樽图》评点"通首老健"等,抄本皆脱去。

（原刊《复旦古籍所学报》第 1 期,复旦大学出版社 2012 年）

外　篇

明代书籍文化对世界的影响

明代刊印的书籍，上承宋元，下开有清。从存世情况来看，其数量远超宋元本，而很多宋元本都有明代的翻刻、重刻本；从流传利用来看，明代书籍不仅自明代至今一直为全世界的读者所广泛使用，而且许多清代书籍也都是以明本书为底本重刻的。明代中期的经济、文化、思想和社会等方面都发生了很大变化，白银货币化，商品经济发达，阳明心学流行，文学新思潮活跃。在这种社会文化背景下，明代书籍出版业获得迅猛发展，以适应社会需求，从而在书籍装帧上出现了更加便利的线装，线装书至今成为古书的代名词。在雕版印刷技术上发明了便于刊刻而又不失美观的宋体字，发展演变为今天最常用的印刷体汉字。明代的线装书和宋体字影响到中国周边的日本、朝鲜半岛和越南等国家和地区，在日本和韩国，宋体字至今仍被称为"明朝体"；甚至法国出版的书籍中使用的汉字也是宋体字。线装书和宋体字成为传统书籍装帧和印刷的规范。这种规范随着书籍一起向世界传播，使其不仅为中国书籍的规范，而且长期成为东亚汉籍的规范。明代书籍是汉字文化圈形成以后推动其多元发展的重要工具，也是中华文明传播世界的重要载体。

一　线装书：古书的定型

在一般人的认识里，"线装书"就是古书的代名词。然而实际上，就外观而论，古书的历史要远远长于线装书的历史。线装书出现于明代中叶，并逐步成为古书的主要装帧形式。

书籍的装帧形式与其制作材料及制作方式密切相关。中国古书的装帧形式经过了长期演变，从简帛时代的卷轴式，到纸本时代的方册式，是古书的两种最重要、最基本的形式。纸本时代又可以雕版印刷的流行为界大致分为写本时代和印本时代。写本时代最开始的装帧形式延续简帛的卷轴式，后来出现经折装。自雕版印刷产生以后，古书逐步进入印本时代。书籍印刷出来是以单页的状态存在的，单页呈长方形状，将每一页叠加起来就会形成方册，于是书籍的装帧形式开始向方册式演变。正式的方册装从蝴蝶装开始，经过包背装，最后形成线装。

蝴蝶装是将印好的单页以版心为准向内对折，文字一面在内、无字一面在外。将折好的单页叠起来，将对折处对齐，用浆糊粘连，用纸包裹做封面。翻阅时每个单页形似蝴蝶，故名。阅读时每两个有文字的半页（折叠前的一个单页）之后接两个空白无字的半页，颇有不便，加之蝴蝶装容易散开，于是出现了包背装。包背装是将印好的单页以版心为准向外对折，有字一面在外、无字一面在内，将折好的单页叠起来，将对折处对齐，与对折处相对的一边打孔，用纸捻穿孔装订，做成内页部分，然后再用一张纸包裹住内页，并用浆糊将其与内页粘连，做封面。其纸捻穿孔使装订更加牢固，无字面内折则消除了空白页，是其优于蝴蝶装处。这两个优点全部为后来的线装所继承，并得到进一步加强。

　　线装里面的内页部分与包背装一样,都是将印好的单页向内对折,将每页叠好,打孔,用纸捻穿孔装订。不同处是,线装用两张纸做前后封面,书脊部分露出,然后再穿线将内页和封面一起装订。一般打四个孔,中间两孔距离较近,用双股线。

　　线装相对于包背装的优点主要有二:一是除了纸捻之外,再用线装订,使装订更加牢固,不易散乱。二是不用浆糊,书更容易拆解、重装。两者合观,线装较包背装拥有装订牢固、拆解重装方便两个相反相成的优点,其取代包背装,成为古籍装帧形式的终极形态,自在情理之中。

　　从存世书籍实物来看,简帛只见于出土文献,纸本卷轴装主要包括敦煌写经和少量传世卷子本,经折装主要是佛经,这三类基本都属于特种文献。蝴蝶装流行于宋元,但今存本绝大多数都早已被改装成线装,保持蝴蝶装者屈指可数。包背装明代前、中期比较流行,但如今存世的明代原装包背装极少,盖因包背装较线装更早且更易脱散,故大多也被后世改装为线装。因此,现存古书绝大多数都是线装。这是线装的独特优势决定的,也是古书被称为"线装书"的根本原因。

　　中国线装一般为四眼装订,用双股细线。明至清前期时,中间两眼之间的距离与上下两段距离大致相同,之后逐渐缩短,至晚清以后,就只有后者的一半距离了。明代原装的线装书存世极少,大多已被改装。如大致刻于嘉靖年间(16世纪中叶)的《历代忠义录》,为四眼线装,用双股细线,线不染色,各眼间距离大致相等。其封面内粘有当时废弃的书页,故当为原装(图53)。

　　中国的四眼线装书出现之后,影响到朝鲜、日本、越南等国的图书,其装帧形式也都采用了线装或仿线装。朝鲜本的线装常见的是五眼装订,不像中国以四眼装订为主。装订线常用单股染色粗线,而中国则一般用不染色的双股细线。如朝鲜时代后期印本《守梦轩文集》,为五眼线装,用深色单股粗线,各眼间距离大致相等(图 54)。

日本江户时期刻本的线装也是四眼装订,其中间两眼之间的距离与上下两段距离大致相等,当是仿自中国明代至清前期的线装形式。日本书的装订线用不染色的单股细线。如日本天明五年(1785)刻本《毛诗品物图考》,为四眼线装,用单股细线,未染色,各眼间距离大致相等(图 55)。因是单股线,又比较细,所以极易断线,许多流传到中国的日本书装订线都因此而被更换。一部分江户时代的刻本仿朝鲜本用五眼装订,装订线用单股染色粗线。

越南黎、阮二朝的刻本装帧形式也是四眼,但不是完全的线装,而只是仿线装形式,类似于中国本中的毛装,俗称蚂蟥攀,用单股粗线或纸捻在第一、二和三、四孔眼之间分别穿孔系扎。如越南阮朝嗣德年间(1848—1883)刻本《启童说约》,用纸捻作蚂蟥攀式装订(图 56)。

二　宋体字:汉字的规范

明代中叶以前,印本的字体都是手书的楷体。明初内府刻本中的楷书字体,还曾传入朝鲜半岛,成为其官方铸造金属活字的字体。明宣德九年甲寅(1434),朝鲜王朝根据《为善阴骘》等书的字体铸造了著名的铜活字“甲寅字”。今天一阁博物馆所藏明永乐十七年内府刻本《为善阴骘》之字体即朝鲜“甲寅字”来源之一。

宋体字是明代中期刻书中模仿宋代浙江刻本形成的一种新字体。宋代刻书以浙江为最盛最佳,影响也最大,其官刻经史,私刻文集,皆负盛名。明代士大夫最喜收藏赏鉴此类宋本,并在刻书中极力模仿,最终形成了宋体字。与宋代浙刻本的字体相较,新形成的宋体字脱离了自然书写,书法意味较少,字体方正,横平竖直,棱角分明,更近于印刷体,易于工匠刊刻。宋体字出现以后,刻书中仍然坚持使用的自然书写字体就被称为楷体字。

宋体字出现于弘治年间的苏州地区,正德时期发展到苏州附近的常州、松江地区,嘉靖年间基本成型,分布于全国大部分地区。自此中国古籍印本的字体形成了楷体和宋体分庭抗礼的基本格局。

万历时期的宋体字有所变化,其中比较常见的一类字形较长,横细竖粗对比更加明显,如万历北监本《十三经注疏》。另一类宋体字仍然延续了嘉靖时期苏州地区刻本的特征,横平竖直,字体方正,结体较第一类紧凑,如万历本《礼记集注》。明末的宋体字比较多的一类字形体也比较长,比万历时期第一类宋体字更长一些,如崇祯本《宋朱晦庵先生名臣言行录》(图59)。另一类字则比较扁,如毛氏汲古阁刻本《十七史》。

清代宋体字进一步发展,顺治至康熙初年以前,仍留存较多明代面貌,康熙中期以后逐渐形成清代的风格。此时的宋体字更加成熟、精致,字形不如明末清初长。乾隆时期,宋体字已大体定型,其横画收笔的三角、竖画起笔的三角等,与现代宋体字基本相同。嘉庆、道光以后的宋体字,有的字形略扁,有的变化不大。民国时期,宋体字分为两类,即传统刻本的宋体字和新铅印本的宋体字。新中国成立后最初沿用铅印本,最近一二十年全面进入电子排版时代,主要字体仍是宋体字。

以“明”字为例,宋体字的历史演变大致如图所示(第一个为楷体字):

明 明 明 明 明 明 明

明永乐　　明嘉靖　　明万历　　明崇祯　　清乾隆　　民国　　当代

　　明代中期形成的宋体字不仅使用于中国书籍,同样通行于日本、朝鲜和越南等国家,日本、韩国至今仍将这种字体称为"明朝体",是对这种字体来源的一种很好的说明。不过这些国家所受影响的具体情况有所不同。朝鲜王朝书籍在明代时主要受北京的内府本影响,二者形成地域上的小交流圈。入清以后,因为一段时期内朝鲜官方文化上依然怀恋明王朝,故在官方制作的金属活字本中开始使用"明朝体"。如朝鲜时代活字印本《寿斋遗稿》使用的宋体字为芸阁印书体字,又称校书馆印书体字,是根据明万历刻本宋体字铸造的金属活字(图 57)。又如《邵亭文稿》所用宋体字为全史字,是朝鲜时代朴宗庆根据乾隆内府刻本《二十一史》的宋体字铸造的金属活字(图 58)。

　　日本通过唐船贸易与中国江南与福建地方交流较多,大量的中国宋体字刻本书籍晚明以后经长崎进入扶桑本岛,日本翻刻了这些书籍。如日本宽文七年(1667)京师书肆风月庄左卫门刻本《宋朱晦庵先生名臣言行录》(图 60),即据明崇祯本翻刻(图 59)。

　　越南由于现存古籍中尚未发现 18 世纪以前的刊本,其汉籍中出现的宋体字,多是受清代中晚期中国南方尤其是广东地区刻本影响而来,同时期越南的一些喃文刻本字体,也明显受到了宋体字的影响。如《易经大全节要》刻于越南阮朝,其字体为宋体字,惟稍欠精整(图 61)。又如《观音》为越南阮朝后期喃文刻本,虽然其文字为喃字而非汉字,但其字体也是模仿宋体字,可见宋体字对越南书籍影响之深(图62)。

宋体字不仅曾长期通行于东亚,而且其影响远及欧洲。如19世纪巴黎印刷的法文本《中国图识》,其首页书名和正文中插注的汉字书名"大学""中庸""论语"以及书后所附中国朝代表中的汉字注释"明""大清"等,均为宋体字(图63)。

三 明刻本:文本的共通

明刻本不仅是中国读书人的日常用品,而且流播至日本、朝鲜半岛、越南、欧洲和北美等国家和地区。日本、朝鲜半岛和越南自身出版的汉文书籍,也受到了明代书籍的影响:它们同样应用了线装或近似线装的装帧形式,其中不乏以宋体字作为正文字体者;它们采用了大量的明刻本的文本内容,有的原样覆刻,有的改变行款重新刊刻,有的则增补修订,域外文人与中国士子的阅读世界里,因此有了相同或相通的文本。

中外学人在收藏、阅读明刻本时有很多相似的地方,比如钤印、题写书签、注明目次、批校、题跋、抄补缺页等。这说明域外学者和中国学者不仅阅读着同样的书籍,而且在阅读习惯上也高度相近。不过略有差异的是,域外学者时常将明刻本改装成本国习惯的装帧方式。如明万历刻本《宋朝文鉴》,为中国本,朝鲜学者得到后改为朝鲜装帧形式,并在封面上用汉字题写卷目,与中国学者阅读习惯一样(图64)。明万历刻本《本草纲目》,也是中国本,有日本学者抄补缺页(图65)。

明刻本的流传不限于东亚,欧美也有广泛收藏,有些欧美学者利用明刻本从事汉学研究,取得丰硕成果。甚至有些外国学者直接参与了明代书籍的创作,如意大利学者利玛窦在明万历年间来到中国,在中国学者徐光启的帮助下将《几何原本》翻译为汉文,并刊行于世。此明刻本后又流传到意大利,今罗马中央图书馆有藏(图 66)。清光绪年间,法国著名汉学家沙畹曾任职于法国驻清使馆,他在《史记》和中国北方考古方面造诣精深。沙畹藏有明刻本《五车韵瑞》,并留下了阅读使用的手迹,如书中夹有其手书汉字"洪武正韵"卡片(图 67)。李约瑟为英国现代著名科学家,以其所撰鸿篇巨制《中国科学技术史》而久负盛名。其藏书中也有不少明刻本,有的还有其亲笔批注(图 68)。美国所藏中文线装古籍在欧美地区首屈一指,其中的重要组成部分之一即明刻本,如《美国哈佛大学哈佛燕京图书馆中文古籍善本书志》《柏克莱加州大学东亚图书馆中文古籍善本书志》等书目中所收明刻本不下千部。

　　域外不仅收藏、使用明刻本,而且还对大量明刻本通过覆刻和重刻的方式进行了重新出版。覆刻是一种不改变原书行款样式的书籍翻刻复制方式,能最大程度地保留原书的面貌。覆刻明刻本是域外复制明代书籍的一种常见方式,它使域外学人在得不到明刻本原本的情况下,能够读到最佳的替代品。许多覆刻惟妙惟肖,与原本几无二致,堪称印刷史上的杰作。如日本宽延二年(1749)覆刻明崇祯永怀堂刻《十三经古注》本《周礼》,版式、文字一仿原书,卷端所题"皇明"二字也照刻不误,而清代后印本已将"皇"字剜去,从这一点来看,日本覆刻本比中国的原版后印本还要忠实于原书(图 69、图 70)。又如朝鲜覆刻明万历三十二年书林唐富春德寿堂本《事文类聚》,也是惟妙惟肖,几不能辨(图 71、图 72)。

　　许多中国书籍不仅有中国明代的翻刻本,还有域外的改编重刻重印本。域外学人或书商对这些中国书籍根据自己的需要

做了改编重刻重印,使其更加便于阅读使用。如宋人江贽所编
《少微通鉴》,就分别有明刻本《新刊宪台考正少微通鉴全编》(图
73)、朝鲜刻本《少微通鉴节要》(图 74)、越南刻本《新刊补正少
微通鉴节要大全》(图 75)等。又如宋人所编《古文真宝》一书,
分别有明万历司礼监刻本《诸儒笺解古文真宝》(图 76)、朝鲜活
字印本《详说古文真宝大全》(图 77)、日本刻本《画本古文真宝
后集初编》(图 78)等。

(原刊《文汇报·文汇学人》2017 年 9 月 1 日)

试比较陈垣《校勘学释例》与
保罗·马斯《校勘学》

　　1934年，胡适在为陈垣《〈元典章〉校补释例》所作序中认为陈垣的校勘学"土法"与西方的新法并无多大分别，不同的是西方古写本保存多且方便使用，又有古译本可供校勘，故西方校勘学较中国发达。惜其未能深入论证①。直至2006年，余英时仍在文章里感叹中、西校勘学的比较问津者少②。最近几年有了少量对中、西校勘学理论进行比较的论文③，但以具体的中、西校勘学经典著作为对象的比较，目前还没有看到。本文欲以中国校勘学的经典之作——陈垣《校勘学释例》，和西方校勘学的经典——德国古典学家保罗·马斯（Paul Maas，1880—1964）的

---

① 见陈垣《校勘学释例》卷首，中华书局2004年版。下文引用《校勘学释例》皆据此本，随文注明页数。
② 余英时《〈老子古今〉序》，载刘笑敢《老子古今》卷首，中国社会科学出版社2005年版。
③ 如唐光荣《中西方谱系法之比较》，载《图书情报工作》2011年第15期；陈冬冬《西方校勘学中的"理校"初探——兼评胡适〈元典章校补释例序〉对西方校勘学的介绍》，载《述往而通古今　知史以明大道——第七届北京大学史学论坛论文集》，2011年；刘怡君《中西文献校勘方法比较研究》，郑州大学硕士学位论文，2013年。

《校勘学》为例进行比较研究,探索中西校勘学之异同及其形成原因。不当之处,请方家批评。

《校勘学释例》六卷,原名《〈元典章〉校补释例》,初次发表于《国立中央研究院庆祝蔡元培先生六十五岁论文集》上册(第189 至 278 页),中华民国二十二年(1933 年①)出版于北平,为繁体横排本。民国二十三年收入《励耘书屋丛刻》,为木刻繁体竖排本,增加胡适《序》。1959 年中华书局出版繁体竖排本,改名《校勘学释例》,删去胡适《序》,增加陈垣《重印后记》。1997年上海书店出繁体横排本,恢复了胡适《序》。2004 年中华书局出简体横排本,也收了胡适《序》,并附录陈垣之孙陈智超《〈校勘学释例〉、〈史讳举例〉简体横排标点本说明》。另外还有安徽大学出版社 2009 年出版的《陈垣全集》本及台湾学生书局 1971年版。

《校勘学》德文第一版收入格尔克、诺登主编的《古代研究概论》,1927 年出版于莱比锡。1949 年出第二版,有几处增改,并

----

① 陈智超《〈校勘学释例〉、〈史讳举例〉简体横排标点本说明》云此论文集出版于 1932 年 1 月(陈垣《校勘学释例》附录,中华书局 2004 年版,第 158页),疑误。论文集上册目录页下署“中华民国二十二年一月 北平”,下册末《编辑人附识》明确云“上册于民国二十二年一月出版”,则论文集出版于 1933 年当无疑问。然据陈垣 1932 年 9 月 30 日致朱师辙函(《陈垣来往书信集》增订本,三联书店 2010 年版,第 277 页),此前《释例》已送朱氏;又据陈垣致陈约两函知《释例》当在 1932 年 1 月 26 日至 10 月之间出版,而离 10 月较近(前引《陈垣来往书信集》增订本第 948、955 页)。又国家图书馆藏有《释例》的《蔡元培先生六十五岁庆祝论文集》抽印本,封面下题“中华民国二十一年 北平”。由此可以推知《释例》的实际出版情况可能是,在论文集正式出版之前,先出了抽印本,时间当在 1932 年 9月或稍前。

将 1937 年发表的《标准讹误与谱系类型》一文收入附录。1957
年第三版增加了附录二《1956 年追记》。1958 年出版了由芭芭
拉·弗劳尔翻译的英文版。中文本由苏杰据英文版翻译,收入
《西方校勘学论著选》(第 41—103 页),于 2009 年由上海人民出
版社出版。①

　　这里详细介绍两书的版本情况,不仅仅为了说明两书的版
本及流传,同时也能表明二者的经典地位,一定程度上能够代表
中西方校勘学的基本思想和方法。下面从两书的性质和体例、
理论与方法等方面来谈一下二者的异同并尝试分析其原因。

一

　　从两书的性质和体例方面来比较。

　　首先从性质上看,《校勘学释例》(以下简称《释例》)和《校勘
学》大体是一致的,都是关于校勘学的基本知识的介绍。马斯在
《1956 年追记》里曾提到《校勘学》是"关于这门学问的概论性著
作"(页 97)。陈垣也在 1959 年的《重印后记》里说《释例》的写
作缘起是"为同学讲校勘学"(页 155)。可见两书注重的都是这
门学问的基本知识,而不是关于校勘学内部某一具体问题的专
门研究。上文提到两书都屡次重版重印,至今畅销不衰,用马斯
的话,"在销售上取得的成功,比它在文本整理和校勘学研究方
面可以看到的影响,还要大得多"(页 97),能说明它们是校勘学
的概论性并带有一定普及性的著作。两书性质上的相近,是进

---

①本文所据为 2009 年上海人民出版社《西方校勘学论著选》本,下文引用
　时随文注出此本页数。

行比较的基础。

从体例上看,两书的情况有很大差异。《释例》以归纳校勘实例为主,最后稍加总结。《校勘学》以阐述校勘理论和方法为主,辅以部分实例。《校勘学》共分五个部分,第一部分介绍基本概念,第二至第四部分按照校勘工作的基本程序:对校——审查——校勘结果表述,将校勘的基本理论和方法依次阐明。最后一部分举例说明。其主体为第二至四部分,具有很强的理论性。如第二部分《对校》,在阐述文本谱系理论时,不是用举一个实际文本例子的办法,而是以 A、B、C 等代表现存的版本,用 α、β、γ 等代表亡佚的版本或传承环节,用严格的逻辑推导,将文本传承可能发生的各种情况一一讨论,使整理者无论面临哪一种文本状况,都能按照这一理论梳理文本谱系,然后进入校勘工作的下一步——审查。在对审查工作的阐述中,用的是同样的方式。反观《释例》,则大不相同。《释例》共分六卷五十例,除了卷六第四十三例总结出的"校法四例"带有一定的理论性之外,其他四十九例全部是对有关校勘实例的直接归纳,都是具体的致误通例。比如,作者校勘中发现了《元典章》中一些目录中有、正文中无以及正文中有、目录中无的情况,遂总结一条云"有目无书有书无目例"。这样的写作方式,作者《序》中已经交待,是将作者校勘《元典章》所得的谬误一万二千余条"籀其十之一以为例,而疏释之"。这种体例上的差异,也使校勘实例在两书中的地位很不一样,在《校勘学》中,这些实例仅仅出于辅助说明的地位,甚至可以说,去掉这些例子,本书内容也不会从根本上受到影响。但在《释例》中,校勘释例是处于中心位置的,没有这些实例,《释例》就不成其为书了。

二

　　从两书的校勘理论和方法来比较。

　　《校勘学》一书的理论核心是谱系法。谱系法假定文本在传抄过程中会离原本越来越远或者说讹误越来越多，即每次传抄都会产生讹误，而相同的讹误显示相同的来源。根据这个原理，将一部书的各种存世抄本互相比对，梳理出其传承谱系，重建存世抄本的原型（最接近原本的抄本），再对原型进行审查、修正，以求逼近作者原本。这是谱系法的基本原理和基本方法①。《释例》的基本理论和方法，最常被学者提及的也是对后来影响最大的是"校法四例"，即所谓对校法、本校法、他校法和理校法，被称为校勘学的四种基本方法②。显而易见，《校勘学》和《释例》的理论和方法都是来自校勘实践，《校勘学》既是对沃尔夫、拉赫曼以来的校勘方法的理论总结，也是对其校勘实践的提炼，这从其第五部分《举例》可以看出来。《释例》则直接来自对《元典章》的校勘实践，这是两种理论共同的地方。不过，更值得注意的是两者的差异，这个差异并非仅仅指内容，还包括性质的差

---

① 参见苏杰《西方校勘学论著选·编译前言》、［爱尔兰］路德维希·比勒尔《文法学家的技艺：校勘学引论》、［美］杰罗姆·麦根《现代校勘学批判》，载前引《西方校勘学论著选》，第 iv—v、114、250—251 页。

② 参见王欣夫《文献学讲义》，上海古籍出版社 1986 年版，第 485—487 页（此书虽出版于 1986 年，但早在 1959 年已完成，见其《后记》）；戴南海《校勘学概论》，陕西人民出版社 1986 年版，第 91—121 页；倪其心《校勘学大纲》，北京大学出版社 1987 年版，第 101—105 页；罗孟祯《古典文献学》重庆出版社 1989 年版，第 489—491 页。

异：谱系法是系统的理论，校法四例只是一般的经验总结。系统的理论的特点是，通过建立一系列概念和判断，进行严格的逻辑推演，阐明若干原理。而一般的经验总结，则是对现象的初步归纳，常常不具备严格的逻辑性和系统性，虽然可能蕴涵了重要的理论价值。比如《校勘学》包含了"原型""次原型""异文载本""次异文""假定性异文""独特讹误""标准讹误""区分性讹误""连结性讹误"等一系列的概念，这些概念都有严格的定义。如"原型"指的是文本传承中第一次分裂所从出的范本，也就是根据文本的所有现存抄本所能推出的最早的范本，但并不是指原始文本。对于如何判断一个版本是出于另一个版本，其原理是："如果有一个本子 J，拥有另外一个存世本子 F 的所有讹误，另外只要还有一个讹误是自己特有的（独特讹误），那么就应当认定 J 源出于 F。"（页 50）在附录一《标准讹误与谱系类型》中，又对这一原理做了进一步完善，将一个本子 B（相当于前面的 J）源于另外一个本子 A（相当于前面的 F）的条件定为："如果我们发现 B 相对于 A 有一个区分性讹误，而 A 相对于 B 没有区分性讹误。"（页 91）所谓区分性讹误也有严格的定义，简言之，即无法通过当时的理校水平消除的讹误（页 89）。谱系法的原理是通过这样的逻辑推演来论证的，所以我们说它是系统的理论。校法四例与此不同，《释例》对对校法、本校法、他校法、理校法四种校勘方法的阐述方式主要是列举校勘实例，其分类及定义颇有含混之处。四种校勘方法的分类，本来依据的是校勘时所凭借的不同，对校法是"以同书之祖本或别本对读"（页 129），本校法是"以本书前后互证"（页 130），他校法是"以他书校本书"（页 131），三者的凭借分别是书的不同版本、本书和他书，但到理校法，突然改变了标准："段玉裁曰：'校书之难，非照本改字不讹不

漏之难，定其是非之难。'所谓理校法也。遇无古本可据，或数本
互异，而无所适从之时，则需用此法。"（页133）这里的意思似乎
是，理校法的特点是判断是非，以与对校法"其主旨在校异同，不
校是非"（页129）相对比，这与本校法、他校法已经不在一个逻
辑层面上了。然而实际上不但理校法，本校法、他校法甚至对校
法，在《释例》所举例中，全部都是判断是非的。所以这样来界定
理校法是有些混乱的。从理校法中举的例子看，理校应该是既
没有版本依据，也没有本书或他书依据的情况下，根据常识或相
关专业知识发现讹误并做出校正的。后来陈垣在《通鉴胡注表
微》中对理校法重新做了定义，"不凭本而凭理"①，比《释例》的
定义清晰。另外《释例》关于他校法的界定也有可议之处："凡其
书有采自前人者，可以前人之书校之，有为后人所引用者，可以
后人之书校之，其史料有为同时之书所并载者，可以同时之书校
之。"（页131）下文举的例子中，有《元典章》引用《齐民要术》和
《礼记·檀弓》而产生讹误的，以《齐民要术》和《檀弓》证其误，
这属于"其书有采自前人者，可以前人之书校之"。《元典章》为
后人所引用者，文中没有这方面的例子，不过也比较容易理解。
这两类都属于他书的部分文本与《元典章》部分文本相同，因此
可以互校。比较麻烦的是最后一类："其史料有为同时之书所并
载者，可以同时之书校之。"举的例子是"纳失失"和"术忽"，主
要以《元史》和杨瑀《山居新话》证《元典章》之误，但《元史》《山
居新话》文本与《元典章》文本并无引用关系，只是内容方面涉及
了这两个名词而已。换句话说，前者与后者在文本上并无特别
关系，只是内容上或史料上有所关涉、可资考证而已。类似的史

---

①陈垣《通鉴胡注表微·校勘篇第三》，科学出版社1958年版，第37页。

料还有不少，如周密《云烟过眼录》卷四和陶宗仪《南村辍耕录》卷三十都有关于"纳失失"的内容，也都可以用来考证。这与理校法中的例子，将《元典章》"也可扎忽赤"校改为"也可扎鲁忽赤"（页133），并无本质不同。只是后者简省，未将校改依据的史料列出而已。因此"以同时之书校之"更接近理校，至少与前面两类在文本关系上是有很重要的区别的。对于这一点，后来的学者也有所察觉①。这些问题都说明《释例》在阐述校法四例时，只是根据校勘的实例和经验，按校勘证据的不同来源做了初步的总结，并未进行严格的逻辑分析和论证。

以上重点比较了《校勘学》的谱系法和《释例》的校法四例在理论构建方面各自的特点，两者在具体内容方面有何异同，还需要进一步分析。谱系法主要是通过对现存版本的比勘，梳理出这些版本的谱系，重建它们的原型（现存最早抄本的范本），然后通过对原型的修正，逼近作者原本。对于校法四例来说，四者的区别是凭借的不同，对校法凭借的是版本，本校法凭借本书内容前后互证，他校法凭借本书对他书或他书对本书的引用，理校法凭借以上三者之外的证据，即常识及各种专业知识。他校法所凭借的本书对他书或他书对本书的引用，他书中的这部分被引用或引用的部分，是本书文本的一种特殊存在方式，也可以说是本书的一种特殊版本，与对校法的版本具有相同的性质。《校勘学》中的"本子"（即版本）除了抄本和印本之外，还包括摘要、节

---

① 如倪其心在分析《校勘学释例》的他校法时，就只提本书引用他书、他书引用本书两类情况，而不提"以同时之书校之"，说明他对这一类放在他校法中不太妥当也是有所察觉的（见前引《校勘学大纲》，第103—104页）。

录、改变措辞重述、引用、模仿、翻译等(页 49),其内涵包括了《释例》的对校法的版本和他校法的引用。本校法和理校法因为没有版本上的依据,可以归为一类。

我们首先分析一下有版本依据的校勘的情况。《校勘学》谱系法的重点是建立版本的谱系,建立谱系的方法是关于讹误的理论。对于那些对建立谱系具有重要价值的讹误,参考地质学中"标准化石"的概念,马斯称之为"标准讹误"。标准讹误主要有两种,即区分性讹误和连结性讹误。区分性讹误是指无法通过当时的理校水平消除的讹误,它的功能是证明某个版本独立于(并非来源于)另一个版本。比如,版本 A 中有一个相对于版本 B 的区分性讹误,即这个讹误 B 无法通过理校消除,则 B 独立于 A(页 89)。连结性讹误是指在三个版本中的两个版本的共同讹误,而且这两个版本独立地形成这个讹误的可能性几乎为零。它的功能是将两个版本连结起来以区别于第三个版本(页 90)。相对于《校勘学》的以版本为中心论述,《释例》中明确阐述版本问题的文字很少,只有对校法中提到了以同书之祖本与别本对读的问题,并未论及何为祖本、何为别本及这些版本的关系如何(页 129)。甚至对于《释例》所取材的《元典章》一书,也很少论及其版本情况。如果只看《释例》一书,我们甚至不能明确知道作者究竟用了哪些版本、这些版本的具体情况如何。遍检全书,可知有汲古阁藏元刻本(即故宫藏本)、沈刻本(页1)、彭本、方本(页 3)、绣谷亭本(即涵芬楼藏本)(页 9)。另据卷首胡适《元典章校补释例序》可知尚有"孔藏钞本新集"(序页

10）。关于这些版本的情况，书中涉及的也不多①。这是在版本的问题上，《校勘学》与《释例》的重要差异。但如果我们仔细对《释例》进行分析，可以发现《释例》对版本问题虽然没有专门论述，但也做了一些梳理工作。比较集中的首先在卷六第四十八节《从错简知沈本所本不同例》，此节考察沈刻本错简及脱文的行款，发现有的和元刻本相同（半叶十八行），有的与彭本、方本相同（半叶十行），说明沈刻本底本有不同的来源。又说"沈刻并非钞自元刻，其所据之本，未知为三传四传"（页15），"彭本、方本均如此，知沈刻与二本实同出一源也"（页7），"知绣谷亭所据元刻，较汲古阁藏本为早印也"，"沈刻此卷（引者按，指目录卷）实由绣谷亭本出，特未知是直接是间接耳"（页9、页10）。值得一提的是最后一条关于沈刻目录卷出自绣谷亭本的判断，所用的方法是，沈刻本"右六条，每条之上，皆残阙一字，缘吴氏绣谷亭本此数页纸有残阙也。由此可知沈刻此卷实由绣谷亭本出"，由底本物质状态残阙导致从它抄出的版本的文本残阙，《释例》利用的正是这一规律。而《校勘学》中也明确提到了这一判别版本关系的规律："有时仅从一个段落就可以判断出某个版本源出于另一个存世版本，即，如果作为后裔的本子的独特讹误，明白无误地是由于存世范本的外部物质状态，例如范本的载体受到破坏导致一处或几处文字的缺失，而在后裔本子中同样的文字缺失却没有明显的外部原因。"（页50）《释例》中的这些有关版本渊源关系的论述散见全书，也比较简略。另外，《释例》所举沈

---

① 这些版本的具体情况，在作者的另一部相关的书《元典章校补》卷首的《沈刻元典章校补缘起》有所交代（见北京师范大学出版社1982年影印《励耘书屋丛刻》本，第285—288页）。

刻本《元典章》的一千多条讹误，大多是用元刻本校正的，可见元刻本在版本系统中的地位是很特别的，只是缺少明确的论述。这与《校勘学》对梳理版本谱系的全面系统的论述有明显差异。

《释例》的本校法和理校法都是没有版本依据的校勘。《校勘学》中并没有明确提到"本校法"，但特别强调对于本书风格与内容的熟练把握对校勘的重要作用（页55、58、88），这与本校法有相通之处。比如《释例》本校法所举的例子中有三条正文分别作"大德五年""大德六年""大德八年"，在目录中"大德"皆作"至元"，作者云："按编纂次第，均应以目为正。"（页131）以本书编纂次第修正讹误，依靠的正是作者对本书风格与内容的熟练把握。《校勘学》中的理校，主要指没有版本依据、根据文法、韵律规则等所做的校勘（页70、78、80、89），这与《释例》的理校大体一致。

《释例》大部分内容（前五卷）都是对致误通例的归纳总结，其中前二卷是一般的行款误例和通常字句误例，第三至五卷分别是元代的用字、用语和名物误例，主要是对元代文献的常见讹误的总结。这些对常见讹误的总结，对校勘中发现讹误、推测讹误如何产生，有颇为重要的作用。《校勘学》对这方面也有专门论述，并分三个方面考虑常见讹误："（a）从心理学上考虑，最可能发生的讹误是什么？（比如，一种不常见的表达被一种常见的表达所取代，即所谓平凡化；这就是'难的异文'作为一个法则的道理所在。（b）在该文本传承中最常见的讹误是哪一类？（c）从其他角度考虑（有关专家作品的文本传承历史、一般文本传播的历史、语言演变的历史、抄本、正字法、古典学问的状态、古籍整理的技术、文化条件，等等），在从原本到原型的这一段时间内，最可能发生的讹误是哪几类？"（页57至58）这与《释例》总结的常见讹误大多都能对应。比如第十九节《妄改三例》所举之例，沈刻本将"城里的百姓每委付著"改刻为"城里的百姓每季付著"，前者"每委"似乎有误，后者将其改为"每季"似乎比较通顺。然而实际情况是，"百姓每"即"百姓们"，元代"们"的通行写法是"每"，而在沈刻本的时代，"每"已经是不常见的表达了，因此导致误校。此即《校勘学》所谓平凡化。再如《释例》第二十九节《不谙元时用语而误例》云"您"字是元时第二人称之多数，但沈刻本《元典章》常将"您"改为"你"。这个讹误属于《校勘学》所说语言演变方面的。又如《释例》第二十六节《用后起字易元代字例》云元代"赔偿"的"赔"字多作"陪"或"倍"，"赔"是后起字，沈刻本常误改为"赔"。这是属于《校勘学》所说文字方面的讹误。与《释例》相比，《校勘学》的总结更为抽象。而且，《校勘学》对此还有进一步的批判："迄今为止，对于常见讹误的搜集整理，只不过是给出了具体讹误类型的例子，这个没有人否认；但是，它们没有显示不同类型讹误的不同的发生频率，更为糟糕的是，它们也没有显示哪种类型的讹误不会发生。"（页58）并提出了改进的方法："为了让我们的讨论建立在坚实的基础上，这里有必要准备一份所有独特讹误的列表，并根据不同的历史时期，以及不同的抄本地域进行分类。"（页58）《释例》所举讹误虽达一千多条，但还只是所有讹误的十分之一。因为只是《元典章》一种文献，所以也不存在不同文献的分类。值得注意的是，关于不同的抄本地域，《释例》已经注意到了，第十三节《声近而误例》根据抄本（沈刻本的底本）声近而误的字在广州音声音不相近，推测这些字读音当与抄者的方音相似，这已经涉及抄写者的方音及地域问题了，只是没有进一步的探讨。

三

　　校勘学以尽可能恢复原本为目标，这一点无论中、西都是一样的。这一共同的目标也使得中、西校勘学有不少相通的地方，然而更值得注意的是两者的显著差异。这些差异概括地来讲大致可以分为宏观和微观两个方面，宏观的差异包括上文所述两书在体例方面、主要理论的性质方面的差异，微观差异主要是具体的校勘方法上的差异。为什么会有这些差异？我们认为应该结合中、西学术史和中、西文献的不同特点来考虑。具体来说，宏观方面的差异，首先源于中、西学术传统的不同，西方学术自古希腊以来，皆重视理论体系的建立，而中国则无此传统。其次从校勘学的发展来看，从十九世纪初年开始，谱系法逐步由德国古典学家沃尔夫、贝克尔、拉赫曼和丹麦古典学家马德维希、荷兰古典学家科伯特等人发展而成①。马斯的《校勘学》是对百年来这一校勘理论发展的系统总结和介绍。中国校勘学的发展，源自先秦两汉，最鼎盛的则在清代乾嘉时期。从王念孙《读书杂志·〈淮南内篇〉后序》、王引之《经义述闻·通说下》到俞樾的《古书疑义举例》，其中的校勘学内容都是关于致误通例的归纳总结，陈垣的《释例》正是这一学术传统的自然发展。此外，这还与陈垣学术上的个人特点和价值取向有关。二十世纪三十年代，中国学者受西学的影响，著述中纷纷采取西方的范式，如建

---

① 见苏杰《西方校勘学论著选·编译前言》、[英]A. E. 豪斯曼《〈马尼利乌斯〉第一卷整理前言》，载《西方校勘学论著选》，上海人民出版社 2009 年版，第 iv、14—15 页。

立学科体系,提出本学科的若干概念、范畴等,比如同样成书于三十年代的蒋元卿的《校雠学史》和姚名达的《中国目录学史》都是如此。但陈垣显然不在此列,他不但在学术著作上坚守"土法"(见《释例》胡适序),甚至将自己的最重要的著述用中国传统的雕版印刷形式出版,而不是采用当时已经通行的西方铅印技术。这些都体现出了明显的个人偏好。

具体校勘方法方面,两书最明显、最重要的差异是,《校勘学》的谱系法对如何建立版本的谱系做了全面系统的论述,而《释例》则于版本方面着墨甚少。这首先与两者的研究对象即文献的不同特点有关。《校勘学》的对象是西方古典作品的抄本,《释例》的对象则包括中国古籍(以《元典章》为例)的印本(主要是刻本)和抄本。必须强调的是,中国抄本与西方抄本是有重要区别的。中国的抄本,主要是雕版印刷产生之后的抄本(这是现存抄本的主体),大多数都是从印本抄出来的,西方抄本则是从抄本到抄本,辗转传抄,所以谱系非常复杂。而中国抄本由于有印本做底本,谱系相对简单。再加上有时同一书还有印本存世,所以谱系更较西方抄本简单。这是两书在论述版本方面产生差异的一个重要原因。

比照西方校勘学的发展阶段,《释例》所代表的中国校勘学尚处于"折中法"的阶段,即所谓遍考众本,择善而从,不甚讲究版本谱系。即使在今天看来,中国校勘学对版本系统的梳理,较之《校勘学》中谱系法,仍然逊色不少,这也许是西方校勘学最值得中国校勘学借鉴的地方。进一步看,《校勘学》阐述的科学、系统的校勘学理论,对于今天中国校勘学在科学方面的发展,也具有重要意义。但我们同时也应该明白,"校勘是一门科学","也

是一门艺术"①，无限丰富而复杂的校勘整理实践并不是抽象的
科学理论和方法所能完全覆盖的，不论这种理论和方法多么精
密和细致。"对于整理者而言，对工作对象的熟悉是比最精细的
方法更大的资产；他的态度必须是经验主义的，而不是教条主义
的"②。《释例》作为中国传统校勘学的经典，之所以能百年来光
辉不减，其根本原因在于援庵先生对他的工作对象《元典章》的
无比熟悉。换言之，《释例》的经典地位是由陈垣出色的校勘工
作保证的。通过与西方校勘学的比较，我们不仅能发现中国校
勘学的不足，同样对于它的光彩，我们也可以看得更加真切。

（原刊《古籍研究》总第 62 卷，凤凰出版社 2015 年）

---

① ［英］A. E. 豪斯曼《用思考校勘》，载前引《西方校勘学论著选》，第 25 页。
② ［爱尔兰］路德维希·比勒尔《文法学家的技艺：校勘学引论》，载前引《西方校勘学论著选》，第 139 页。